명품토익콘서트

김 명 우

명품토익콘서트

초판 1쇄 인쇄	2014년 06월 30일
초판 1쇄 발행	2014년 07월 07일

지은이   김 명 우
펴낸이   손 형 국
펴낸곳   (주)북랩
편집인   선일영   편집   이소현, 이윤채, 조민수
디자인   이현수, 신혜림, 김루리   제작   박기성, 황동현, 구성우
마케팅   김회란
출판등록 2004. 12. 1(제2012-000051호)
주소   서울시 금천구 가산디지털 1로 168, 우림라이온스밸리 B동 B113, 114호
홈페이지 www.book.co.kr
전화번호 (02)2026-5777   팩스   (02)2026-5747

ISBN   979-11-5585-266-8 13740(종이책) 979-11-5585-267-5 15740(전자책)

이 책의 판권은 지은이와 (주)북랩에 있습니다.
내용의 일부와 전부를 무단 전재하거나 복제를 금합니다.

이 도서의 국립중앙도서관 출판예정도서목록(CIP)은 서지정보유통지원시스템 홈페이지(http://seoji.nl.go.kr)와
국가자료공동목록시스템(http://www.nl.go.kr/kolisnet)에서 이용하실 수 있습니다.
(CIP제어번호 : 2014019899)

지금까지 세상에 없던 토익 기본서

명품 토익 콘서트

김명우 지음

book Lab

 # 서 문

한 권의 책을 세상에 내놓는다는 것은 만만치 않은 일이었다. 그래서 계속 주저하며 미루어 온 것이 어느덧 10년의 시간이 흘러버렸다. 이제 그 오랜 세월이 쌓여 내 안에 의미 있는 이야기가 흘러 넘치게 된 지금 늦게나마 이름을 걸고 세상에 나의 책을 선보인다.

필자는 지난 10여 년 동안 토익 강의를 해오면서 실전에서 통하는 2달 과정의 토익 기초반 수업의 내용을 그대로 지면으로 옮기는 작업을 하고 싶었다. 그러나 복잡한 영문법 강의를 토씨 하나 빠뜨리지 않고 책으로 옮기는 일은 결코 쉬운 작업이 아니었다.

책의 지면이 가지는 한계성을 극복하고 기본서를 읽는 것이 마치 현장 오프라인 수업을 듣는 것 같은 느낌이 들도록 자연스러운 설명의 흐름을 유지하면서 어려운 영문법의 내용을 이해 위주, 원리 위주로 최대한 쉽고 자세히 풀어쓰려고 노력하였다.

이 책을 읽는 독자들은 저자의 오랜 경험과 노하우를 눈으로 읽으면서 마치 귀로 듣는 것 같은, 즉 책을 읽으면서 커리큘럼이 있는 가장 쉽고 체계적인 기초 토익 문법수업을 현장강의로 듣는 듯한 체험을 하게 될 것이다. 기존의 토익 기본서들은 정형화된 서술의 양식 때문에 부분 부분에만 치중한 나머지 한 마리의 큰 코끼리를 그려내지 못하고 있다.

토익 공부를 하는 학생들에게 하나의 큰 밑그림을 그려주고 싶었고, 작은 연못에서 발원한 물이 유유히 흘러 드디어 바다에 이르는 것과 같은 감동을 경험하게 해 주고 싶었다.

실전의 내용을 전략적으로 반영하고 영어의 불규칙성 때문에 생기는 많은 예외적인 문장과 문제들을 최대한 반영하기 위하여 기존 책의 고정화된 편집양식을 따르지 않고 마치 개그맨이 애드립을 하듯 떠오르는 아이디어와 연관되는 문법 및 어법 사항들을 그때 그때 자유롭게 의식의 흐름대로 집필하였다.

이 책이 토익을 공부하는 모든 수험생들과 영문법의 기초를 정말 제대로 다지고 싶은 학생들에게 도움이 되기를 바란다.

마지막으로 명품토익 스터디 조장 안동섭 군과 교정 작업에 큰 힘이 되어준 장광수 군에게 깊은 감사의 말을 전한다. 그리고 또 교정 작업에 참여해 주었던 현수, 효상, 명동, 효진에게도 고마움을 전한다.

2014년 6월 30일 새벽 반월당 서재에서
김 명 우

다음은 김명우 선생님이 명품토익 카페에 게재한 글이다.

토익,
이제 정말 제대로 영어 공부를 해야 목표점수를 받을 수 있는 시험

대구 동성로 YBM 김 명 우 토익

2005년부터 지금까지 학원에 와서 수강을 하면서 열심히 공부해서 300점대에서 900점 이상을 받은 많은 수강생들이 있다. 그 학생들 중에는 토익 유효기간이 지나 점수가 소멸하였기 때문에 입사 후 회사에서 요구하는 공인 영어점수를 제출하기 위해, 또는 이직 등을 고려하여 한 번 더 토익 공부를 하기 위해 수업에 다시 찾아오는 학생들을 종종 보게 된다. 그들은 공통적으로 토익 시험이 본인들이 처음 수험 준비를 하던 때와는 달리 상당히 예상 문제를 예측하기가 힘들고, 출제 수준이 높아져 보다 어려워졌다고 말한다.

실제로 토익 시험은 최근 과거와 많이 달라졌으며, 어려워진 것이 사실이다.

얼마전 ETS는 토익 인터넷 접수 마지막 확인 과정의 화면에 다음과 같은 발표문을 공시하였다.

TOEIC 시험문제는 ETS 창작물로서
저작권법의 보호를 받는 저작물입니다.

TOEIC 문제 출제기관인 미국 ETS는 TOEIC 시험의 신뢰성과 공정성 확보를 위해
한 번 정기시험에 출제된 문제는 이후 정기시험에 다시 출제하지 않으며,
매 정기 시험에는 새로운 문항들을 개발하여 출제하고 있습니다.

사실이 이럼에도 불구하고 학원을 찾는 많은 수강생들은 아직도 족집게 강의를 찾아다니며, 기출되었던 패턴만을 외워 목표점수를 받으려고 하고 있다. 이것은 ETS의 출제원칙과 정확히 반대로 가고 있는 것이다.

커리큘럼이 있는 체계적인 원리 위주의 기초 토익 수업으로 확실한 문법적 토대를 다지고 중급 및 실전 토익 수업에서 다양한 유형의 문제를 최대한 많이 다루어 보는 것만이 앞으로의 토익시험에서 본인이 원하는 점수를 받을 수 있는 최선의 길이 될 것이다.

이 책의 특징

1. YBM 10년 경력 강사의 노하우가 담긴 2개월 수업내용을 이 한 권의 책에 모두 담았다.

2. 기존 기본서의 틀을 따르지 않고 마치 개그맨이 애드립을 하듯 의식의 흐름대로 집필하였다.

3. 기초 문법설명과 바로 뒤 이은 실전문제 풀이로 기초와 중급을 한 권의 책에 정리했다.

4. 토익은 스피드 테스트가 아니라 정확성 테스트이다.

    이해 위주, 원리 위주로 설명하였다.

5. 모든 문장을 영영식으로 직역하여 책을 읽으면서 자연스럽게 독해의 속도와 정확성이 향상되도록 했다.

CONTENTS

서문 / 4

이 책의 특징 / 6

Part 1. 접속사와 관계사 · 9

제1장. 문장의 종류 / 10
제2장. 종속절의 종류와 형태 / 13
제3장. 명사절 접속사 / 19
제4장. 형용사절 접속사 / 33
제5장. 부사절 접속사 / 47
제6장. 접속부사 / 64
제7장. 등위접속사와 상관접속사 / 68

Part 2. 동 사 · 72

제8장. 문장형식과 동사의 종류와 형태 / 74
제9장. 주어와 동사의 수일치 / 96
제10장. 시제 / 103
제11장. 능동태와 수동태 / 113

Part 3. 준 동 사 · 126

제12장. to 부정사 / 128
제13장. 동명사 / 143
제14장. 분사 / 163

Part 4. 품 사 · 193

제15장. 전치사 / 194
제16장. 명사 / 219
제17장. 형용사 / 233
제18장. 부사 / 245
제19장. 대명사 / 262

Part 5. 특수구문 · 278

제20장. 비교 / 280
제21장. 병치 / 293
제22장. 도치 / 295
제23장. 가정법 / 299

# PART 1

접속사와 관계사

CHAPER 1	문장의 종류
CHAPER 2	종속절의 종류와 형태
CHAPER 3	명사절 접속사
CHAPER 4	형용사절 접속사
CHAPER 5	부사절 접속사
CHAPER 6	접속부사
CHAPER 7	등위접속사와 상관접속사

문장의 종류

```
ex) You. (X)
    Be quiet. (O)
```

영문이 마침표를 찍을 수 있는 한 문장이 되기 위해서 주어는 없다고 하더라도 동사는 반드시 한 개가 필요하다. 문장에 동사가 있으면 절이라고 하며, 따라서 동사의 개수는 절의 개수와 같다. 영어 문장에 동사가 2개 있으면, 절이 2개 있는 것이다. 절이 2개면 이 두 개의 절을 연결해 줄 수 있는 말이 필요한데 이것이 바로 접속사 또는 관계사이다. 일반적으로 접속사와 관계사의 개수를 합한 개수는 동사의 개수보다 1개가 적다.

그렇지만, 예외적인 사항이 있기 때문에 항상 그러한 것은 아니다. 이에 대해서는 진도를 나가면서 설명하기로 한다. ※ 관계사도 일종의 접속사이다.

ex) When studying English, you must do your best.
You must go there if possible.

원래 위의 문장은 각각 다음과 같았다.

When   you   study   English,   you   must do   your   best.
 부접   s1   v1   o1   s2   v2   o2

그런데, 영어는 같은 의미라면, 보다 짧고 간결한 문장을 선호하는 경향이 있다. 이 때, s1인 you가 s2인 you와 같을 때, s1을 생략하고 v1을 동·원 + ~ing로 바꾸고 부사절 접속사인 when은 생략해서 쓸 수 있는데, 이 때 부사절 접속사 when을 그 의미를 분명히 해 주고자 할때는 그대로 살려둘 수도 있다. 그렇게 되면 동사는 must do 하나밖에 없는데, 접속사 when이 남아 있게 되어 접속사와 관계사의 개수를 합한 개수는 동사의 개수보다 하나가 더 적다라는 법칙에 맞지 않지만 틀린 문장은 아니다.

You must go there if possible에서는 주절이 앞에 왔고 종속절이 뒤에 온 경우가 되는데 원래 종속절은 if it is possible이었는데 이 때 if절은 조건을 나타내는 부사절이다. 부사절에서 s + v의 동사가 be동사일 경우 주어와 be동사를 한꺼번에 생략해서 쓸 수 있다. 그래서 이 경우도 동사가 하나 밖에 없는데 접속사가 있으므로 틀린 문장이라고 생각 할 수 있지만 맞는 문장이다.

문장의 종류

1. 단 문: S + V~: 문장에 동사가 한 개만 있는 문장

2. 중 문: S1 + V1~ **등위접속사** S2 + V2~
   대등절   and, but, or, so   대등절

   중문은 등위접속사로 연결되는 문장으로 보통 등위접속사는 S2앞에 오게 된다.

3. 복문: S1 + V1~   종속접속사 S2 + V2~
　　　　　주절　　　　　　　　종속절

> 복문은 종속접속사로 연결되는 문장으로

　　종속접속사 S1 + V1~,　S2 + V2~
　　　　　종속절　　　　　　　주절

> 종속접속사는 S1 앞에 올 수도 있고 S2 앞에 올 수도 있다.

이러한 종속절, 주절 그리고 종속접속사 등과 같은 표현은 앞으로의 영어공부에 계속 등장하게 될 용어들이다. 아래의 내용을 보자

제안, 요청, 의무, 주장, 명령, 충고, 추천의 동사를 포함하는 주절을 뒤따르는 종속절로 쓰이는 that절(명사절)엔 반드시 동사원형이 와야 한다.

제안, 요청, 의무, 주장, 명령, 충고, 추천 등의 의미를 나타내는 동사

suggest	propose	recommend	request	ask
제안하다	제안하다	추천하다	요청하다	요청하다
require	demand	insist	command	order
요구하다	요구하다	주장하다	명령하다	명령하다

이성적 판단을 나타내는 형용사를 포함하는 주절을 뒤따르는 종속절로 쓰인 that절(명사절)엔 반드시 동사원형이 와야 한다.

이성적 판단의 형용사

imperative	essential	necessary	important	vital	mandatory
필수적인	필수적인	필요한	중요한	필수적인	의무적인

Mike Chen has requested that the head office _____ its awards ceremony at Donald Hotel in Spain.

(A) holds　　　　　　　　(B) held
(C) is holding　　　　　　(D) hold

해석 Mike Chen은 요청했다/ 본사가 열어야만 한다는 것을/ 그것의 시상식을/ Donald Hotel에서/ 스페인에 있는
해설 주절의 동사가 당위성을 나타내는 request(요청하다)이므로 종속절에는 동사원형이 와야 한다. 동사원형은 hold이다.

Even though express mail costs $10.00 more, it is imperative that this contract _____ our client in Singapore as soon as possible.
(A) reaching   (B) be reached
(C) reached   (D) reach

해석 비록 속달 우편이/ 비용이 들지만/ 10달러 더/ 필수적이다/ 이 계약서가 도착해야만 하는 것은/ 우리 고객에게/ 싱가폴에 있는/ 가능한 한 빨리

해설 이 문장은 even though s + v ~의 부사절이 먼저 오고, 주절이 오고 that절이 종속절(명사절)로 따라 나오고 있다. 주절에 당위성을 나타내는 이성적 판단의 형용사 imperative(필수적인)가 왔으므로 종속절에는 동사원형이 와야 한다. 그런데 동사원형은 be reached와 reach가 있는데 계약서가 의뢰인에게 도달하는 것이므로 능동형이 답이다. 그리고 문법적으로 보면 reach는 3형식 타동사로서 빈 칸 뒤에 목적어가 our client로 나와 있기 때문에 능동으로 reach가 되어야 한다.

 It is _____ that the local government respond quickly to the request.
(A) comparable   (B) essential
(C) applicable   (D) optimistic

해석 필수적이다/ 그 지역 정부가 빨리 대응해야 하는 것이/ 그 요청에 대해

해설 제안, 요청, 의무, 주장, 명령, 충고, 추천 등의 의미를 나타내는 동사와 이성적 판단의 형용사는 그 자체로 당위적인 의미를 가진다. 당위성을 나타내는 조동사는 'should' 인데, 이 should가 종속절인 V2에 영향을 주어 원래 V2는 should + 동사원형의 형태를 취하게 되는데, 이 때 보통 should는 생략이 되고 동사원형만 남게 된다.

위의 예제 문제의 보기에는 선택지가 모두 다른 형용사들로 되어있기 때문에, 어휘 문제라고 생각할 수 있지만 사실 이 문제는 어휘문제가 아니다. 종속절의 동사를 보면 주어가 government로 단수인데도 불구하고 3인칭 단수 동사인 responds가 아닌 동사원형인 respond가 왔다. 이것은 밑줄 친 부분에 당위성을 내포하는 형용사가 와야 한다는 뜻이다. 즉, 이성적 판단의 형용사가 답이 된다는 것인데, essential이 바로 이성적 판단의 형용사이다. 다시 말해 다른 이성적 판단의 형용사도 답이 될 수 있다.

It is essential that the local government _____ quickly to the request.
(A) respond   (B) will respond
(C) can respond   (D) response

해석 필수적이다/ 그 지역 정부가 빨리 대응해야 하는 것이/ 그 요청에 대해

해설 문제에서 주절에 이성적 판단을 나타내는 형용사 essential이 왔으므로 답은 (A) respond가 된다. 그런데, 여기서 주의할 것은 (B) 와 (C)도 동사원형이라고 착각할 수 있는데, 앞에서 말했듯이 원래 문장이 should + 동사원형이었기 때문에 can + 동사원형이나 will + 동사원형은 올 수 없다.

2 종속절의 종류와 형태

다음의 문제를 풀어보자.

 _____ an item was really popular in Korean market doesn't guarantee its success in the international market.

(A) Although   (B) What
(C) That   (D) Since

해석 한 품목이 정말로 한국 시장에서 인기 있었다는 것이/ 보장하지는 않는다/ 그것의 성공을/ 국제 시장에서의
해설 위의 문제에서 V1은 was, S1은 an item, V2는 doesn't guarantee인데 S2가 없다. 영어문장에 동사가 1개 있으면 그 부분을 가리켜 절이라고 한다. 동사가 2개 있으면 절이 2개 있는 것인데 이때는 이 두 개의 절을 이어 줄 수 있는 접속사나 관계사가 반드시 한 개 필요하다. 관계사도 일종의 접속사이다. 접속사나 관계사는 S1 앞에 올 수도 있고, 두 번째 절이 시작 되는 부분에 올 수도 있다. 접속사나 관계사는 크게 두 가지로 분류되는데 첫째가 and, but, or, so 등의 등위접속사이고 둘째는 종속접속사이다. 등위접속사를 제외하면 모든 접속사(관계사 포함) 는 종속접속사이다.

종속접속사는 주절과의 관계에 따라 또다시 명사절 접속사, 형용사절 접속사 그리고 부사절 접속사로 나뉜다. 종속접속사로 시작되는 절이 종속절이며 종속절이 아닌 절이 주절이다. 명사절은 명사절 접속사로 시작되는 절이며, 명사절 접속사로 시작되는 명사절은 큰 하나의 명사 덩어리이기 때문에 문장에서 주절 동사의 주어, 보어, 목적어, 그리고 전치사나 준동사(to 부정사, 동명사, 분사)의 목적어로 쓰이며 해석은 '~하는 것'이라고 한다. 형용사절은 형용사절 접속사로 시작되는 절이며 형용사가 명사나 대명사를 꾸며주는 것처럼, 형용사절 앞에있는 명사나 대명사인 선행사를 수식한다. 이 형용사절 접속사에는 관계대명사, 관계부사가 있다.

부사절은 부사절 접속사로 시작되는 절로서 주절동사를 수식해 준다.

① 명사절이 오는 자리
   명사절은 주절동사의 S, C, O, 전치사나 준동사의 목적어로 쓰임.

ㄱ) **명사절접속사** S1 + V1~ + V2~: 명사절이 주절동사의 주어로 쓰이는 경우
    ~ 하는 것   S2

ㄴ) S1 + V1 + **명사절접속사** S2 + V2~: 명사절이 주절동사의 목적어나 보어로 쓰이는 경우
              ~ 하는 것   O1 또는 C1

ㄷ) S1 + V1~전치사 + **명사절접속사 S2 + V2~**: 명사절이 전치사의 목적어로 쓰이는 경우
　　주절　　　　　　　명사절
　　　　　　　　　　　~하는 것

ㄹ) S1 + V1 + to + 동·원 + **명사절접속사 S1 + V1~**: 명사절이 준동사(to 부정사)의 목적어로 쓰이는 경우
　　주절　　　　　　　　　　　　명사절
　　　　　　　준동사(to 부정사)　~하는 것
　　　　　　　　(동명사, 분사)

② 형용사절이 오는 자리

형용사절은 앞의 명사나 대명사(선행사)를 수식함.

ㄱ) 선행사 + **형용사절접속사 S1 + V1 ~** + V2~
　　　S2　　　　　　　형용사절

　　S1 + V1 ~ 선행사 + **형용사절접속사 S2 + V2~**
　　　　　　　　　　　　　　　　형용사절

③ 부사절이 오는 자리

부사절은 주절 동사를 수식함.

ㄱ) **부사절접속사 S1 + V1~**, S2 + V2~
　　　부사절　　　　　　　주절
　　　　　　　　　　　　, 명령문(동·원)~
　　　　　　　　　　　　　　　V2

ㄴ) S1 + V1~　　, **부사절접속사 S2 + V2~**
　　주절　　　　　　　부사절
　　명령문(동·원)~
　　　V1

위의 문제에 적용시켜 보기로 한다.

해석을 해보면 '한 품목이 한국 시장에서 인기 있었다고 할지라도 그것의 성공을 국제시장에서는 보장할 수 없다' 가 된다. 그래서 '비록 ~라 할지라도' 의 의미를 가지는 Although를 답이라고 생각할 수 있다. 그러나 Although는 부사절 접속사이므로 ③의 ㄱ과 ㄴ 자리에 와야 한다. 따라서 Although는 답이 될 수 없다. 해석은 비록 ~라 할지라도 라고 되어 무리가 없어 보이지만 문장 구조상 Although는 이 자리에 올 수 없다. 그래서 문장의 구조를 무시하고 해석으로만 문제에 접근하게 되면 오답을 낼 가능성이 있다.

명사절접속사 [an item was really popular in Korean market] doesn't guarantee its success in the international market.
　　　　　　　　S1　　V1　　　　　　　　　　　　　　　　　　　　　V2
　　　　　　　　　　　　　　　S2

(A) Although　　　　(B) What　　　　(C) That　　　　(D) Since

문제에서 보면, V2의 주어가 없다. Korean market은 주어가 아니고 전치사 in의 목적어이다. 빈 칸에는 명사절 접속사가 들어가야 음영처리 된 부분이 S2가 되어 V2의 주어가 될 수 있다. 따라서 위의 문제의 빈칸은 명사절 접속사가 들어가야 할 자리이다. 다시 한 번 이야기 하면, Although 와 Since 는 부사절 접속사이다. Although나 Since가 답이 되기 위해서는 ③의 ㄱ)과 ㄴ)자리에 와야 한다. 따라서 Although나 Since는 해석과 상관없이 답이 아니다. 주어진 선택지 가운데 명사절 접속사는 what과 that이다.

그런데 What이 명사절 접속사로 쓰일 때는 의문대명사이거나 관계대명사 또는 의문 형용사이다.
What이 의문대명사나 관계대명사로 쓰일 경우: '무엇이(을)~하는 것' 또는 '~것' 으로 해석이 되며 뒤에 불완전한 문장이 온다.
　　　　　　　　　　　　　　　　　　　　　　　　　의문대명사　　　　　　　　관계대명사

What + [(S) + V + (O/C)]: What [customers want] is high quality and low prices.
무엇이(을) ~하는 것 / ~것　　고객들이 원하는 것은 고품질과 저렴한 가격이다.: want의 목적어가 빠진 불완전한 문장

We don't know what [can be done]: can be의 주어가 빠진 불완전한 문장
우리는 무엇이 행해질 수 있는지 하는 것을 모른다.: what이 can be의 주어

What이 의문 형용사로 쓰이는 경우: '무슨 또는 어떤~하는 것' 으로 해석이 되며 뒤에 빠진 필수 문장성분은 없다.

What + [명사 + (S) + V + (O/C)]: **We don't know what book will be given to him.:**
무슨(어떤) ~것　빠진 필수문장성분은 없음　우리는 알 수 없다. 무슨(어떤) 책이 그에게 주어질지 하는 것을

That이 명사절 접속사로 쓰일 때는 단순접속사이고 '~하는 것' 으로 해석이 되며 뒤에 완전한 문장이 온다.

That + [S + V + O/C] : That [he loves her] is true./ I know that [he is a lawyer.]
~하는 것　완전한 문장　그가 그녀를 사랑하는 것은 사실이다.　나는 그가 변호사라는 것을 안다.

위의 문제에서
[an item was really popular in Korean market] 부분이 완전한 문장이므로 답은 That이 된다.

다음의 문제를 풀어보자.

예제

They gathered to discuss what _____ the extensive sewer work has for the concert.
(A) implicating (B) implications
(C) implicated (D) implicates

해석 그들은 모였다./ 토론하기 위해/ 무슨 영향을/ 그 광범위한 하수도 공사가/ 그 콘서트에 미칠지 하는 것을
해설 위의 문제와 같은 문장구조를 가진 조금 더 쉬운 문장으로 된 다음의 예를 보기로 한다.
cf. They gathered to discuss what book the smart boy has for the class.
앞에서 what은 의문 형용사로도 쓰인다고 했는데, 이 문제의 경우에 해당한다.

다음의 예를 보자.

We gathered to discuss the problem.

이 문장에서 보면 to discuss 즉, to 부정사가 오고 있는데, 이 때 discuss가 3형식 타동사이므로 뒤에 목적어가 필요하며, 그 목적어로 the problem이 왔다.

주어진 예에서도 to discuss의 목적어가 필요한데, 목적어가 될 수 있는 것은 the problem과 같은 명사이다. 그런데 이 문제에서의 목적어는 단일 단어가 아니라 명사절인 'what book the smart boy has for the class.' 전체가 된다. 여기서 주목할 것은 타동사 has의 목적어가 빠져있다는 것이다. 타동사가 능동형으로 쓰였다면 타동사 뒤에는 반드시 목적어가 있어야 한다. 그 목적어가 밑줄 친 book이 된다. what이 의문 형용사로 왔고, 그 의문 형용사 뒤에 book이 명사로 따라온 것이다. 다시 말해 원래 문장은 'the smart boy has what book' 이다.

그런데, 의문 형용사 what이 명사절 접속사이므로, 그 절의 앞으로 나가면서 what의 꾸밈을 받는 명사인 book도 함께 앞으로 나가게 된 것이다. 여기서 명사인 book을 원래 있던 has 뒤로 돌려놓으면, 의문 형용사 what 뒤쪽에는 빠진 필수문장성분은 없다.

마찬가지로 생각하면, 맨 위의 문제에서도 has 뒤에 목적어가 빠져있고 따라서 빈 칸에 목적어 역할을 할 수 있는 명사 implications가 답이 되고 what은 그 명사를 수식하는 의문 형용사이다. 그리고 명사 implications를 원래 자리인 has 뒤로 돌려보내면, what 뒤쪽 부분은 자리는 바뀌었지만 빠진 필수 문장성분은 없다.

형용사절 접속사: 관계대명사
앞의 명사나 대명사를 수식함   관계부사
   (선행사)

iii) 준동사(to 부정사, 동명사, 분사의 목적어로 쓰임)
ii) 전치사의 O로 쓰임
i) 주절동사의 S, O, C로 쓰임   단순접속사

종속접속사: **명사절** 접속사: ① 선행사 없음 + that + [s + v + o]
   '~하는 것'으로 해석   ~하는 것   완전한 문장

                             if
② 선행사 없음 + **단순접속사** + [s + v + o]
                      whether   완전한 문장
         ~인지 아닌지 하는 것

③ 의문사

                         (s , o)   뒤에 to + 동·원이 올 수도 있음
㉠ 선행사 없음 + **의문대명사** + [(s) + v + (o)]
       who(m): 누구   불완전한 문장
       what: 무엇(의문대명사), ~것(관계대명사)
       which: 어느 것

                              뒤에 to + 동·원이 올 수도 있음
㉡ 선행사 없음 + **의문 형용사** + [명사 +(s) + v + (o)]
       whose: 누구의 빠진 필수문장성분은 없음
       what: 무슨, 어떤
       which: 어느

                           뒤에 to + 동·원이 올 수도 있음
㉢ 선행사 없음 + **의문부사** + [s + v + o]
       when: 언제   완전한 문장
       where: 어디서
       why: 왜
       how: 어떻게

④ 선행사 없음 + **복합관계대명사** + [(s) + v + (o)]
                         불완전한 문장

       who(m)ever
       누구든지 간에

       whatever
       무엇이든지 간에

       whichever
       어느 것이든지 간에

※ 복합관계형용사 + [명사 + (s) + v + (o)]
whatever   빠진 필수문장성분은 없음
whichever
　　　　　복합관계 형용사절는 명사절 또는 부사절로 쓰임

주절의 동사를 수식함
부사절 접속사: ① 시간 : when(~할 때), …
①~⑧

-
-
-

⑧ **복합관계사**　　　　　　　완전한 문장　　　　　　(s , o)　　불완전한 문장
㉠ 선행사 없음 +복합관계부사 + [s + v + o]　㉡ 선행사 없음 + 복합관계대명사 + [(s) + v + (o)]

whenever: 언제든지 상관없이　　　　who(m)ever: 누구든지 상관없이
wherever: 어디서든지 상관없이　　　whatever: 무엇이든지 상관없이
however: 얼마나, 아무리 ~하든지　　whichever: 어느 것이든지 상관없이
　　　　　상관없이

3 명사절 접속사

문장으로 보는 명사절 접속사와 명사절

명사절 접속사는 명사절 접속사 자체를 묻는 문제는 빈도수가 그다지 높지 않다. 하지만, 시험에서 수험생이 받고 싶은 점수를 받느냐 그렇지 못하냐를 결정지을 수 있는 난이도가 높은 핵심적인 문제로 출제되는 경향이 있다. 그리고 명사절 접속사로 시작하는 명사절을 잘 이해함으로써 수험생들은 가장 힘들게 느끼는 LC 파트 3, 파트 4의 문장들을 정확히 들을 수 있고 RC의 거의 절반을 차지하는 파트 7의 독해문제에서, 특히 article과 같은 논리적인 문장으로 구성된 문제를 쉽고 깔끔하게 해석할 수 있다. 따라서 명사절에 대한 이해는 토익 LC와 RC 전반에 걸친 문제를 풀기위해 가장 중요하고도 필수적인 것이다.

최근의 토익 시험은 과거와 많이 달라져서 기존의 족보식 기출문제와 그 패턴만을 외워서는 원하는 점수를 얻을 수 없다. 요컨대, 모든 문제를 주어진 시간 내에 빠르고 정확하게 풀어내기 위해 명사절의 이해는 매우 중요하다.

~하는 것
단순접속사
종접(명접) 완전한 문장 주절
선행사없음 + That [he loves her] is true.: That절이 주절동사의 S로 쓰임
종속절   s1 v1 o1 v2 sc2
(명사절)   s2

It is true that s + v~ 가주어 진주어의 형태로 나오기도 한다.

~하는 것
단순접속사
주 절   종접(명접) 완전한 문장
The truth is that [he loves her]: that절이 주절동사의 SC로 쓰임
s1 v1 종속절 s2 v2 o2
2형식동사 (명사절)   sc1

~하는 것
단순접속사
주 절 종접(명접) 완전한 문장
I know that [he loves her]: that절이 주절동사의 O로 쓰임
s1 v1 종속절 s2 v2 o2   3형식 타동사
3타   (명사절)   o1

※ that절이 명사절로서 3형식 타동사의 목적어로 쓰일 때 that을 생략할 수 있다. 또한, make sure that s + v~와 같은 표현에서도 that이 생략되는 경우가 있고 이 경우 동사가 두 개지만 접속사가 없어도 틀린 문장은 아니다.

예제 The management requests _____ all drivers submit their third-quarter fuel receipts by 5 P.M. on October 30. (2014년 5월 정기토익 기출 응용문제)

(A) or (B) that
(C) if (D) which

해석 경영진은 요청한다/ 모든 운전자들이 제출해야만 한다는 것을/ 그들의 삼 분기 연료 영수증들을/ 오후 5시까지/ 10월 30일

해설 request는 3형식 타동사이므로 목적어가 필요한데 뒤에 명사절이 와야 한다. request는 명사절인 that절을 목적어로 가진다.

```
                    ~하는 것
                    단순접속사
    주 절          종접(명접)  완전한 문장
    He told me  that [he loved her]: that절이 주절동사의 DO로 쓰임
    s1  v1  IO  종속절 s2 v2 o2       4형식 타동사
        4타           DO1
```

목적어를 하나만 가지는 3형식 동사와, 목적어를 2개 가지는 4형식 동사.

```
   3형식    생략가능      완전한 문장            4형식 생략불가       완전한 문장
   S1 + V1 + (to + sb) + that + [S2 + V2 + O2]   S1 + V1 + sb + that + [S2 + V2 + O2]
   say                      O1                    tell   IO1              DO1
   mention                                        inform
   announce                                       notify
   suggest                                        advise
   propose                                        assure
   explain                                        convince
   describe

   that절 앞에                                    that절 앞에 반드시
   사람을 바로 목적어로 가질 수 없는 동사         사람을 바로 목적어로 가지는 동사
```

 The CEO announced to _____ that he will retire next month.

(A) invest (B) investment
(C) investors (D) investing

해석 그 CEO는 발표했다/ 투자자들에게/ 그가 은퇴할 것이라는 것을/ 다음 달에

해설 announce to + sb + that + s + v 에서 sb(사람) 자리에 빈 칸이 있으므로 답은 (C)가 된다. 주의할 것은 decide to + 동·원, wish to + 동·원, want to + 동·원 등의 표현과 혼동되어 동사원형인 (A)를 답으로 하는 실수를 범해서는 안 된다.

예제 We are happy to _____ that the Annual Business Innovations Fair will be held at the Hervathe Conference Center in Mayveille.

(A) announce (B) attract
(C) invite   (D) issue

해석 우리는 행복하다/ 발표하게 되어서/ 연례 사업 혁신 박람회가 개최될 것이라는 것을/ Hervathe 컨퍼런스 센터에서/ Mayveille에 있는

해설 주어진 선택지가 모두 다르기 때문에 어휘문제라고 생각할 수 있지만, 사실은 'announce to sb that + s + v'의 표현에서 to sb가 생략되고 announce that + s + v의 표현을 물은 것이다.

예제 We regret to _____ you that your application has been rejected.

(A) inform   (B) say
(C) mention   (D) announce

해석 우리는 유감이다/ 알려드리게 되니/ 당신에게/ 당신의 지원서가/ 거부 되었다는 것을

해설 사람목적어가 오고 뒤에 that절이 따라올 수 있는 것은 inform 밖에 없다. 나머지는 모두 to sb that + s + v ~의 형태로 온다.

직접목적어로 that절을 가지는 동사들의 능동과 수동의 표현.

능동태: S + inform + sb + that + S + V~ (4형식)
         notify   of + sth(사실)~ (3형식)
         advise   ~에 대해
         assure
         convince

sb: 사람, 부서, 팀, 조직 등.

※ that절 대신 if, whether 등과 같은 다른 명사절 접속사가 올 수도 있다.

수동태: Sb + be informed + that + S + V~~(by + 목적격)
              notified   of + sth(사실)~~ (by + 목적격)
              advised   ~에 대해
              assured
              convinced

inform, notify, advise, assure, convince와 같은 동사들은 뒤에 반드시 사람(sb)를 목적어로 가진다. 이때, 사람목적어 자리에는 사람의 모임이나 단체, 부서, 팀, 조직 같은 명사가 올 수도 있다. 사람이 온 후에는 명사절로서 that절이 연결될 수도 있고, of + sth(사실)이 따라올 수도 있다. 이 문장들은 각각 4형식 문장과 3형식 문장을 만들게 되는데, 이들을 수동으로 바꾸면 위의 수동태의 형태가 된다.

Please _____ that you will experience the best service.
(A) assure   (B) be assured

해석 보장 드리겠습니다/ 당신이 경험할 것이라는 것을/ 최고의 서비스를
해설 명령문이 오고 that절이 오고 있다. assure는 반드시 사람을 먼저 목적어로 가지는 동사이므로 (A) assure가 답이 되기 위해서는 Please assure sb that s + v ~의 형태를 취해야 한다. 그런데 that 앞에 사람(sb) 목적어가 없으므로 위의 문장은 사람(sb)이 주어로 나간 수동태라는 것을 알 수 있다. 정답은 (B) be assured가 된다. assure는 ~에게 ~을 보장하다의 의미로 사용되는데 be assured라고 하면 '보장 받으세요' 로 해석 되는데 '보장 받으세요' 라는 말은 내가 보장을 해주겠다는 의미가 된다.

 Employees _____ that Mr. Lee was promoted last month.
(A) informed   (B) were informed

해석 직원들은 알림을 받았다/ Mr. Lee가 승진했다는 것을/ 지난달에
해설 inform은 사람(sb)이 목적어로 나오고 that절이 뒤에 따라 와야 하는데, 사람 목적어가 없으므로 사람이 주어로 나간 수동태이다.

 Instructions will be _____ after the presentation.
(A) informed   (B) provided

해석 지시사항들이/ 제공될 것이다/ 그 프레젠테이션 후에
해설 만약 will be informed가 답이 되려면 주어는 반드시 사람(sb)이 되어야 한다. 이유는 inform은 반드시 사람을 먼저 목적어로 가지기 때문에, 수동태가 되면 사람이 주어가 되어야하므로 sb + be informed의 형태가 된다.

Researchers _____ that they were doing the right thing when they got some meaningful findings from several tests last week.
(A) convincing   (B) convinced
(C) were convinced   (D) convinces

해석 연구원들은 확신케 되었다/ 그들이 옳게 하고 있다라는 것을/ 그들이 얻게 되었을 때/ 몇 가지 의미 있는 발견 성과들을/ 몇몇 테스트로부터/ 지난 주에
해설 Researchers가 사람 주어로 왔으므로, sb + be convinced that + s + v ~ 의 형태이다. 따라서 정답은 were convinced가 된다.

The employee was notified _____ his supervisor of his promotion yesterday.
(A) of   (B) to   (C) by   (D) for

해석 그 직원은 통보 받았다/ 그의 상관에 의해서/ 그의 승진에 대해/ 어제
해설 sb + be notified + of + sth ~ (by sb)에서 (by sb) 부분은 of sth 뒤에 놓일 수도 있고 생략될 수도 있다. 그런데 이 (by sb)가 be notified 바로 뒤에 올 수도 있다. 그래서 be notified of + sth(사실) 과 be notified by + sb(사람)가 가능한 표현인데 문제에서는 was notified _____ his supervisor로 빈 칸 뒤에 sb(사람)가 왔으므로 정답은 by가 된다. 만약 was notified _____ his promotion과 같이 뒤의 빈 칸 뒤에 sth(사실)이 온다면 정답은 of가 된다.

```
        주절            종속절(명사절) 완전한 문장
      I am aware of [that he loves her.]:        전치사 of의 목적어
      s1 v1    sc1    전 + 명접 s2    v2   o2
```

전치사의 목적어: 전치사는 전치사 뒤에 반드시 전치사의 목적어를 가지는데, 전치사의 목적어는 명사, 대명사, 동명사, 명사절이다.

전치사 + 전치사의 목적어
① 명 사
② 대명사
③ 동명사
④ 명사절(명사절접속사 + S + V)

위의 문장에서 전치사 of의 목적어가 필요한데, that절이 of의 목적어로 왔다고 볼 수 있지만, that절은 전치사의 목적어로 쓰일 수 없다. 그래서 다음과 같이 전치사 of를 삭제한 문장이 맞는 문장이다. 그렇게 하면 be동사 + 형용사(또는 분사) + that s + v ~ 가 된다.

I am aware that he loves her.
  = know

be동사 + aware는 동사(know)처럼 쓰일 수 있다.

※ be동사 + 형용사는 마치 타동사처럼 사용된다.
　be + aware = know

be동사 + 형용사 + that절의 예

be sure that	be aware that	be confident that	be sorry that	= glad be pleased that
~을 확신하다	~을 알고 있다	~을 확신하다	~해서 유감이다	~하게 되어 기쁘다

be afraid that	be convinced that	be apparent that
~하게 되어 미안하다	~을 확신하다	~이 명백하다

전치사의 목적어로 that절은 올 수 없지만, in that, except that은 전치사 in, except 뒤에 왔지만, 이 때 in that, except that은 부사절 접속사로 가능한 표현이다.

$$\text{In that } s1 + v1\text{~, } s2 + v2\text{~} \qquad s1 + v1\text{~except that } s2 + v2\text{~}$$
$$\text{~라는 점에서} \qquad\qquad\qquad\qquad \text{~을 제외하고}$$

※ 준동사: to 부정사, 동명사, 분사

주절 / 준동사 / 종속절(명사절) / 완전한문장
준동사 to ensure의 목적어

It is important to ensure that [everyone gets a fair deal]: that절이 준동사(to 부정사)의 목적어로 쓰임
s1 v1   sc1   3타   명접   s2   v2   o2

중요하다/ 보장하는 것은/ 모든 사람들이 공평한 대우를 받을 수 있도록 하는 것을
It is important to ensure the success of the ceremony.: to ensure의 목적어로 the success가 왔다.
마찬가지로 위의 문장에서도 to ensure의 목적어가 필요한데 that절이 명사절로서 to ensure의 목적어로 왔다.

 Hello Inn provides exceptional service and careful attention, _____ that tourists have a pleasant and comfortable stay.

(A) ensuring   (B) ensure   (C) ensures   (D) be ensured

해석 Hello Inn은 제공 한다/ 우수한 서비스와 세심한 관심을/ 보장하면서/ 여행객들이 쾌적하고 편안한 숙박을 하는 것을

해설 콤마(,) 앞쪽에 주어 동사가 있고, that 뒤에도 주어 동사가 있다. 이 두 개의 절을 연결하는 것이 명사절 접속사 that인데, 빈 칸에 또 동사가 들어가면 안 된다. 동사가 3개가 되면 접속사나 관계사를 합한 개수가 2개가 되어야하는데 접속사 1개 밖에 없기 때문이다. 선택지 중 (B), (C), 그리고 (D)가 동사이다. 동사가 아닌 것은 ensuring이다. 다른 방법으로 이렇게 문제에 접근해도 좋다. 아래의 문장을 소리 내어 읽어보자.
[S1 + V1 + O1~], ~ing + 목적어(명사, 대명사, 명사절)
   완전한 문장
완전한 문장이 앞에 왔고, _____ that s + v ~ 에서 빈 칸은 that절을 목적어로 가지는 분사가 정답이다. 따라서 정답은 ensuring이 된다.

 The Lolain Industries' maintenance crew is responsible for ensuring that the company's electronic equipment _____ properly. (2014년 4월 정기토익 기출 응용문제)

(A) functional   (B) to function   (C) is functioning   (D) functionally

해석 Lolain Industries의 관리 직원은 책임지고 있다/ 확실히 하는 것을/ 그 회사의 전자 장비가 기능하도록 하는 것을/ 적절히

해설 전치사 for 뒤에 전치사의 목적어로 동명사인 ensuring이 오고 있다. ensuring의 목적어로 명사절(that절)이 오고 있는데 that 뒤에 주어 + 동사가 와야 하므로 정답은 동사인 is functioning 이다. 다른 선택지는 모두 동사가 아니다.

동격의 that : 명사 + 동격의 that + 완전한 문장

이 때, 명사는 선행사가 아니다. 동격의 that은 '~라는' 이라고 해석한다.

the fact that	the report that	the news that
~라는 사실	~라는 보도	~라는 뉴스
the idea that	the opinion that	the rumor that
~라는 의견	~라는 의견	~라는 소문
the doubt that	the question that	the confirmation that
~라는 의심	~라는 의문	~라는 확인
the assurance that		
~라는 보장		

 This e-mail is a confirmation _____ your order has been shipped.
(A) of (B) that
(C) which (D) for

해석 이 이메일은 확인이다/ 당신의 주문이 배송 되었다라는
해설 빈 칸 뒤에 절이 이어지고 있기 때문에 전치사 of와 for는 답이 될 수 없다. 빈 칸 앞에 명사를 사물 선행사라고 생각하여 (C)로 오답을 고르는 경우가 있다. 그렇게 되려면 which는 관계대명사가 되고 그 뒤에 불완전한 문장이 와야 하는데, 지금 빈 칸 뒤쪽은 완전한 문장이 오고 있으므로 which는 답이 아니다.
동격의 that은 앞에 보통 추상적인 느낌의 단어들이 온다. 예를 들면, fact, opinion, idea 등과 같은. 그리고 뒤쪽은 완전한 문장이 온다. a confirmation that [s + v + o]에서 that은 동격의 that으로 '~라는 확인' 이라고 해석한다.
완전한 문장

```
          단접        종속절(명사절)
     종접(명접)    s1    v1       주 절
Whether [we succeed] is not important. :    주절동사의 주어
     (~인지 아닌지 하는 것) 완문   v2    sc2
              s2
```

= Whether (or not) we succeed (or not) is not important.: whether는 or not 또는 or와 함께 잘 어울려 나온다.

 Whether or not you quit is _____ up to you.
(A) entirely (B) entire

해석 네가 그만둘지 말지 하는 것은 전적으로 너에게 달려있다.
해설 Whether 절이 주어로 왔고 be동사 is 뒤에 up to you(너에게 달려있는)가 주어의 상태를 보충설명 해주는 주격보어로 오고 있기 때문에 빈 칸은 필요 없는 말이다. 부사인 entirely가 답이 된다.

```
                         단접        종속절(명사절)
주절                     종접(명접)   s2  v2  sc2
The question is whether [this is true.]               : 주절동사의 주격보어
     s1        v1  (~인지 아닌지 하는 것)   완문
```

```
              단접         종속절(명사절)
주절           종접(명접)    s2          v2
I'll check whether [we should go there or not.]       : 3형식 타동사의 목적어
    s1    v1  (~인지 아닌지 하는 것)           완문
```

```
                 단접          종속절(명사절)
주절              종접(명접)    s2   v2  sc2
I asked them whether [he was guilty or innocent.]     : 4형식 타동사(수여동사)의 직접 목적어
    s1   v1   IO1 (~인지 아닌지 하는 것)  DO1      완문
```

```
                               단접      종속절(명사절)
                               종접(명접)  s2         v2
I can't answer the question of whether [computers can think.]   : 전치사의 목적어
     s1       v1      o1        전 (~인지 아닌지 하는 것)   완문
```

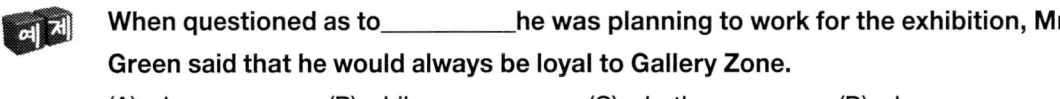 When questioned as to _____ he was planning to work for the exhibition, Mr. Green said that he would always be loyal to Gallery Zone.

(A) whenever   (B) while   (C) whether   (D) whereas

해석 질문을 받았을 때/ 그가 계획이 있는지 없는지 하는 것을/ 일을 할/ 그 전시회를 위해/ Mr. Green은 말했다/ 그는 늘 충성할 것이라고/ Gallery Zone 사에

해설 전치사 as to 뒤에 목적어가 필요한데, 목적어가 될 수 있는 것은 명사, 대명사, 동명사 그리고 명사절이다. 그런데 빈 칸 뒤에 주어 + 동사가 나오고 있기 때문에 빈 칸에 명사절 접속사가 들어가야 한다. 선택지 가운데 명사절 접속사는 whether이다. 나머지는 모두 부사절 접속사이다.

```
                        단접       종속절(명사절)
                        종접(명접)  s2   v2            o2
We need to decide whether [we will attend the seminar.]   : 준동사의 목적어
  s1   v1      o1  (~인지 아닌지 하는 것)    완전한 문장
```

※ 명사절 접속사로 쓰이는 whether는 대신에 if를 쓸 수 있지만 if 절은 주절동사의 주어자리나, 전치사의 목적어 자리에는 올 수 없다.

또, whether절은 부사절 접속사로 쓰이는 경우도 있다.

_____ you like it or not, I'm coming to see you.
(A) Whether   (B) Regardless of

네가 좋아하든 그렇지 않든지 상관없이/ 나는 갈 것이다/ 너를 보기 위해.

_____ s1 + v1 ~ , s2 + v2 ~에서 빈 칸은 부사절 접속사 자리이다. Whether는 명사절 접속사로 사용되지만, ~에 상관없이라는 의미로 부사절 접속사로 쓰일 때도 있다. Regardless of 는 전치사로 뒤에 명사가 온다.

ex) regardless of age 나이에 상관없이

Whether(or not) + s + v~(or not)는 Whether (or not) + to + 동·원(or not)으로 축약하여 쓸 수 있다.
whether(or not) + s + v~(or not)
= whether(or not) to + 동·원(or not)

의문사의 경우에도 의문사 + 주어 + 동사를 의문사 + to + 동·원으로 축약하여 쓸 수 있다.
의문사 + 주어 + 동사
= 의문사 + to + 동·원

그런데 의문사나 whether 뒤의 동사가 타동사인 경우

what
which + to + 동·원 + 목적어 없음   whether + to + 동·원 + 목적어 있음

I don't know what I should do the work. (X)
    = what to do the work. (X)

what 뒤에는 불완전한 문장이 와야 하므로 the work와 같은 목적어가 빠져있어야 한다.

I don't know what I should do. (O)
    = what to do. (O)

I don't know whether (or not) I should do (or not)   (X)
    = whether (or not) to do (or not) (X)
whether 뒤에는 완전한 문장이 와야 하므로 do 뒤에 목적어가 있어야 한다.
I don't know whether (or not) I should do the work (or not) (O)
    = whether (or not) to do the work (or not) (O)

예제 The board of directors is still deciding about _____ to allocate funds for annual banquet for employees.

(A) if   (B) that
(C) whether   (D) which

해석 이사회는 여전히 심의 중이다/ 할당할 것인지 아닌지 하는 것에 대해/ 자금을/ 연례 연회를 위해/ 직원들을 위한

27

해설 전치사 about _____ to + 동·원의 형태이다. to + 동·원 부분은 원래 s + v ~ 였던 것이 축약되어 to 부정사로 온 것이다. 원래 뒤에 절이 있었다라고 생각하면, 전치사 뒤에 올 수 없는 명사절 접속사는 if와 that이므로 답에서 제외된다. (C) whether와 (D) which는 뒤에 to + 동·원이 올 수 있는데, to allocate 뒤에 목적어가 있으므로 whether가 답이 된다. 해석상으로도 '자금을 할당할 것인지 아닌지 하는 것' 이 된다.

예제 The board of directors is still deciding about whether_____ funds for annual banquet for employees.

(A) allocating (B) to allocate
(C) allocates (D) allocated

해설 위의 문제에서 whether에 빈 칸을 준 것이 아니라 whether + to 동·원의 to 동·원에 빈칸을 준 것이므로 정답은 (B) to allocate가 된다.

예제 Please let us know your thoughts or questions and whether you prefer hearing back from us by phone _____ by e-mail.

(A) and (B) or (C) nor (D) so

해설 우리에게 알려주시오/ 당신의 생각과 문의사항들을/ 그리고 당신이 선호하는지 하는 것을/ 소식을 듣는 것을/ 우리로부터/ 전화로 혹은 이메일로
해설 whether는 뒤에 or not 또는 or와 자주 어울려 나온다. 정답은 or 이다.

의문부사 how는 뒤에 다음과 같은 패턴이 연결된다.

how s + v
how + to + 동·원
how + 형용사/부사/분사 + s + v

예제 It is impressive to see how _____ the company's profits have risen since the recent takeover.

(A) sharply (B) sharp
(C) sharpness (D) sharpen

해설 인상적이다/ 보는 것은/ 얼마나 급격히 그 회사의 수익이 증가했는지 하는 것을/ 그 인수합병 이래로
해설 how_____ [the company's profits have risen]에서 [ ] 부분이 완전한 문장으로 왔기 때문에 빈 칸은 없어도 되는 자리이므로 부사가 답이다. sharply가 답이다.

We need to determine how _____ this advertising campaign will be before we submit it to the committee for approval.

(A) persuasiveness (B) to persuade
(C) persuasive   (D) persuasively

해석 우리는 확인해야 한다/ 얼마나 설득력이 있을지 하는 것을/ 그 광고 캠페인이/ 우리가 그것을 위원회에 제출하기 전에/ 승인을 받기 위해

해설 how _____ this advertising campaign will be에서 be동사 뒤에 주격보어가 빠져있다. 그 주격보어가 빈 칸 자리로 나간 것이다. 왜냐하면 how가 의문부사로 명사절접속사 역할 뿐만 아니라 부사역할도 하기 때문에 how의 수식을 받던 주격보어가 how를 따라 앞으로 나갔기 때문이다. 주격보어가 될 수 있는 것은 부사가 아니라 형용사이다. 따라서 형용사인 persuasive가 답이 된다. how 뒤에 to 부정사가 답이 되는 경우도 많은데, 그래서 그냥 to 부정사를 정답으로 고르는 오류를 범해서는 안 된다.

 Dr. Kim held a meeting this evening to show staff _____ to enter a patient's dental information into the new data base.

(A) why   (B) way
(C) whether (D) how

sharply: (증감 등이) 급격히
= drastically, dramatically

해석 Dr. Kim은 회의를 열었다/ 오늘 저녁에/ 보여주기 위하여/ 직원들에게/ 입력하는 방법을/ 환자의 치과정보를/ 새로운 데이터베이스에

해설 빈 칸 뒤에 to + 동사원형이 올 수 있는 것은 (B), (C), (D)인데, whether는 인지 아닌지 하는 것으로 해석되어 어색하다. way 도 to 부정사가 뒤에 올 수 있는데 그렇게 되려면 the way to + 동·원이 되어야 한다. 답은 how to enter가 된다. (the way) (how) to + 동·원에서는 the way나 how 둘 중 하나만 써야 한다.

종속절(명사절): ~것은
의문대명사(의문사+대명사)
종접(명접) s2 불완전한 문장   주 절
Who [wrote the book] is not certain. :   주절동사의 주어로 쓰임.
  s1(누가) v1   o1   v2   sc2

           종속절(명사절): ~것
           의문대명사(의문사+대명사)
주 절   종접(명접) sc1 불완전한 문장
The question is who [wrote the book.] :   주절동사의 SC로 쓰임
     s1   v1 s2(누가) v2   o2

         종속절(명사절): ~것을
         의문대명사(의문사+대명사)
주절   종접(명접) o1 불완전한 문장
I know who [wrote the book.] :   주절동사의 O로 쓰임
s1 v1 s2(누가) v2   o2

```
                        종속절(명사절): ~것을
                        의문대명사(의문사+대명사)
    주절                종접(명접) DO1 불완전한 문장
    He told me  who [wrote the book ]            :           주절동사의 DO로 쓰임
    s1  v1  IO1  s2(누가)  v2    o2
```

```
                              종속절(명사절): ~것
                              의문대명사(의문사+대명사)
    주절        전치사         종접(명접)   불완전한 문장
    He talked about  who [wrote the book ]      :       전치사의 목적어로 쓰임
    s1   v1            s2(누가)  v2   o2
```

```
                              종속절(명사절): ~것
                              의문대명사(의문사+대명사)
    주절    to 부정사          종접(명접)   불완전한 문장
    We need to decide  who [will write the book ]   : 준동사(to 부정사)의 목적어로 쓰임
    s1   v1    o1      s2(누가)    v2    o2
```

다른 의문사절이나 복합관계대명사절과 같은 명사절도 위의 예문들과 마찬가지로 주절동사의 S, SC, O, DO로, 전치사의 목적어로, 그리고 준동사의 목적어로 올 수 있다. 이것은 앞에서 말했던바와 같이 중요한 핵심적인 문제로 출제되고 있으며, 해석을 매끄럽게 하기 위해 반드시 이해하고 있어야 할 문법사항이다.

 _____ pleased the clients most was the effective customer service Moradon Bank provided.

(A) Who   (B) That   (C) What   (D) This

해석 그 의뢰인들을 가장 기쁘게 했던 것은/ 효과적인 고객 서비스였다/ Moradon Bank가 제공했던

해설 빈 칸이 동사 과거형인 pleased 앞에 있으므로 주어가 들어가야 할 자리이다. 그리고 뒤에 was가 V2로 오고 있기 때문에 접속사역할을 할 수 있는 것이어야 한다. (D)는 접속사가 아니므로 답이 될 수 없다. 그리고 빈 칸에서 most 까지가 was의 주어가 될 부분이므로 명사절 접속사가 답이다. 명사절 접속사 That은 뒤에 완전한 문장이 와야하므로 답이 될 수 없다. (A) Who아니면 (C) What이 답이 되는데, 해석을 해보면 Who의 경우 '누가 그 의뢰인들을 가장 기쁘게 했는지 하는 것은 효과적인 고객 서비스였다' 가 되고, What의 경우 '그 의뢰인들을 가장 기쁘게 한 것은 효과적인 고객 서비스였다' 가 된다. 자연스러운 것은 What이다.

 The research analysis from last year is _____ Mr. Obama asked for a copy of.

(A) whether   (B) when   (C) that   (D) what

해석 그 연구 분석은/ 지난달의/ 바로 Mr. Obama가 요청했던 것이다/ 그것의 사본을

해설 주절의 동사인 is가 2형식 동사이므로 주격보어가 필요한 자리이다. 주격 보어가 되려면 명사절이 와야 한다. 선택지 모두 명사절 접속사가 가능한데, a copy of에서 전치사 of의 목적어가 빠져있기 때문에 빈 칸 뒤쪽이 불완전한 문장이다. 뒤에 불완전한 문장이 올 수 있는 것은 what이다. 나머지는 모두 뒤에 완전한 문장이 온다.

예제 CSI Digital will award the contract to _____ company submits the lowest and most comprehensive bid.

(A) whichever (B) those
(C) whoever (D) their

해석 CSI Digital은 줄 것이다/ 그 계약을/ 어느 회사든지간에/ 가장 비용이 적게 들며/ 가장 종합적인 입찰서를 제출한
해설 빈 칸 뒤에 명사 company가 오고 company가 주어 그 뒤에 submits이 타동사 그리고 뒤에 목적어가 이어져 나오고 있기 때문에 빈 칸 뒤에 빠진 필수문법요소는 없다. 이러한 사항을 만족하는 것은 복합관계형용사 whichever밖에 없다.

to 명사절 접속사 [company submits the lowest and most comprehensive bid] 에서 음영처리 된
명사(s) + 동사(v) + 목적어 (o)   빠진 필수문장성분은 없음

[ ] 부분이 주어 동사가 나오는 절이기 때문에 접속사나 관계사가 와야 한다. those나 their는 접속사가 아니므로 답에서 제외된다. 그리고 전치사 to 뒤에는 전치사의 목적어가 필요한데, 전치사의 목적어로 명사절이 온 경우이다. 명사절 접속사는 whoever와 whichever인데 whoever는 주어이므로 바로 동사가 나와야 하는데 뒤에 또 주어인 company가 나오고 있기 때문에 빈 칸은 whoever가 올 수 없다. 복합관계형용사인 whichever가 들어가면 뒤에 나오는 명사 company를 수식하면서 빠진 필수문장성분은 없는 뒷문장과 자연스럽게 연결된다.

예제 Mr. Jackson would like to know_____the director wants him to mail the document.

(A) however (B) that (C) if (D) what

해석 Mr. Jackson은 알고 싶어한다/ 그 이사가 원하는지 아닌지 하는 것을/ 그(Jackson)가 우편발송 하는 것을/ 그 문서를
해설 to know의 목적어가 필요하다. 그런데 빈 칸 뒤쪽으로 주어 + 동사의 절이 이어지고 있기 때문에 빈칸은 명사절 접속사가 와야 한다. 왜냐하면 ' ____ + s + v ~' 가 know의 목적어가 되어야하기 때문이다. (A) however는 부사절 접속사이므로 제외된다. 빈 칸 뒤쪽이 완전한 문장으로 오고 있으므로 what도 답이 아니다. what이 의문형용사가 아니면 뒤에 불완전한 문장이 와야 한다. 완전한 문장이 올 수 있는 것은 that과 if이다. 그런데 해석상 that은 '이사가 ~을 원한다는 것을 알고 싶어 한다' 로 어색하다. 이 때 if는 명사절 접속사이므로 만약 ~라면으로 해석되는 것이 아니라 ~인지 아닌지 하는 것으로 해석되며 문장연결이 자연스럽다. 정답은 if이다. if가 없다면 같은 의미의 명사절 접속사인 whether도 이 자리에 올 수 있다.

예제 With only two weeks left until the shopping mall's grand opening, the owner of the building must decide _____ employee he wants to hire for the food court.

(A) about (B) each
(C) whom (D) which

해석 단지 2주가 남은 상황에서/ 그 쇼핑몰의 그랜드 오프닝까지/ 그 건물의 소유주는 결정해야 한다/ 어느 직원을/ 그가 원하는지 하는 것을/ 고용하는 것을/ 그 푸드코트를 위해

해설 decide의 목적어가 필요한 자리이며 빈칸 뒤쪽으로 절이 오고 있다. 명사절 접속사가 와야 할 자리이다. (A)와 (B)는 탈락이다. whom이 들어가려면 목적어가 빠져있어야 하는데 뒤에 빠진 목적어가 없다. to hire의 목적어가 빠져있다고 생각할 수 있는데, employee가 hire의 목적어이다. 빈 칸 뒤에 수식 받는 명사가 있고, 그 명사를 포함하여 빠진 필수 문장성분은 없으므로 빈 칸은 의문형용사 자리이다. 의문형용사는 which이다.

 Sales clerks at Dae Shin Department store help shoppers to find _____ they are interested in.

(A) every (B) whatever
(C) which (D) meanwhile

해석 판매 직원들은/ Dae Shin 백화점의/ 돕는다/ 쇼핑객들이 찾는 것을/ 무엇이든지 간에/ 그들이 관심을 가지고 있는

해설 to find의 목적어가 필요하며 빈 칸 뒤로 절이 연결되고 있으므로 명사절 접속사가 답이다. 형용사인 (A)와 접속부사인 (D)는 제외된다. (C) which는 의문대명사로 '그들이 어느 것에 관심이 있는지 하는 것' 으로 해석되는데, 그러한 사실을 찾는 것을 도와주는 것은 아니다. 정답은 whatever로 '그들이 찾는 것이라면 무엇이든지 간에 그것을' 찾는 것을 도와 준다라고 해석하는 것이 자연스럽다. 정답은 whatever이다. 의문대명사와 복합관계대명사의 선택문제는 해석을 통해 자연스러운 표현을 답으로 정한다. 그리고 whatever는 뒤에 불완전한 절이 오게 되는데 빈칸 뒤에 전치사 in의 목적어가 빠져있으므로 불완전하다.

4 형용사절 접속사

형용사절 접속사: 관계대명사
앞의 명사나 대명사를 수식함   관계부사
(선행사)

선행사 + 관계대명사 + [(S) + v + (O)]
　　　　주격, 목적격　　불완전한 문장
(s, o)

관계대명사 that은 콤마(,) 뒤에 올 수 없음
목적격 관계대명사는 생략 가능함
주격 관계대명사 + be동사는 함께 생략가능

선행사＼격	주격	소유격	목적격
사람	who	whose	whom
사물, 동물	which	whose	which
사람, 사물, 동물	that		that

관계대명사는 의문사처럼 해석하지 않는다.
관계대명사절은 형용사절이기 때문에 선행사를 뒤에서 앞으로 꾸며주도록 해석하면 된다.
또한 관계대명사는 '접속사 + 대명사'의 역할을 하므로 그 격에 따라 관계대명사를
'and + 주격, 소유격, 목적격'으로 풀어서 해석할 수도 있다.

또는 분사(~ing, p.p.)
선행사 + 관계대명사 소유격 + [(형용사) + 명사 + (S) + v + (O)]
사람, 사물, 동물　　whose　　　　　　빠진 필수문장성분은 없음

※ 관계대명사 주격은 뒤에 주어가 빠져있으면 주격이다. 목적격은 있어야 할 목적어가 빠져있을 때가 목적격이다. 있어야 할 목적어가 빠져있다는 것은 타동사의 목적어가 빠져있거나 전치사의 목적어가 빠져있을 때를 말한다. 소유격은 주격도 목적격도 아니면 소유격인데 소유격은 보통 뒤에 명사가 나오고 그 명사를 포함하여 뒤쪽 부분에 빠진 필수 문장성분은 없다. 관계대명사 소유격과 명사 사이에는 형용사나 분사 등이 올 수도 있다.

선행사 + 관계부사 + [S + v + O]:
시간　　　 when　　　완전한 문장
장소　　　 where
the reason why
(the way)　(how)

관계부사는 의문부사처럼 해석하지 않는다. 관계부사절은 형용사절이므로 앞에 나오는 선행사를 뒤에서 앞으로 꾸며주도록 해석하면 된다.
또한 관계부사는 '접속사 + 부사'의 역할을 하므로 'and + 부사'로 풀어서 해석할 수도 있다.

※ 관계부사는 선행사가 시간이면 when, 장소이면 where, the reason이면 why 이다.
그리고 the way how에서는 the way 나 how 둘 중 어느 하나만 쓰게 된다.

The management knew _____ who has worked harder than Brenda and it was a tough decision to let her go.

(A) nothing (B) whoever (C) any (D) nobody

해석 경영진은 알지 못했다/ 어떤 누구도/ Brenda 보다 더 열심히 일했던 / 그래서 어려운 결정이었다/ 그녀를 해고 하는 것은

해설 주격 관계대명사 앞에 선행사는 사람이다. 사람 선행사는 (D)밖에 없다. (C)는 any가 아니라 anyone이 와야 하고 anyone이 답이 되기 위해서는 anyone은 부정어와 어울리기 때문에 문장은 '~didn't know anyone who has~' 가 되어야 한다.

Companies are very selective about radio shows _____ sponsor.

(A) they (B) their
(C) them (D) themselves

해석 회사들은 매우 까다롭다/ 라디오 쇼에 대해서/ 그들이 후원하는

해설 빈 칸 뒤에 sponsor를 명사로 생각하여 명사 앞에 올 수 있는 인칭대명사는 소유격이므로 답을 쉽게 (B) their라고 생각할 수 있는데, 이렇게 답을 고르는 것은 빈 칸 앞의 내용을 전혀 고려하지 않은 정답 선택의 방법이므로 실수를 할 가능성이 있다. 이 문제에서는 be동사 뒤에 형용사 selective가 주격보어로 왔고 전치사 about뒤에 전치사의 목적어로 radio shows가 왔으므로 완전한 문장이다. 따라서 shows 뒤에 또 소유격 + 명사로 their sponsor(그들의 후원자)라는 표현이 올 수 없다. 여기서는 원래 ~ radio shows (that) they sponsor에서 radio shows가 선행사 그리고 that이 목적격 관계대명사로 온 것이었는데, 목적격 관계대명사인 that이 생략된 것이다. 여기서 sponsor는 3형식 타동사로 쓰였다. 그래서 해석도 그들이 후원하는 라디오 쇼가 된다. 정답은 동사인 sponsor 앞의 주어자리이므로 주격인 they 이다.

Mr. Hong is worried that the hotel room _____ reserved can accommodate five people.

(A) that (B) is (C) he (D) until

해석 Mr. Hong은 걱정하고 있다/ 그 호텔 방이/ 그가 예약했던/ 수용할 수 있을지 하는 것을/ 다섯 명의 사람들을

해설 빈 칸 앞의 명사 the hotel room을 사물 선행사로 보면 reserved가 동사로 왔기 때문에 빈칸을 주격이라고 생각하여 주격 관계대명사인 that이 답이라고 착각할 수 있는데, 그렇게 되려면 관계대명사 주격 뒤에는 주어만 빠져 있어야 하지 다른 필수 문장요소가 빠져있으면 안 된다. 여기서는 reserved가 타동사인데 능동형임에도 불구하고 목적어가 빠져있다. 그렇게 되면 관계대명사 뒤에 주어와 목적어가 모두 빠져있는 것이기 때문에 바른 문장이 아니다. 만약 that이 답이 되려면 reserved 뒤에 목적어가 있든지 아니면 목적어가 없어도 되는 수동태 즉 was reserved가 되면 된다. the hotel room that was reserved 예약된 그 호텔 방의 의미로. 그런데 이 문제에서는 he reserved로 그가 예약한 그 호텔방이라고 하면 the hotel room (that) he reserved에서 목적격 관계대명사가 생략되었다고 볼 수 있다. 답은 he가 된다.

Residents _____ would like to reserve a parking space should visit the building administration office.
(A) whom (B) whomever
(C) who (D) whose

해석 주민들은/ 예약하는 것을 원하는/ 주차공간을/ 방문해야 한다/ 그 건물 관리 사무소를
해설 Residents가 사람 선행사이고 빈 칸 뒤에 바로 동사가 오고 있으므로 빈 칸은 주어자리로 주격 관계대명사가 와야 할 자리이다. 따라서 주격 관계대명사 who가 답이다.

 The vegetable packing factory employs many laborers _____ first language is not Japanese.
(A) who (B) what
(C) which (D) whose

해석 그 야채 포장 공장은/ 고용 한다/ 많은 노동자들을/ 그런데 그들의 모국어는 일본어가 아니다.
                                                    and   their
해설 빈칸 앞에 선행사가 사람으로 many laborers이고 그 뒤에 주어나 목적어가 빠진 것이 없다. 즉, 주격도 목적격도 아니라는 말이다. 그리고 빈 칸 뒤에 '형용사 + 명사' 형태가 왔으므로 아래에서 보면

                                                또는 분사(~ing, p.p.)
선행사 + 관계대명사 소유격 + [(형용사) + 명사 + (s) + v + (o)]
사람, 사물, 동물   whose   빠진 필수문장성분은 없음

빈 칸은 관계대명사의 소유격 자리이므로 답은 whose 가 된다.

예제 They found a promising candidate, _____ recent accomplishments include a dramatic expansion of customer base.
(A) that (B) their
(C) whose (D) which

해석 그들은 발견했다/ 유망한 후보자를/ 그런데 그의 최근의 성취는 포함 한다/ 급격한 팽창을/ 고객층의
해설 앞에 사람선행사가 있고 빈 칸 앞에 콤마가 있으므로 콤마 뒤에 쓸 수 없는 that은 정답에서 제외된다. 사람 선행사이므로 (D) which도 답이 될 수 없다. their는 접속사 역할을 할 수 없다. 관계대명사 whose가 답이 되는데 whose 뒤에 명사가 나와야하는데 바로 명사가 나온 것이 아니라 형용사(recent) 가 오고 명사가 나왔다. 그리고 그 명사를 포함하여 뒤에 빠진 필수 문장요소가 없으므로 정답은 whose가 된다. 이 때 whose는 관계대명사의 소유격이므로 접속사 and와 선행사의 소유격인 his 또는 her로 풀어서 해석한다.

Benedict Funds, _____ shareholders have just approved a restructuring program to make the company more financially sustainable, has announced that it will lay off 1,500 employees.
(A) who (B) which
(C) whose (D) when

해석 Benedict Funds는/ 그런데 그것의 주주들이 막 승인했는데/ 구조조정 프로그램을/ 그 회사가 더 재정적으로 지속가능하도록 만들기 위하여/ 발표했다/ 그것이 해고할 것이라는 것을/ 1,500명의 직원들을
해설 앞에 사물 선행사가 왔고, 빈 칸 뒤에 명사가 왔으며, 그리고 빈 칸 뒤쪽이 주어 + 동사 + 목적어로 빠진 필수문장 요소가 없기 때문에 관계대명사 소유격 whose가 답이 된다.

 The software giant has unveiled a new operating system, _____ will support a range of screen resolutions.
(A) they (B) which
(C) that (D) who

해석 그 소프트웨어 거대기업은 발표했다/ 새로운 운영체제를/ 다양한 범위의 스크린 솔루션을 지원할 수 있는
해설 빈 칸 앞에 사물 선행사가 있고, 빈 칸 뒤에 동사가 바로 오고 있기 때문에 주격 관계대명사가 와야 할 자리이다. 따라서 답은 which이다. (c) that은 컴마 뒤에 올수 없으므로 답이 될 수 없음.

예제 Only Express Delivery provides a variety of delivery options which _____ both air and railroad transportation.
(A) are utilized (B) utilize
(C) utilization (D) utilizing

해석 단지 Express Delivery만이/ 제공 한다/ 다양한 배달 옵션들을/ 항공과 철도 운송을 이용하는
해설 선행사는 delivery options로 사물이면서 복수 선행사이므로 주격관계 대명사 which 뒤에 나오는 동사는 복수 동사이어야 한다. 선택지 가운데 동사가 아닌 (C)와 (D)는 답에서 제외된다. (A) 또는 (B)가 답이 되는데, 뒤에 both air and sea transportation이라는 목적어가 살아있고 해석상으로도 항공과 철도 교통수단을 '이용하는' 이지, '이용되는' 으로 해석되지 않으므로 정답은 utilize가 된다.

AFN, the radio station _____ features the pieces of new musicians, is planning a summer concert event. (2013. 3월 정기토익)

(A) either
(B) not only
(C) which
(D) where

해석 라디오 방송국인 AFN은/ 새로운 음악가들의 노래들을 특징으로 하는/ 계획하고 있다/ 여름 콘서트 이벤트를

해설 빈칸 앞에 the radio station이라는 사물 선행사가 있다. 그런데 방송국은 장소이기도 하기 때문에 관계부사인 (D)가 답이라고 생각할 수도 있지만, 관계부사 where 뒤에는 완전한 문장이 와야 하는데 문제의 빈 칸 뒤에는 주어가 빠진 불완전한문장이 오고 있기 때문에 where는 답이 될 수 없다. 빈칸은 주어 자리이고 라디오 방송국을 사물로 보면 뒤에 불완전한 문장이 오는 (C) which가 답이다.

 Sam Tech is seeking applicants _____ values match those of the corporation.

(A) who
(B) which
(C) whose
(D) that

해석 Sam Tech사는 찾고 있는 중이다/ 지원자들을/ 그들의 가치가 그 회사의 가치와 부합하는

해설 빈 칸 앞에 사람선행사가 있고 빈칸 뒤의 values는 여기서 가치라는 명사로 쓰였고 뒤에 타동사 match, 그리고 목적어 those가 오고 있다. 빈 칸 뒤에 바로 명사가 오고 그 명사를 포함하여 주어 + 동사 + 목적어순으로 빠진 필수문장요소가 없으므로 빈칸은 소유격 관계대명사가 와야 한다. whose가 답이다.

Of the six candidates _____ for appointment to a managerial position, four have worked in an industrial setting.

(A) eligibility
(B) eligible
(C) eligibly
(D) eligibleness

해석 그 명의 여섯 명의 후보자들 중에서/ 임명에 대한 자격이 있는/ 관리직책에 대한/ 네 명이 일한 경험이 있다/ 산업 현장에서

해설 선행사가 사람이고 be eligible for라는 관용표현이 있기 때문에 원래 문장은 candidates (who are) eligible for appointment~인데 '주격 관계대명사 + be동사' 는 한꺼번에 생략할 수 있기 때문에 candidates eligible for appointment~의 형태가 된 것이다. 정답은 eligible 이다.

예제 Be aware that applicants _____ applications are incomplete will not be considered for an interview.
(A) who (B) whose
(C) their (D) they

해석 인지하십시오/ 지원자들은/ 그런데 그들의 지원서가 완전하지 않은/ 고려의 대상이 되지 못 할 것이라는 것을/ 인터뷰에
해설 선행사가 사람이고 빈 칸 뒤에 명사가 왔고 그 명사를 포함하여 빠진 필수 문법요소가 없기 때문에 빈 칸은 관계대명사의 소유격이 와야 할 자리이므로 답은 (B) whose가 된다.

예제 You should find out the hardware _____ is installed in the computer to verify the specifications.
(A) what (B) that
(C) this (D) whichever

해석 당신은 찾아야 한다/ 그 하드웨어를/ 그것이 설치되어있는 컴퓨터에서/ 확인하기 위해/ 그 세부사항을
해설 선행사는 the hardware로 사물명사이다. 보기 중 앞에 선행사가 오지 않는 (A) what과 (D) whichever는 답에서 제외되며, (C) this는 빈 칸 앞뒤로 동사가 각각 한 개씩 있기 때문에 빈칸은 접속사나 관계사가 와야 할 자리인데 this는 접속사나 관계사가 아니기 때문에 답이 될 수 없다. 답은 사물 선행사를 가지면서 뒤에 바로 동사가 오고 있으므로 주격 관계대명사인 that이 된다.

예제 As soon as Ms. Blake finishes reviewing submissions for the company newsletter, she will determine _____ work is the most appropriate choice.
(A) who (B) whom
(C) whose (D) whoever

해석 Ms. Blake가 끝내면/ 검토하는 것을/ 제출물들을/ 그 회사 회보를 위한/ 그녀는 결정할 것이다/ 누구의 작품이 가장 적합한 선택인지 하는 것을
해설 will determine의 목적어가 필요한 자리이다. 뒤에 절이 오고 있기 때문에 빈 칸은 명사절 접속사가 들어가야 할 자리이다. 그런데 _____ + [명사 + (s) + v + (o)]을 만족하는 명사절 접속사는 의문 형용사이다.
　　　　　　　　　　 빠진 필수문장요소는 없음
의문 형용사 whose가 답이다. 또 빈 칸이 뒤의 명사를 수식하고 있기 때문에 빈 칸은 형용사 역할을 할 수 있는 것이 와야 하는데 whose가 의문 형용사로 뒤의 명사인 work를 수식할 수 있다.

Anyone 과 Whoever

1. _____ interested in the project is required to attend the meeting.
(A) Anyone (B) Whoever

해설 위의 문장에서 interested는 동사가 아니라 p.p.이다. 동사는 뒤에 is로 나오고 있다. 동사가 하나뿐인데 접속사인 whoever가 나올 이유가 없다. 답은 Anyone이다.
원래 문장은 Anyone who is interested in the project is required to attend the meeting에서 주격관계대명사 + be동사인 who is가 생략되고 interested만 남은 것이다.

2. _____ interested in the project are required to attend the meeting.
(A) Anyone (B) Whoever
(C) Those   (D) They

해설 예제1과 유사한 문제처럼 보이지만 뒤에 동사가 is가 아니라 are로 나오고 있다. 빈칸이 복수라는 것이다. 접속사 자리가 아니기 때문에 (B) Whoever는 답이 될 수 없다. (D) They가 되려면 동사가 바로 뒤에 나와야하는데 interested는 과거분사이므로 동사가 아니다. (A) Anyone이 답이 되려면, 단수이므로 뒤의 동사가 are가 아니라 is가 되어야 한다. 정답은 Those가 된다. 이 때 those는 ~하는 사람들이라는 의미로 복수 취급된다.
원래 문장은 Those who are interested in the project are required to attend the meeting에서 who are가 생략되고 interested만 남은 것이다.

3. _____ is interested in the project is required to attend the meeting.
(A) Anyone (B) Whoever
(C) Those   (D) They

해설 예제 1과의 차이는 빈 칸 뒤에 동사 is가 나온다는 사실이다. 이렇게 되면 동사가 2개이므로 접속사나 관계사가 필요한데, Whoever가 답이다.

4. Anyone _____ is interested in the project is required to attend the meeting.
(A) whoever (B) who
(C) which   (D) that

해설 이 문제는 사람 선행사인 Anyone이 앞에 있고 빈 칸 뒤에 동사 is 가 바로 왔으므로 주격 관계대명사가 들어가야할 자리인데 선행사가 사람이므로 정답은 who가 된다.

5. _____ answered the phone was not a child.
   (A) Anyone (B) Whoever
   (C) Those   (D) They

해설 빈 칸 뒤에 answered는 동사이다. 뒤에 또 동사 was가 나오고 있으므로 접속사나 관계사가 들어가야할 자리이다. 정답은 whoever가 된다. ※ 예외적인 경우도 있지만 보통 관사 앞에 나오는 -ed는 과거 동사이다.

6. A patent owner may enforce his patent against _____ who uses his invention without permission.
   (A) some   (B) whoever
   (C) anyone (D) them

해설 전치사 against의 목적어자리이면서 관계대명사 who의 선행사 자리이므로 (C) anyone이 답이다. some who나 them who와 같은 표현은 없다. 그리고 anyone who는 whoever로 쓸 수 있다.
만약 문제가 '~ against _____ uses his invention ~' 라면 빈 칸은 whoever가 답이다.

의문부사 where와 관계부사 where의 비교

　　　3형식 타동사　　목 적 어 (O)
ex) I remember **where I met her**. 나는 기억한다/ 내가 어디서 그녀를 만났는지 하는 것을

remember가 타동사인데 목적어가 필요하다. 목적어는 'where I met her' 전체가 된다. 따라서 'where I met her' 는 명사절이며 where는 의문부사로 명사절 접속사이다. where가 접속사역할을 하면서 부사이므로 뒷 문장엔 주어나 목적어 등이 빠진 것 없이 완전한 문장이 왔다. 이 때 where는 의문부사이므로 '어디서 ~ 것' 이라고 해석한다.

I remember the restaurant _____ I met her. 나는 기억한다/ 그 레스토랑을/ 내가 그 녀를 만났던
　　　　　　　　　　　　(A) which (= 나는 기억한다/ 그 레스토랑을/ 그런데 거기서 나는 그녀를 만났다)
　　　　　　　　　　　　(B) where

remember가 타동사인데 목적어는 the restaurant이 뒤에 나와 있다. '___ I met her' 는 앞에 나온 선행사인 the restaurant를 수식해주는 형용사절이다. the restaurant은 사물이지만 장소이기도 하다. 그런데 이 경우 빈 칸 뒷문장이 불완전한 문장이면 관계대명사가 답이고 완전한 문장이면 관계부사가 답인데, 지금 빈 칸 뒤 문장을 보면 I met her로 주어 동사 목적어가 모두 나와 있으므로 완전한 문장이다. 따라서 정답은 관계부사 where가 된다. 이 때 관계부사는 앞에 나온 선행사 the restaurant과 같기 때문에 해석하지 않는다. 그냥 '내가 그녀를 만났던 그 레스토랑' 이라고 해석하든지 아니면 관계부사는 '접속사 + 부사' 의 역할을 하므로 where를 'and + there' 풀어 '그런데 거기서' 로 해석할 수 있다.

I remember the restaurant _____ Mr. Lee was running last year.
  (A) which   나는 기억한다/ 그 레스토랑을/ Mr. Lee가 운영하고 있었던/ 작년에
  (B) where   (= 나는 기억한다/ 그 레스토랑을/ 그런데 그 레스토랑을/
                             Mr. Lee가 운영하고 있었다/ 작년에)

이 문제는 위의 문제와 달리 빈 칸 뒤의 동사인 was running의 목적어가 빠져있다. 즉 불완전한 문장이라는 것이다. 따라서 관계대명사인 which가 답이다. 이 때 which는 선행사인 the restaurant과 같기 때문에 해석하지 않는다. 그냥 'Mr. Lee가 작년에 운영하고 있었던 그 레스토랑' 이라고 해석하든지 아니면 관계대명사는 '접속사 + 대명사' 의 역할을 하고 있기 때문에 which를 'and + it' 으로 풀어 '그런데 그 것을' 이라고 해석 할 수 있다.

I remember the city _____ is known as colorful Daegu.
  (A) which
  (B) where

이 문장도 선행사 the city가 사물도 되고 장소도 되기 때문에 관계대명사 which가 답이 될 수도 있고 관계부사 where가 답이 될 수도 있다. 그런데 빈 칸 뒤에 주어가 빠져있다. 빈 칸 뒤쪽이 불완전한 문장이므로 관계대명사 which가 답이다. 이 때 which는 동사 앞에 있으므로, 그리고 빈 칸 뒤에 주어가 빠져있으므로 주격 관계대명사이다.

예제 The warehouse for Larson Food's will be constructed on the land _____ the subway station used to be.
(A) which   (B) when   (C) what   (D) where

해석 그 창고는/ Larson Food's사를 위한/ 건설될 것이다/ 그 땅 위에/ 그 지하철역이 있었던
해설 the land는 사물 선행사도 되고 장소 선행사도 된다. 그런데 빈 칸 뒤를 보면 used to be의 보어가 빠져있다고 생각할 수 있는데, 이 때 used to be의 be동사는 2형식 동사가 아니고 1형식 완전 자동사이다. '~이 있었다' 라고 해석된다. 따라서 완전한 문장이 온 것이다. 뒷 문장이 완전하므로 정답은 관계부사 where이다.

Ⓐ
I remember the restaurant **where** I met her.
        접속사 + 부사
        and + there (at the restaurant)

Ⓑ
= I remember the restaurant and I met her at the restaurant. (=it)

앞의 the restaurant과 뒤의 the restaurant이 중복되고 있다. 뒤의 the restaurant(=it) 과 앞의 and를 대신하면서 앞의 선행사를 수식할 수 있는 것은 바로 관계대명사이다. 그래서 아래의 문장이 되었다.

Ⓒ
= I remember the restaurant which I met her at.

the restaurant은 사물이기고 하고 장소이기도 한데, 뒤에 전치사 at의 목적어가 빠진 불완전한 문장이 오고 있기 때문에 관계대명사 which가 왔다.

Ⓓ
= I remember the restaurant <u>at</u> <u>which</u> I met her.

이 때 전치사를 관계대명사 앞으로 보낼 수가 있다. 뒤에 있던 at을 관계대명사 앞으로 보낸 문장이다. 그런데 이상한 것은 좀 전에 관계대명사 뒤에는 불완전한 문장이 온다고 했는데 지금은 I met her의 주어 동사 목적어를 모두 갖춘 완전한 문장이 오고 있다. 그런데 사실 바로 윗 문장에서 which I met her at이 불완전 했던 것은 전치사 at 때문이었는데 이 at을 관계대명사 앞으로 보내 버리고 나면 which 뒤쪽은 완전한 문장이 남게 된다. 따라서, 전치사 + 관계대명사 뒤쪽엔 완전한 문장이 온다.

Ⓔ
= I remember the restaurant <u>where</u> I met her.

선행사 the restaurant은 사물이기도하고 장소이기도 하다. 뒷쪽이 I met her로 완전한 문장이 왔으므로 관계부사 where가 답이다. 그런데 이 문장은 Ⓐ 와 같은 문장이다. Ⓓ 와 Ⓔ 의 문장을 비교해 보면 at which가 where로 바뀐 차이 밖에 없다. 관계부사 where 뒤쪽이 완전한 문장이 와야 하므로 관계부사 where와 같은 표현인 at which 뒤쪽도 완전한 문장이 오는 것이 당연하다.

이 때, 관계부사 where와 전치사 + 관계대명사인 at which의 해석은 where는 and there로 풀어서 '그런데 거기서' 로 해석하고 at which는 and at it(= the restaurant)로 풀어서 '그런데 그 레스토랑에서' 라고 해석하면 자연스럽다.

선행사 + 전치사 + 관계대명사 + [S + V + O/C]
완전한 문장

사람 + 전치사 + <u>whom</u> + [S + V + O/C]
완전한 문장

사물 + 전치사 + <u>which</u> + [S + V + O/C]
완전한 문장

장소 + <u>where</u> + [S + V + O/C]
완전한 문장

시간 + <u>when</u> + [S + V + O/C]
완전한 문장

ex) You have a supervisor to whom you must submit a proposal.
　　　　　　　사람선행사　전치사 whom　　　　완전한 문장

당신은 있다/ 상관이/ 그런데 그에게/ 당신은/ 제출해야 한다/ 제안서를

I had a holiday which I was able to see my friends. (O, X)
나는 가졌다/ 휴가를/ 그런데 그 때/ 나는 볼 수 있었다/ 나의 친구들을

a holiday가 선행사인데 사물이기도 하고 시간이기도 하다. 그런데 뒷문장이 완전한 문장으로 오고 있기 때문에 which 가 아니라 시간 선행사를 가지는 when이 되어야 한다. 굳이 which를 쓰려고 한다면 전치사가 which 앞에 와야 하는데, a holiday ____ which에서 which가 a holiday 이므로 '그 휴가 동안에' 로 해석하는 것이 적절하므로 전치사는 during이 와야 한다. 이것은 the restaurant at which에서 which가 the restaurant이기 때문에 which 앞에 at이 온 것과 같은 이유이다.

전치사 + 관계대명사에서 전치사의 결정

1. 선행사에 따라 결정됨
   ex) ~the restaurant at which I met her.　　　the restaurant = which
   　　~the city in which I met her.　　　　　　the city = which
   　　~the 5th floor on which I met her.　　　 the 5th floor = which
   　　~the floor under which the tools are stored.　the floor = which
   　　　그 마루 그런데 그 마루 아래에 그 연장들이 보관되어 있다

   위의 at which, in which, on which, under which는 공통적으로 앞에 장소 선행사를 가지며 뒤쪽이 완전한 문장이 오고 있기 때문에 모두 where로 바꾸어 쓸 수 있다.

2. 관계대명사절의 동사에 이어지는 전치사에 따라 결정됨
   ex) You can be sure that you can enjoy the camping in the fashion with which you are familiar.
   　　　　　　　　　　　　　　　　　　　　(be familiar with 의 with가 which의 앞으로 왔다)

   You can be sure that you can enjoy the camping in the fashion to which you are accustomed.
   　　　　　　　　　　　　　　　　　　　(be accustomed to 의 to가 which의 앞으로 왔다)

예제 The supervisor to _____ the customer complaints were sent will evaluate the performance of the service department.

(A) which (B) that
(C) whoever (D) whom

해석 그 상관은/ 그런데 그에게 고객 불평들이 보내어졌던/ 평가할 것이다/ 업무수행능력을/ 그 서비스 부서의
해설 <u>the supervisor</u> <u>to</u> <u>whom</u> + 완전한 문장
　　　　사람선행사　전치사

예제 David Lee, the accountant at Dae Dong Electronics, provided the statistics _____ which the financial statement was based.

(A) in (B) on
(C) by (D) for

해석 David Lee는/ Dae Dong Electronics의 회계사인/ 제공했다/ 그 통계치를/ 그런데 그 통계치에 근거하여/ 그 재무제표가 기초되어졌다.
해설 was based on에서 전치사 on이 관계대명사 앞으로 나간 것이다.

예제 Ms. Boner was very disappointed that she did not win the prize for _____ she was nominated.

(A) which (B) whom
(C) what (D) that

해석 Ms. Boner는 매우 실망했다/ 그녀가 타지 못해서/ 그 상을/ 그런데 그 상에 대해/ 그녀가 지명이 되었었다.
해설 <u>the prize</u>　<u>for</u>　<u>which</u> + 완전한 문장
　　　　사물선행사　전치사

관계대명사의 수량표현

```
                          s
선행사 ~ , 수량표현 + of + 관계대명사 + v      수량표현
사람  ~ , 수량표현 + of +   whom    + v      each, one, some, any, many, much
사물  ~ , 수량표현 + of +   which   + v      both, all, several, half, either, neither 등
```

이 때, 동사의 단복수형은 수량표현에 따라 달라진다.

```
                       s
선행사 ~ , and 수량표현 + of + 대명사 + v      * 여기서 of 뒤에 them이 온것은 선행사가 복수인 경우를
사람  ~ , and 수량표현 + of + them   + v        가정한 것이다.
사물  ~ , and 수량표현 + of + them   + v
```

그런데 앞에서 '전치사 + 관계대명사' 뒤에는 완전한 문장이 온다고 했는데, 아래를 보자.
```
선행사 ~ , 수량표현 + of + 관계대명사 + v
사람  ~ , 수량표현 + of +   whom    + v
사물  ~ , 수량표현 + of +   which   + v
```

여기서 보면 of + whom과 of + which 뒤에 바로 동사가 나와서 문장이 완전하지 않다.
그런데 이 표현은 앞에서 본 'the restaurant at which + 완전한 문장'과 같은 문장이 아니다.
이 문장에서는 전치사 바로 앞에 선행사가 있지만 지금 이야기하고 있는 관계대명사의 수량표현에서는
관계대명사 앞에 수량표현이 있고 그 앞에 선행사가 나오고 있기 때문에 서로 다른 문장 패턴이다.

 There were more than <u>200 graduate students</u> in attendance at our job fair, most of _____ had several certificates in the relevant field.

(A) who   (B) whom
(C) them   (D) which

해석 있었다/ 200명 이상의 대학원생들이/ 참석한/ 우리의 구직 박람회에/ 그런데 그들 중 대부분이/ 가지고 있었다/ 몇 개의 자격증을/ 관련분야의

해설 문장의 동사는 were와 had 두 개다. 따라서 빈 칸은 접속사나 관계사가 답이 된다. 접속사나 관계사가 아닌 them은 답에서 제외 된다. 그리고 빈 칸은 동사 had 앞에 있으므로 주어자리라고 생각할 수 있지만 빈 칸은 전치사 of의 목적어 자리이다. most of ___ had several certificates ~ 에서 (   ) 중의 대부분이 관련분야의 몇몇 자격증을 가지고 있었는지 생각해 보면 (대학원생들) 중의 대부분이므로 빈 칸은 사람을 대신 받는 관계대명사가 필요하다. 전치사 of의 목적어 자리이므로 목적격 관계대명사 whom이 답이 된다. 원래 문장은 '~, and most of them had~' 인데, 선행사가 사람이므로 and와 them을 하나로 써서 most of whom으로 썼다. 만약, job fair 와 most 사이에 and가 있었다면 정답은 them이 된다. 왜냐하면 and 와 them을 합해서 쓴 것이 관계대명사 whom이기 때문이다.

예제 The selection committee received fifty proposals, _____ of _____ were related to the transmission of electricity to suburban areas.

(A) any (B) almost
(C) the most (D) most

(A) which
(B) them

해석 그 선정 위원회는 받았다/ 50개의 제안서들을/ 그런데 그것들 중 대부분은 관련된 것이었다/ 전기의 전송과/ 교외 지역에 대한

해설 선행사는 fifty proposals로 사물명사가 왔다. 정답은 which이다. 만약 proposals과 빈 칸 사이에 and가 있었다면 정답은 them이 된다. 그리고 앞의 빈 칸은 were related의 주어 자리이므로 대명사가 와야 할 자리이다. almost는 부사이고 the most는 '가장~한' 의 최상급이다. 대부분이라고 해석되면 most 앞에 the를 붙이지 않는다. any는 보통 부정문과 함께 쓰이므로 정답이 될 수 없다. most가 정답이다. 이 때, fifty proposals, most of which~의 해석은 fifty proposals, and most of them~으로 한다. '50개의 제안서들, 그런데 그 것들 중 대부분은…'

cf. The selection committee received fifty proposals, and most of _____ were related to the transmission of electricity to suburban areas.

(A) which
(B) them

해설 and가 있으므로 접속사는 필요 없다. them이 정답이다.

예제 The selection committee received fifty proposals, several of which _____ related to the transmission of electricity to suburban areas.

(A) were (B) was (C) has (D) having

해설 빈 칸은 동사가 올 자리이다. 동사가 아닌 (D) having은 답이 될 수 없다. 빈 칸의 주어는 several인데, 복수 취급되므로 복수동사가 와야 할 자리이다. 복수 동사인 (A) were가 답이다.

예제 The selection committee received fifty proposals, _____ of which were related to the transmission of electricity to suburban areas.

(A) one (B) each (C) several (D) much

해설 빈 칸은 주어가 와야 할 자리이고 빈 칸의 동사는 were이다. 복수 주어가 답이 되므로 정답은 several이다. 만약 one이나 each가 오려면 were가 아니라 was가 와야 한다. 그리고 much가 오면 양의 개념은 단수 취급되므로 뒤에 동사는 was가 되어야 하고, 선행사도 fifty proposals처럼 가산 복수명사가 아니라 불가산명사가 와야 한다. much가 아니라 many였다면 답이 될 수 있다.

5 부사절 접속사

부사절: 주절의 동사를 수식함

부사절 접속사 + S1 + V1 + O1~, S2 + V2 + O2~.
                                , 명령문(V2)~.
                                  동사원형

S1 + V1 + O1~   부사절 접속사 + S2 + V2 + O2~.
명령문(V1)~
동사원형

 If you have questions about your medication, please _____ to the pharmacist when you pick up your prescription. (2013년 3월 정기토익 기출 응용문제)

(A) speak (B) speaking
(C) spoken (D) speaks

해석 만약 당신이 질문이 있다면/ 당신의 약에 대해/ 말하시오/ 약사에게/ 당신이 당신의 처방전을 가져갈 때
해설 부사절이 왔고 콤마 뒤쪽으로 명령문이 온 경우인데, 이 때 명령문 앞에 공손한 표현으로 please가 왔다. 따라서 동사원형인 speak 가 답이 된다.

부사절 접속사는 보통 단순 접속사의 역할만 하기 때문에 부사절 접속사 뒤에는 완전한 문장이 온다. 단, 다음의 경우 부사절 접속사 뒤에 불완전한 절이 올수 있다.

1. 복합관계대명사가 부사절 접속사로 쓰이는 경우

복합관계대명사 + [(S1) + V1 + (O1)]~, S2 + V2 + O2~.
Who(m)ever   불완전한 문장   , **명령문~.**
Whichever
Whatever

복합관계대명사는 명사절이나 부사절 접속사로 쓰인다. 부사절 접속사로 쓰일 때, 보통 부사절 접속사는 단순 접속사이므로 뒤에 완전한 문장이 오지만, 복합관계대명사는 예외적으로 문장의 주어나 목적어의 역할을 하므로 복합관계대명사가

부사절 접속사로 쓰일 때는 뒤에 불완전한 문장이 온다.

2. 분사구문에서 부사절 접속사를 생략하지 않는 경우

When <u>you study English</u>, you must do your best.
　　　완전한 문장　, concentrate on your text book.

→ When 　<u>studying English</u>, you must do your best.
　　　　　불완전한 문장　, concentrate on your text book.

When you are interviewed, you must do your best.
　　　　　　　　　　, be careful not to be impolite.

→ When　　<u>interviewed</u>, you must do your best.
　　　　　불완전한 문장　, be careful not to be impolite.

when은 의문부사로 사용될 때는 명사절 접속사로 '언제 ~하는 것'으로 해석이 되고, 형용사절 접속사로 사용될 때는 관계부사로 앞에 시간을 나타내는 선행사가 오고, when이 이 선행사와 같기 때문에 해석은 하지 않는다.
혹은 이 때 when을 'and + then'으로 생각하여 '그런데, 그 때'와 같이 해석할 수 있다. 그리고 when은 마지막으로 부사절 접속사로도 쓰이는데, 이 때 when은 '~할 때'로 해석한다.
when이 부사절 접속사로 쓰일 때, 부사절의 주어를 생략하고 부사절의 동사를 '동사원형 + ~ing'로 바꾸는 것을 분사구문이라고 하는데, 이 때 부사절의 동사가 능동형일 때는 '동사원형 + ing'로 바꾸고, 부사절의 동사가 수동형일 때는 'being + p.p.'로 바꾸어주는데, 이 때 보통 being은 생략되고 p.p만 남는 경우가 있다. 그리고 부사절 접속사는 생략하는 것이 원칙이지만 그 의미를 분명히 해주고자 할 때는 그대로 써 줄 수도 있다. 부사절 접속사를 생략하지 않고 그대로 써주었을 경우, 부사절의 동사가 분사로 바뀌었기 때문에 부사절 접속사 뒤에 완전한 문장이 오지 않았지만 틀린 문장은 아니다.

 When _____ English, you must do your best.
　　　　　　　　　, concentrate on your text book.

(A) study　　　　　　　　　　(B) is studying
(C) studying　　　　　　　　　(D) been studied

해석 영어를 공부할 때, 너는 최선을 다해야 한다.
해설 원래 문장은 When you study English, you must do your best. 였는데 부사절의 주어인 you를 생략하고 study를 studying으로 바꾸고 접속사를 그대로 살려둔 경우이다.

예제 When _____, you must do your best.
_____, be careful not to be impolite.
(A) interview (B) is interviewing
(C) interviewing (D) interviewed

해석 인터뷰를 받을 때, 너는 최선을 다해야 한다./
조심하라/ 불손하지 않도록
해설 원래의 문장은 When you are interviewed, you must do~였는데 부사절의 주어 you를 생략하고 are를 being으로 바꾸고 being 마저 생략하고 interviewed만 남은 형태가 된 것이다.
이 때 부사절이 뒤로 가고 주절이 앞에 있었다면 when + p.p.의 형태가 뒤에 나타날 수도 있다.

cf.
You must do your best when <u>interviewed</u>
Be careful not to be impolite when <u>interviewed</u>

예제 When _____ as to whether he was planning to work for the exhibition, Mr. Lim said he would always be loyal to Wuwon Electronics.
(A) question (B) questions
(C) questioned (D) questioning

해석 질문을 받았을 때/ 그가 일할 계획이 있는지 없는지에 대한/ 그 전시회를 위해/ Mr. Lim은 말했다/ 그는 늘 충성할 것이라고/ Wuwon Electronics 사에
해설 질문을 받았을 때라고 해석이 되며, 분사구문에서 수동형 분사구문인 being questioned에서 being이 생략된 경우이다. 따라서 정답은 questioned 이다.

예제 _____ accompanied by an adult, children under the age of twelve are admitted free into the museum.
(A) With (B) When
(C) Only (D) By

해석 동행이 될 때/ 성인에 의해/ 아이들은/ 12세 이하의/ 입장이 허락 되어진다/ 무료로/ 그 박물관에
해설 When children are accompanied by~에서 children이 생략되고 When being accompanied by~에서 being이 생략되고 p.p만 남은 분사구문이다. 전치사 with나 by 뒤에는 명사나 대명사의 목적격 또는 동명사는 올 수 있지만 과거분사(p.p.)만 남을 수는 없다.

예제 A neatly addressed envelope is very important when _____ a resume or business materials.
(A) mail (B) mails
(C) mailed (D) mailing

해석 깨끗하게 주소가 적힌 봉투는/ 매우 중요하다/ 우편발송을 할 때/ 이력서나 사업 자료들을
해설 when you mail a resume or~에서 you가 생략되고 when mailing a resume~가 된 것이다.

3. 부사절의 동사가 be동사일 경우, 주어와 be동사가 함께 생략될 수 있다.

예제 _____ possible, we can even go to an exhibition together.
(A) If (B) Nevertheless
(C) With (D) By

해석 가능하다면/ 우리는 심지어 갈 수도 있다/ 전시회에/ 함께
해설 원래 문장은 If it is possible, we can even go~였는데, 부사절 접속사 뒷부분이 주어 + be동사로 되어있을 경우 주어와 be동사를 한꺼번에 생략할 수 있다. 그래서 If possible이 된다. 정답은 If 이다.

예제 If _____, we can even go to a concert together.
(A) possibly (B) is possible
(C) possibilities (D) possible

해석 가능하다면/ 우리는 심지어 갈 수도 있다/ 콘서트에/ 함께
해설 원래 문장은 If it is possible, we can even go~. 여기서 it is가 생략된 것으로 possible이 답이다.

예제 Being able to make the right decision and to remain calm _____ on duty is very important.
(A) during (B) while

해석 옳은 결정을 내릴 수 있고 차분히 유지할 수 있는 것은/ 근무동안/ 매우 중요하다.
해설 근무 중인 동안의 표현은 while on duty인데 여기서 while you are on duty에서 you are가 생략되고 on duty만 남은 경우이다. during on duty라는 표현은 없다.

If you do eat eggs and dairy products, buy organic ____ possible.

(A) whenever (B) very
(C) yet (C) which

해석 만약 당신이 먹는다면/ 계란과 유제품을/ 유기농을 사라/ 가능할 때면 언제든지 상관없이
해설 whenever it is possible에서 it is 가 생략되고 possible만 남은 경우이다. '가능할 때면 언제든지 상관없이'의 의미이다.

 Caron Rentals offers flexible rate plans that make renting a car easy, whether for business _____ pleasure.

(A) or (B) and
(C) if (D) either

해석 Caron Rentals 사는 제공한다/ 유연한 요금제를/ 차량 임대를 수월하게 해주는/ 사업용이든 오락용이든 상관없이
해설 whether는 or나 or not과 자주 함께 사용된다. whether it is for business or pleasure에서 it is가 생략되었다. 이 때 whether는 부사절 접속사로 '~에 상관없이' 라고 해석된다.

Electronic devices make it easy to transmit clear and sharp images wherever you are in the world, _____ in or out of the country.

(A) regardless of (B) whether

해석 전자 장치들은 쉽게 해 준다/ 전송하는 것을/ 깨끗하고 선명한 이미지를/ 당신이 이 세상 어디에 있든지 상관없이/ 나라 안에 있든 밖에 있든 상관없이
해설 whether you are in or out of the country 의 표현에서 you are가 생략되고 whether가 답이다.
regardless of + 명사   ex) regardless of age : 나이에 상관없이

위에서 언급한 세 가지 경우는 부사절 접속사 뒤에 불완전한 문장이 오는 예들이다. 그러나 이와 같은 경우를 제외하면 부사절 접속사는 보통 단순 접속사이므로 뒤에 완전한 절이 온다.
그럼 이제 부사절 접속사의 종류와 뜻, 그리고 비슷한 의미를 가지는 전치사들에 대해 알아보기로 한다.

부사절 접속사는 다음과 같은 자리에 오며, ①~⑧까지의 부사절 접속사가 있다.

<u>**부사절 접속사 + S1 + V1 + O1 ~**</u>, S2 + V2 + O2 ~.
, 명령문(V2)~.
(동사원형)

S1 + V1 + O1~   <u>**부사절 접속사 + S2 + V2 + O2~**</u>.
명령문 (V1)~
(동사원형)

① 시간의 부사절 접속사

when,   as,   before,   after,   while,   once,   since,   until,
~할 때   ~할 때   ~하기 전에   ~한 후에   ~하는 동안   일단 ~하면 ~한 이래로   ~할 때까지

even as,   as soon as,   by the time   등이 있다.
~하는 같은 시간에   ~하자마자   ~할 때 까지, ~할 때 쯤
(at the same time when)

ex) She will have worked for 14 years <u>by the time</u> she will retire. (O, X)
그녀는 14년간 근무하는 셈이 될 것이다/ 그녀가 은퇴할 때쯤이면

시간이나 조건의 부사절은 미래대신 현재 또는 현재완료가 온다.
그녀가 아직 은퇴를 하지 않았기 때문에 당연히 미래시제인 will retire가 오는 것이 맞지만, by the time 절이 시간의 부사절이기 때문에 미래 대신 현재를 써야하므로 will retire를 retires로 바꾸어야 한다. 토익에서는 부사절 접속사인 by the time과 관련 하여 다음과 같이 문제를 자주 출제하고 있다.

cf. By the time the two new large printers are installed, demand for the popular publication ____.
(A) has increased   (B) had increased
(C) been increased   (D) will have been increased

해석 새로운 큰 프린터들이 설치될 때 쯤이면/ 수요는/ 그 인기 있는 출판물에 대한/ 증가 되어있을 것이다.
해설 By the time S1 + V1~, S2 + V2 ~에서 정답은 미래완료인 will have been increased가 된다.
현재   미래완료(will have p.p.)

아래의 표현을 마치 하나의 공식처럼 외우고 있으면 된다.

By the time S1 + V1~,   S2 + V2~   S1 + V1~   By the time S2 + V2~
~할 때 쯤   현재   미래완료   미래완료   ~할 때 쯤   현재
~할 때 까지   will have p.p.   will have p.p.   ~할 때 까지

Once all of the appropriate supporting documents _____ filed, you will be officially registered as a member of this club.

(A) will be (B) was
(C) been (D) have been

해석 일단 모든 적절한 근거서류들이 제출되면/ 당신은 공식적으로 등록될 것이다/ 이 클럽의 회원으로서

해설 빈 칸이 v1이고 all이 s1이다. v2는 will be이고 s2는 you이다. once는 '일단 ~하면' 의 의미로 문장 맨 앞에 부사절 접속사로 왔다. 그런데 아직 모든 근거서류들이 제출되지 않았으므로 시제는 will be가 되어야 할 것 같지만 once가 시간의 부사절 접속사이므로 미래대신에 현재시제가 와야 하는데 현재시제가 없을 경우에는 현재완료가 올 수도 있다. 현재시제가 없다면 현재완료도 가능하므로 답은 현재완료시제이면서 복수 동사를 만족하는 have been이 된다. 특히 once와 until등에서 현재완료시제가 자주 온다.

아래의 예제는 once절 내의 동사가 미래대신 현재 시제가 온 예이다.

The work productivity will soar _____ everyone in the department learns to use the new data entry system the company introduced.

(A) than (B) so
(C) and (D) once

해석 작업 생산성이 급격히 오를 것이다/ 일단 모든 사람이/ 그 부서의/ 배우게 되면/ 사용하는 것을/ 그 새로운 데이터 입력 시스템을/ 회사가 도입한

해설 빈 칸 앞에 주어 동사가 있고 빈 칸 뒤에도 주어 동사가 왔으므로 빈 칸은 접속사나 관계사 자리이다. 그런데 선택지 모두 접속사 기능이 있으므로 해석을 통해 보면, 일단 배우고 나면이라고 해석된다. 일단 ~하면의 뜻을 가진 once가 답이 된다. 시제를 주목해서 보면 아직 배우지 않은 것이므로 will learn이 되어야 할 것 같지만 once가 시간의 부사절 접속사이기 때문에 미래대신 현재를 썼다. 현재완료 시제도 가능하다고 했다. 따라서 has learned도 답이 될 수 있다.

_____ all the entries for the Aroyo City Photograph Contest have been received, they will be evaluated by the judges. (2014년 5월 정기토익 기출 응용문제)

(A) Once (B) How
(C) Yet (D) Near

해석 일단 모든 출품작품들이/ Aroyo City Photograph Contest를 위한/ 접수되면/ 그것들은 평가될 것이다/ 심사관들에 의해

해설 '일단 ~하면'의 의미의 부사절 접속사는 once 이다.

Changes to the magazine's publication schedule are made only _____ the managing director deems it necessary. (2014년 4월 정기토익 기출 응용문제)

(A) when (B) there (C) whether (D) though

해석 변경사항들은/ 그 잡지의 출판계획에 대한/ 단지 가능하다/ 상무이사가 그것이 필요하다고 간주할 때만
해설 오직 ~일 때만 이라고 해석이 된다. 정답은 when이다.

 _____ the cafeteria is undergoing renovation, sandwiches and salads will be available from the snack bar.

(A) Throughout (B) Within (C) During (D) While

해석 그 카페테리아가 보수공사를 받는 동안, 샌드위치와 샐러드는 이용가능하다/ 스넥 바에서
해설 _____ s1 + v1~, s2 + v2~의 빈 칸은 부사절 접속사가 들어가야 할 자리이나. (A), (B) 그리고 (C)는 전치사이므로 정답이 될 수 없다. 부사절 접속사는 While 뿐이다.

_____ receiving Mr. Song's resignation, the company has been seeking a new accountant.

(A) Between (B) Following (C) Since (D) As

해석 Mr. Song의 사직서를 접수한 이래로/ 그 회사는 계속 찾아오고 있다/ 새로운 회계사를
해설 의미상 ~이래로가 적절하고 주절의 시제가 현재 완료로 온 것도 힌트가 된다. since가 ~이래로의 의미로 사용될 때는 보통 since절은 과거시제가 오고, 주절은 현재완료 시제가 오기 때문이다.
원래 문장은 Since the company received~, the company has been seeking~의 형태였는데 여기서 주어를 생략하고 동사를 receiving으로 바꾸고 난 후 접속사는 그대로 살려둔 경우이다. between, following, as는 뒤에 ~ing 형태가 일반적으로 오지 않는다.

② 조건의 부사절 접속사

㉠ if: 만약~라면
 ※ if는 명사절 접속사로도 쓰이며 '~인지 아닌지 하는 것' 으로 해석된다.

㉡ assuming (that) s + v~: ~만약~라면
 ※ assume은 동사로도 쓰이는데, 특히 2번의 뜻이 중요하다.
  1. (사실일 것으로) 추정하다.
  2. (권력이나 책임, 일 등 을)맡다. ex) assume responsibility: 책임을 맡다.

㉢ unless: 만약~이 아니라면(= if~not)
 ※ unless는 자체가 부정어 not을 포함하므로 not, never, unable 등과 같은 또 다른 부정어와 함께 쓸 수 없다.

예제 Please consult the enclosed manual or call one of our technicians _____ you are unable to repair your equipment.
(A) if (B) while
(C) unless (D) whether

해석 참조하시오/ 동봉된 안내서를/ 또는 전화하시오/ 우리 기술자들 중 한명에게/ 만약 당신의 장비를 수리할 수 없다면
해설 unless는 unable과 함께 쓰지 않으므로 답이 아니다. 정답은 if인데 unable이 아니라 able이었다면 unless가 답이다.

예제 Please consult the enclosed manual or call one of our technicians _____ you are able to repair your equipment.
(A) if (B) while
(C) unless (D) whether

해석 참고하시오/ 동봉된 안내서를/ 또는 전화 하세요/ 기술자들 중 한명에게/ 만약 당신이 수리할 수 없다면/ 당신의 장비를
해설 이 문제는 able이므로 unless가 답이다.

예제 We cannot make a reservation for flights _____ a detailed itinerary is provided.
(A) without (B) while
(C) as a result of (D) unless

해석 우리는/ 예약을 할 수 없다/ 비행편에 대해/ 만약 자세한 여행일정표가 제공되지 않는다면
해설 부사절 접속사 자리인데 (A), (C)는 전치사라 올 수 없고, (B), (D) 중에서는 해석이 자연스러운 (D)가 답이다.

예제 Most borrowed materials may be renewed twice _____ they have been requested by another library user. (2013년 3월 정기토익 기출 응용문제)
(A) unless (B) during
(C) likewise (D) instead

해석 대부분의 빌린 자료들은/ 갱신될 수 있다/ 두 번/ 만약 그것들이 요청되지 않았다면/ 또 다른 도서관 사용자에 의해
해설 빈 칸 뒤쪽이 주어 동사의 절이 오고 있으므로 빈 칸은 부사절 접속사가 들어가야 할 자리이다. 부사절 접속사는 unless밖에 없다. (B)는 전치사, (C) Likewise (마찬가지로)와 (D)는 부사이다.

ⓔ 오직~인 경우에만, ~인 한, ~하는 한
only if
providing (that)
provided (that)   + s + v
as long as
on condition that

 Recruits are free to use their vacation days _____ they give one month's advance notice.

(A) In stead of (B) as much as
(C) so that   (D) only if

해석 신입사원들은 자유롭게 사용할 수 있다/ 그들의 휴가를/ 단지 그들이 줄 수 있는 경우에만/ 한 달 전의 통보를
해설 빈 칸 뒤로 주어 동사의 절이 오고 있으므로 접속사나 관계사가 답인데, In stead of는 전치사이다. 나머지 선택지 가운데 '오직 ~하는 경우에만'의 뜻으로 사용되는 only if가 답이 된다.

ⓜ 만일(만약) ~일(할) 경우에 대비하여

in case (that) s + v   in case of + 명사류
in the event (that) s + v   in the event of + 명사류
　　　부사절 접속사　　　　　　　　전치사

③ 양보의 부사절 접속사

㉠ 비록~이지만, 비록~라 할지라도, 비록~임에도 불구하고
though   despite
although + s + v in spite of + 명사류
even though   with all
even if   전치사
부사절 접속사

 _____ loss in the fourth quarter, consumer confidence is high, and stock prices remain strong. (2014년 4월 정기토익 기출 응용문제)

(A) Even if   (B) Despite
(C) Although   (D) So

해석 손실에도 불구하고/ 제 4분기의/ 소비자 신뢰는 높고, 주식가격은 강세를 유지하고 있다.
해설 콤마(,) 앞에는 동사가 없으므로 빈 칸은 전치사가 들어가야 한다. Despite가 답이다.

예제 Engineers posting their resumes on the company shared drive must limit them to a single page, _____ their work experience is extensive.

(2014년 5월 정기토익 기출 응용문제)

(A) as though (B) rather than
(C) so that (D) even if

해석 엔지니어들은/ 게재하는/ 그들의 이력서를/ 회사공유 드라이브에/ 그것들을 제한해야한다/ 한 페이지로/ 비록 그들의 근무 경험이 폭넓다 할지라도

해설 '비록~라 할지라도' 의 의미이며 뒤에 주어 + 동사가 오고 있으므로 부사절 접속사인 (D) even if가 답이다.

예제 _____ customers may be initially satisfied with their desktop purchases, it is not unusual for people to upgrade to more powerful model within 10 months.

(A) Whenever (B) Although
(C) Nonetheless (D) However

해석 비록 고객들이 처음에는 만족할지 모르지만/ 그들의 데스크톱 컴퓨터 구매에/ 이상한 일은 아니다/ 사람들이 업그레이드 하는 것은/ 더 강력한 모델로/ 10달 이내에

해설 _____ S1 + V1~, S2 + V2 의 빈 칸은 전형적인 부사절 접속사 자리이다. Nevertheless는 접속부사이므로 부사절 접속사 자리에 올 수 없다. (A), (B), (D)가 부사절 접속사인데, '비록 처음에는 만족스러워 할지라도' 라는 양보의 의미를 가지는 부사절 접속사는 Although이다. However는 보통 뒤에 형용사나 부사 또는 분사 등이 나온 후 뒤이어 주어와 동사가 따라 나오는 형태를 갖는다.

ⓒ ~인 반면에, ~한 반면에

while　　　※ while: ~하는 동안, ~하는 동시에, ~인 반면에
whereas

예제 The old system was fairly complicated _____ the new system is really very simple.

(A) in spite of (B) whereas
(C) that (D) in the event that

해석 그 예전 시스템은 꽤 복잡했다/ 반면에 그 새로운 시스템은 정말 매우 단순하다.

해설 부사절접속사가 와야 할 자리이므로 전치사인 (A)와 명사절 접속사 (C)는 제외된다. 그런데 in the event that은 만일 ~일 경우에(대비하여)로 해석되어 문맥상 어색하다. 정답은 반면에의 뜻을 가지는 whereas가 된다.

④ 이유의 부사절 접속사
  ㉠ ~때문에

because		because of	
as	+ s + v	due to	+ 명사류
since		owing to	
		on account of	

  부사절 접속사   전치사

  ※ as: 부사절 접속사   since: 부사절접속사
  　① ~할 때(= when)   ① ~이래로
  　② ~때문에(= because)   ② ~때문에(= because)
  　③ ~함에 따라   전치사: ~이래로
  　④ 마치 ~처럼
  　전치사: ~로서(자격)

※ as indicated : 암시된 바와 같이, as predicted : 예측된 바와 같이... (as + p.p.가 올 수 있다)

 The regional meeting of sales associates was moved to the lecture theater _____ the Griffin Conference Hall is too small.

(A) whether   (B) within   (C) because   (D) before

해석 그 지역 회의는/ 영업사원들의/ 옮겨졌다/ 계단식 강의실로/ Griffin Conference Hall이 너무 작았기 때문에
해설 해석상 ~때문에가 되기 때문에 because가 정답이다. as나 since도 ~때문에의 뜻이 있으므로 답이 될 수 있다.

  ㉡ 이제~이니까
  now that + s + v

 _____ a diagnosis has been made, the physician can finally start treatment.

(A) Although   (B) so that   (C) Now that   (D) That

해석 이제 진단의 결과가 나왔으니까/ 그 내과의사는 마침내 시작할 수 있다/ 치료를
해설 빈 칸은 부사절 접속사 자리이다. (D) That은 명사절 접속사이다. Now that은 '이제 ~이니까' 로 해석되는 이유를 나타내는 부사절 접속사이다.

  ㉢ ~라는 점에서
  in that + s + v

⑤ 목적: ~하기 위해서

so (that) s + v~	in order to + 동·원
in order that s + v~	so as to + 동·원
부사절 접속사	구의 표현

: in order that s + v ~ 에서 that은 생략할 수 없음

 Companies develop budgets _____ help control spending, and predict profit.
(A) due to (B) because
(C) by means of (D) in order to

해석 회사들은 만들어 낸다/ 예산을/ 지출을 통제하기 위해서/ 그리고 수익을 예측하기 위해
해설 빈 칸 뒤에 help라는 동사가 왔기 때문에 뒤에 바로 동사원형이 올 수 있는 것은 in order to + 동·원이다. 대신 so as to가 답이 될 수도 있다.

 A catalog must include product pictures _____ customers can get a clear idea of the design and features of each product.
(A) if (B) in order that
(C) which (D) due to

해석 카탈로그는 포함해야한다/ 제품 그림들을/ 고객들이 분명히 알 수 있도록 하기 위해/ 그 디자인과 특징들을/ 각 제품의
해설 빈 칸 뒤 쪽이 주어 + 동사로 나오고 있기 때문에 접속사나 관계사가 들어가야 한다. due to는 전치사이므로 오답.
which는 앞에 나오는 product pictures를 선행사로 본다면 뒤에 불완전한 절이 와야 하는데 완전한 문장이 오고 있기 때문에 답이 될 수 없다. 해석상 '~하기 위해서'가 적절하므로 정답은 in order that이 된다. 만약, 선택지에 so that이 있었다면 또한 답이 될 수 있다.

⑥ 결과: 너무~해서 그 결과~하다

<u>so</u> + <u>형/부</u> + <u>that</u> + <u>s + v~</u>
너무   ~해서   그 결과   ~하다

= <u>such</u> + <u>(a)</u> + <u>형</u> + <u>명사</u> + <u>that</u> + <u>[s + v~]</u>
너무   ~해서   그 결과   ~하다

이 때, so는 부사이므로 뒤에 형용사나 부사가 나오고 such는 형용사이므로 뒤에 반드시 명사가 와야 한다. 거꾸로 이야기 해보면, that앞에 명사가 없으면 so가 답이고 명사가 있으면 such가 답이다.

예제 The boxing championships in the city are _____ popular events that the arena is always packed on tournament days.

(A) such (B) very
(C) so   (D) too

해석 그 복싱 챔피언전은/ 그 도시의/ 매우 인기 있는 이벤트라서/ 그 결과 그 경기장은 꽉 차게 된다./ 토너먼트 날에는

해설 such + (a) + 형용사 + 명사 + that + s + v~ 문제에서 popular 가 형용사 그리고 events가 명사 뒤이어 that절이 나오고 있으므로 such가 정답이다.

She is very smart. (O)

She is very smart that she can solve the problem. (X)

very 뒤에 형용사 smart가 주격보어로 오면 맞는 문장이므로 첫 번째 문장은 문법적으로 틀린 부분이 없다. 그러나 그 아래 문장은 뒤에 'that s + v~' 로 이어지고 있다.
이 경우는 very 대신 so를 써야 맞는데 이것은 마치 공식처럼 외운다.
'so + 형/부 + that + s + v~' 에서는 '매우, 너무' 의 뜻으로 very가 아니라 so를 써야한다.

⑦ 기타 부사절 접속사
  ㉠ ~을 제외하고
  except (that) + s + v   except(for) + 명사류
  but that + s + v
  부사절 접속사   전치사

예제 Our dress was the same _____ _____ was red.

(A) except   (A) I
(B) as   (B) mine

해석 우리의 드레스는 똑같았다/ 나의 것이 빨간색인 것을 제외하면
해설 except는 보통 전치사로 많이 쓰이지만 부사절 접속사로도 사용된다. except that에서 that을 생략한 except만으로도 부사절 접속사로 쓸 수 있다.

cf. Nancy has the same dress _____ I have.
(A) whom   (B) which   (B) as   (D) what

해석 낸시는 가지고 있다/ 똑같은 드레스를/ 내가 가진 것과
해설 앞에 명사인 dress가 선행사로 왔고 빈 칸 뒤에 have의 목적어가 빠져있기 때문에 목적격 관계대명사인 which가 답이라고 생각할 수 있는데, 여기서는 '~와 똑같은 명사' 의 표현으로 'the same + 명사 + as' 이다. 관용적으로 기억해 둔다. 정답은 as이다.

ⓛ 마치 ~처럼
    as if
    as though + s + v
    just as

 Although we expect cancellation due to bad weather, our preparation for the conference should continue _____ there will be full attendance.

(2013년 3월 정기토익 기출 응용문제)

(A) as if   (B) if only   (C) if any   (D) than if

해석 비록 우리가 예상하지만/ 취소를/ 나쁜 날씨 때문에/ 우리의 준비는/ 그 회의를 위한/ 계속되어야만 한다/ 마치 만원이 될 것처럼

해설 마치 만원이 될 것처럼의 표현은 as if이다 as though나 just as도 같은 의미로 정답이 될 수 있다. (B) if only는 '만약 ~이면 좋을 텐데'의 뜻이다. (C) if any는 '만약 있다손 치더라도'의 의미이다.

ⓒ ~을 고려하면(하여), ~인 것(점)을 고려하면(하여)

considering (that) + s + v~   considering + 명사류
given that + s + v~   given + 명사류
부사절 접속사   전치사

 _____ her limited experience in that field, it is not surprising that she did not finish the report in time.

(A) Give   (B) Giving
(C) Given   (D) To give

해석 그녀의 제한적인 경험을 고려하면/ 그 분야에서의/ 놀라운 일은 아니다/ 그녀가 그 보고서를 제 시간 내에 끝내지 못했다는 것은

해설 Given은 전치사로 뒤에 명사를 목적어로 취해 ~을 고려하면(여)로 해석된다. 같은 의미로 considering이 답이 될 수도 있다. 위의 문장을 그대로 눈에 익혀 문장 모양과 패턴을 기억하기 바란다.

 ___ that every sales representative exceeded sales goals for last quarter, it would not be surprising for them to receive incentives.

(A) Considering   (B) Consider
(C) Consideration   (D) Considered

해석 고려해 보면/ 모든 영업사원들이 초과한 것을/ 판매 목표를/ 지난 분기의/ 놀라운 일은 아니다/ 그들이 받게 되는 것이/ 인센티브를

해설 _____ that S1 + V1 ~ , S2 + V2~의 형태로 오고 있으므로 전형적인 부사절 접속사가 들어 가야할 자리이다.

부사절 접속사인 Considering that은 이 때 that을 생략하고 Considering만 써도 답이 될 수 있다. 그리고 선택지에 Given that이 있었다면 Considering that과 같은 표현이므로 정답이 될 수 있다. 해석은 '~을 고려하면' 이라고 한다.

⑧ 복합관계사

㉠ 복합관계부사
(선행사 없음) whenever   완전한 문장
              wherever   +   [s + v + o]
              however

㉡ 복합관계대명사
(선행사 없음) who(m)ever   불완전한 문장
              whichever +   [(s) + v + (o)]
              whatever

 The CEO considers opportunity costs _____ he makes a decision about which of two possible actions to take.

(A) wherever   (B) however
(C) whenever   (D) whoever

해석 그 CEO는 고려한다/ 기회비용을/ 그가 결정을 내릴 때마다/ 두 가능한 조치들 중 어느 쪽을 택할지 하는 것에 대해

해설 그가 결정을 내릴 때면 언제든지 상관없이 즉, 그가 결정을 내릴 때마다의 뜻으로 whenever가 답이다.

 _____ time-consuming it may be, aircraft maintenance crew at Aero Airline must conduct weekly safety checks on the fleet.

(A) However   (B) Despite
(C) Whether   (D) Although

해석 시간이 얼마나 걸리든지 상관없이/ 정비사들은/ Aero Airline의/ 수행하여야 한다/ 매주의 안전 점검을/ 항공기들에 대한

해설 However + 형/부/분사 + s1 + v1~, s2 + v2~

※ However

1. 복합관계부사

However + 형/부(분사) + S1 + V1 ~, S2 + V2~
　　　　　　　　　　　　　　　　, 명령문(동사원형)~
= No matter how + 형/부(분사) + S1 + V1~, S2 + V2~
　　　　　　　　　　　　　　　　　　　, 명령문(동사원형)~

　S1 + V1~~　　　　　however + 형/부(분사) + S2 + V2~
명령문(동사원형)~

= S1 + V1~ ~　　　　 no matter how + 형/부(분사) + S2 + V2~
명령문(동사원형)~

However busy you may be, you must study English.
　　　　　　　　　　　　　　　, 명 령 문(동사원형)~.

= No matter how busy you may be, you must study English.
　　　　　　　　　　　　　　　　　　　, 명 령 문(동사원형)~.

However _____ you operate the machine, you can not~
(A) efficiently　　　　　　　　　(B) efficient

해석 얼마나 효율적으로 가동하는지 상관없이/ 당신이 그 기계를/ 당신은 ~할 수 없다.
해설 빈 칸 뒤에 주어 동사 목적어가 다 나오고 있으므로 부사가 답이다.
However efficiently + s + v ~　 = No matter how efficiently + s + v ~

_____ remote the destination may be, there is no place our services do not reach.
(A) No matter how　　　　　　　(B) Insofar as
(C) Nevertheless　　　　　　　　(D) In order that

해석 목적지가 얼마나 멀리 떨어져있든 상관없이, 우리의 서비스가 닿지 않는 곳은 없다.
해설 No matter how remote s + v~ = However remote s + v~

2. 접속부사

S + V + O~. However, S + V~
　　　　　　　　그러나

S + V + O~. S + , however, + V~
　　　　　　　　　그러나

6 접속부사

접속부사: 앞뒤 절의 의미를 연결해주는 부사. 따라서, 접속사나 관계사 자리에 올 수 없음.

① 접속부사에는 다음과 같은 것들이 있다.

besides	moreover	furthermore	therefore
게다가	더욱이	더욱이	그러므로
consequently	however	nevertheless	nonetheless
결과적으로	그러나	그럼에도 불구하고	그럼에도 불구하고
otherwise	then	meantime/ meanwhile	(or) else
그렇지 않으면	그리고 나서	그 동안, 그러는 동안	그렇지 않으면
afterward(s)	in short	for example = for instance	
그 후에	요컨대	예를 들면	

만약, 다음과 같이 문제가 주어진다고 가정하면;

_____ S1 + V1~~~, S2 + V2~

(A) Despite (B) Nevertheless
(C) What (D) Although

해설 빈 칸은 전형적인 부사절 접속사가 들어가야 할 자리이다. 이러한 문제의 경우, 굳이 문제를 해석하지 않아도 된다.
(A)는 전치사로 뒤에 명사나 동명사가 와야 하고, (B)는 접속부사로 접속사 자리에 올 수 없고, what은 명사절 접속사이기 때문에 이 자리에 올 수 없다. 정답은 부사절 접속사인 Although이다.

② 접속부사를 묻는 토익의 문제 유형
  ㉠ 파트 5에서
  1) s1 + v1~ ; <u>접속부사</u>, s2 + v2~
              besides
              moreover
              therefore

이때, 접속부사가 접속사 역할을 하는 것처럼 보이지만, 사실은 세미콜론(;)이 접속사 and의 역할을 하고, 접속부사는 앞뒤 절의 의미를 연결해 줄 뿐이다.

2) 명령문(동사원형)~   and then 명령문(동사원형)~
   ~하라   그리고, 그리고 나서   ~하라

예제 Purchase two year long subscription to Regional Landscape today and _____ a free pair of sunglasses of Beach's Shades with your leather case.

(A) received (B) receiving
(C) reception (D) receive

해석 구매 하세요/ 2년간의 구독을/ Regional Landscape의/ 오늘/ 그리고 받으세요/ 무료 Beach's Shades 썬글라스를/ 당신의 가죽 케이스와 함께
해설 명령문 ~ and (then) 명령문에서 then은 부사이므로 생략할 수도 있다. 정답은 receive 이다.

3) Unless otherwise indicated (to do), S + V~
   ~하지 않는다면 그와 달리 표시되지 ~하라고
                            instructed
                            지시되지
                            stated
                            언급되지
                            told
                            듣게 되지

※ unless는 부사절 접속사로 뒤에 [s + v + o/c] 로 이어지는 완전한 문장이 와야 하는데, 지금 unless 뒤에는 부사와 과거분사(p.p.)만 오고 있는데, 분사구문이 된 것이다. 틀린 문장은 아니다.

Unless indicated (to do) otherwise, S + V~
~하지 않는다면 표시되지   ~하라고 그와 달리
                instructed
                지시되지
                stated
                언급되지
                told
                듣게 되지

 Employees should shut down their computers at the end of each workday unless instructed _____. (2014년 4월 정기토익 기출 응용문제)

(A) accordingly (B) otherwise
(C) indeed (D) meanwhile

해석 직원들은 꺼야한다/ 그들의 컴퓨터를/ 각 근무일의 마지막에/ 그와 달리 지시되는 바가 없다면

해설 원래 문장은 unless they are instructed otherwise 였는데, 부사절 접속사 뒤의 주어 + be동사는 생략이 가능하기 때문에 생략이 되었다. accordingly는 '~에 맞게, ~와 맞도록' 또는 '그러므로(= therefore)'의 의미이다. indeed는 '정말로', meanwhile은 '그 동안, 그러는 동안'으로 해석한다

ⓒ 파트 6 에서

S + V~~~. **접속부사**, S + V

However: 그러나
Nevertheless: 그럼에도 불구하고
Therefore: 그러므로
Otherwise: 그렇지 않으면

만약, 다음과 같이 문제가 주어진다고 가정하면;

S + V ~ ~ ~. _____, S + V ~

(A) Despite   (B) Nevertheless   (C) What   (D) Although

빈 칸은 앞의 절과 뒤의 절을 의미적으로 연결해 줄 뿐이다. 따라서, 접속부사가 답이 된다.
접속부사는 Nevertheless이다. What과 Although는 접속사이므로 뒤에 절이 하나 더 와야 한다.
Despite는 전치사이므로 명사나 동명사(~ing)가 와야 한다.

When judging is complete, winners will be contacted by our staff and judging committee. _____, final result will be posted. We wish the best of your luck.

(A) For example   (B) Nevertheless
(C) In short   (D) Afterwards

해설 심사가 끝나면, 수상자들은 연락을 받을 것이다/ 우리 직원과 그리고 심사 위원회에 의해/ 그 후에/ 최종 결정이 공지될 것이다. 행운이 있기를 바란다.

해설 앞 뒤 절의 의미를 자연스럽게 연결시켜 줄 수 있는 접속부사가 들어가야 할 자리이다. 위의 해석에서 보는 것처럼 그 후에가 적절하다. 답은 (D) Afterwards가 된다. For example은 '예를 들어', In short는 '요약하면'의 뜻이다.

When I called, I was quite upset that three of the conference tables I ordered were the wrong color. Ms. Rogerio immediately began researching the problem and called me back within ten minutes. She _____ arranged a shipment of the correct tables for me on the same day, which required her to completely reorganize the day's delivery schedule.   (2014년 4월 정기토익 기출 응용문제)

(A) again   (B) then   (C) almost   (D) instead

해석 내가 전화를 했을 때, 나는 꽤 화가 난 상태였다/ 회의 테이블 중 3개가/ 내가 주문했던/ 색깔이 달라서/ Ms. Rogerio는 즉시 시작했다/ 조사하는 것을/ 그 문제를/ 그리고 나에게 다시 전화했다/ 10분 이내에/ 그녀는 그리고 나서 준비해 주었다/ 배송을/ 정확한 테이블을/ 나에게/ 같은 날에/ 그런데 그것은/ 그녀가 완전히 새롭게 짜도록 만들었다/ 그 날의 배달 일정을

해설 again을 답으로 생각한 학생들이 많은 시험이었다. again은 앞의 일을 다시 반복할 때이고, 여기서는 순차적인 일의 전개 과정을 설명하고 있기 때문에 즉, 조사를 하고 전화를 했고 그리고 나서 배송을 준비해 준 것이므로 then이 정답이다.

 In recognition of their achievements, they were honored at an in-store celebration on October 1. _____, the two women are being flown to Philadelphia in November to attend the company's national awards recognition event.

(2014년 5월 정기토익 기출 응용문제)

(A) In addition (B) Alternatively
(C) Provided that (D) Consequently

해석 인정받아/ 그들의 성취에 대한/ 그들은 상을 받았다/ 매장 내의 기념식에서/ 10월 1일의/ 이에 더하여, 그 두 여성들은 필라델피아로 비행기로 가게 될 것이다/ 11월에/ 참석하기 위해/ 그 회사의 전국 표창식에

해설 앞 뒤 절의 의미를 연결해 주는 접속부사가 들어가야 할 자리이다. (C) Provided that은 부사절 접속사이므로 답에서 제외된다. 먼저 매장 내의 시상식이 있었고, 이에 더하여 필라델피아로 전국 시상식에 참여하러 떠나는 것이므로 부가적인 내용을 덧붙여 이야기할 때 쓰이는 In addition이 답이다. 대신에 Besides를 쓸 수도 있다. alternatively는 '대안으로는'의 의미이며 consequently는 '그 결과(로)'의 뜻이다

등위접속사와 상관접속사

등위접속사와 상관접속사

1. 등위접속사: and, but, or, so

① 단어 + and + 단어
　구　　but　　구
　절　　or　　 절

> 보통 접속사나 관계사는 절과 절을 연결하지만 등위접속사는 절과 절이외에도 단어와 단어, 그리고 구와 구를 연결하기도 한다. 등위접속사가 단어와 단어, 구와 구를 연결하는 역할을 할 때는 동사의 개수에 영향을 주지 않는다. 예를 들어 My sister and his brother are students. 에서 and가 접속사라고 해서 동사가 두 개 필요한 것은 아니다.

② A and B + 복수동사
　S　　　　V

　A or B + B에 일치
　S　　　V

③ not A but B: A가 아니라 B
　= B but not A: A가 아니라 B

④ ㄱ) S1 + V1 + O1~and (S2) + V2~　　ㄴ) to + 동·원 ~ and (to) + 동·원 (뒤의 to는 생략 가능함)
　　　　　　　　but
　　(S1 = S2 일 경우, S2는 생략가능)

 만약 문제가 다음과 같이 주어진다면
S1 + V1~ _____ + V2
(A) although　　(B) but

해석 정답은 해석과 상관없이 but이 답이다. 왜냐하면 등위접속사로 이어지는 두 개의 절에서 S1과 S2가 같을 경우 S2를 생략할 수 있기 때문이다. although 뒤에 동사가 바로 올 수 없다. 따라서 but이 답이다.

2. 상관접속사: A와 B는 문법적으로 동일한 요소가 와야 함

① either A or B: A와 B 둘 중 어느 하나는 ~하다. 동사는 B에 일치 시킴

예제

_____ Seoyoung Lee or Jason Park will be selected to lead the project that commences next month.

(A) Both (B) Neither
(C) Either (D) Only

해석 Seoyoung Lee 또는 Jason Park 둘 중 한명이 선정될 것이다/ 이끌기 위해서/ 그 프로젝트를/ 시작하는/ 다음 달에
해설 뒤에 or가 보이므로 정답은 either가 된다.

② neither A nor B: A와 B 둘 다~아니다. 동사는 B에 일치 시킴

※ S1 + V1 ~, nor + V2 + S2~
    부정문(not)
= S1 + V1~, and neither + V2 + S2~
    부정문(not)

예제

The problem is that the equipment is _____ accurate nor safe.

해석 문제는/ 그 장비가 정확하지도 않고 안전하지도 않다는 것이다.
해설 neither A nor B에서 neither를 보고 nor를 찾는 문제로 주어질 때도 있고, nor를 보고 neither를 찾는 문제로 나올 때도 있다.

예제

The supervisor didn't like the design of the product, _____ did the rest of the other associates.

(A) nor (B) or
(C) but (D) and

해석 그 감독관은 좋아하지 않았다/ 그 디자인을/ 그 제품에 대한/ 그리고 다른 모든 동료들 역시 그 디자인을 좋아하지 않았다.
해설 S1 + V1~, nor + V2 + S2~의 관용표현에서 정답은 nor가 된다.
    부정문

예제 The supervisor didn't like the design of the product, and _____ did the rest of the other associates.

(A) only   (B) neither   (C) also   (D) nor

해석 그 감독관은 좋아하지 않았다/ 그 디자인을/ 그 제품에 대한/ 그리고 다른 모든 동료들 역시 그 디자인을 좋아하지 않았다.
해설 S1 + V1~, and neither + V2 + S2~의 관용표현에서 정답은 neither가 된다.
　　　　부정문

예제 They produced two reports, _____ of _____ contained any useful suggestions.

(A) either   (A) them
(B) neither   (B) which

해석 그들은 만들었다/ 두 개의 보고서를/ 그러나 그 둘 중 어느 것도 포함한 것은 없었다/ 유용한 제안들을
해설 produced와 contained로 동사가 두 개 나왔기 때문에 접속사 역할을 할 수 있는 which가 정답이다. 그리고 앞의 빈 칸의 either와 neither는 대명사로 사용되었다. 그런데 뒤에 any가 있다. any는 보통 부정어와 함께 사용된다. 따라서 neither가 답이다. 만약 컴마 부분에 and가 있다면 정답은 them 이다. either와 neither는 단독으로 대명사로 사용되기도 한다.

③ both A and B : A와 B 둘 다

예제 You can create an office design that works for everyone and is both stylish ___ inexpensive.

(A) also   (B) and   (C) nor   (D) either

해석 당신은 만들 수 있다/ 사무실 디자인을/ 효과가 있는/ 모든 사람들에게/ 그리고 스타일리쉬하고도 저렴한
해설 both A and B의 표현으로 정답은 and이다.

예제 Currently in the final stage of construction, the project consists of a sports complex and a hotel, and _____ will be located on the Prescott Avenue.

(2013년 3월 정기토익 기출 응용문제)

(A) some   (B) several   (C) both   (D) few

해석 현재/ 마지막 단계에 있는/ 공사의/ 그 프로젝트는 구성 된다/ 스포츠 복합단지와 호텔로/ 그런데 그 둘 다 위치하게 될 것이다/ Prescott Avenue가에
해설 빈 칸은 will be라는 동사 앞에 왔으므로 대명사가 답이 된다. 그런데 앞에서 언급한 것이 'a sports complex and a hotel' 로 두 개이다. both는 상관접속사 말고도 형용사와 대명사로 쓸 수 있다. 여기서는 대명사로 사용되었다. 정답은 both이다.

④ not only A but (also) B: A뿐만 아니라 B도   also는 생략 가능
   = B as well as A

Successful candidates should have strong written and oral communication skills _____ public speaking skills.

(A) in order that (B) as a result of
(C) as well as (D) despite

해석 합격후보자들은/ 가지고 있어야 한다/ 대중 연설 능력 뿐만 아니라/ 강한 서면 그리고 구두 의사소통 능력도
해설 in order that은 부사절 접속사로 뒤에 주어 + 동사가 와야 한다. (B)는~의 결과로서 (D)~임에도 불구하고는 해석이 어색하다. 정답은 as well as 이다.

접속사와 관계사 편을 정리하는 다음의 예문을 보자.

More and more people will rent cars _____ May Day approaches and summer wanes.

(A) during (B) meanwhile
(C) which (D) as

해석 점점 더 많은 사람들이/ 빌릴 것이다/ 자동차를/ 노동절이 다가오고 여름이 저물어감에 따라
해설 빈 칸 뒤에 주어 동사가 오고 있으므로 접속사나 관계사가 답이다. 전치사인 during과 접속부사 meanwhile은 정답이 아니다. 빈 칸 앞에 cars라는 사물명사가 왔기 때문에 관계대명사 which가 아닐까 생각할 수 있지만, 관계대명사 which 뒤에는 불완전한 절이 와야 한다. 그런데 May Day approaches는 뒤에 목적어가 빠진 불완전한 문장처럼 보이지만 approach는 1형식 완전자동사이므로 뒤에 목적어가 필요 없다. May Day approaches는 완전한 문장이다. 따라서 빈칸은 관계대명사 자리가 아니며, cars도 선행사가 아니다. 해석을 해 보아도 '노동절이 다가오는 차동차들'로 어색하다. 정답은 부사절 접속사 as인데 해석은 '노동절이 다가옴에 따라' 라고 한다.

PART 2

동 사

CHAPER 8	문장형식과 동사의 종류와 형태
CHAPER 9	주어와 동사의 수일치
CHAPER 10	시제
CHAPER 11	능동태와 수동태

문장형식과 동사의 종류와 형태

영어의 문장은 1형식에서 5형식까지 있으며, 3형식, 4형식, 5형식 동사는 타동사로 목적어를 가질 수 있어서 목적어를 주어 자리로 보내고 동사를 'be + p.p.' 형태로 바꾸어주는 수동태가 가능하지만, 1, 2 형식 동사는 자동사로 목적어를 가질 수 없기 때문에 'be + p.p.' 형태의 수동태가 될 수 없다. 2형식과 5형식 동사는 보어를 가지게 되는데, 2형식에서는 주어와 같거나 주어를 보충 설명해주는 주격보어(s·c)가 와야 하고, 5형식에서는 목적어가 나온 후 그 목적어와 같거나 목적어를 보충 설명해 주는 목적보어(o·c)가 와야 한다. 4형식은 사람을 간접목적어로 가지고 사물이나 명사절을 직접목적어로 가진다. 3형식은 능동태에서 동사 뒤에 목적어를 하나만 가진다.

1. 문장형식과 동사의 종류

1) 1형식: S + V~ + <u>수식어</u>~
      명사   부사~
      대명사   전치사~
      동명사   부사구~
      To 부정사 부사절~
      명사절

1형식은 뒤에 목적어나 보어가 없어도 문장이 성립된다. 1형식 문장은 주어와 동사가 오고 뒤에는 목적어나 보어가 아닌 꾸며주는 말, 즉 수식어는 올 수 있다.

※ 1형식 동사의 예
    go 가다   **rise** (떠)오르다   **arise** (일 등이) 일어나다 생기다
    act 행위하다   **occur** 발생하다   **enroll in** ~에 등록하다
    consist of ~로 구성되다   **listen to** ~을 듣다   **respond to** ~에 응답하다
    participate in ~에 참여하다 **arrive in/ at** ~에 도착하다
    register for ~에 등록하다   **deal with** 다루다, 처리하다

예제 They must act _____ and also are required to be good citizens of their respective countries.

(A) charity (B) charitably
(C) charitable (D) charities

해석 그들은/ 행동해야한다./ 자비롭게/ 그리고 또한/ 요구 받는다./ 좋은 시민이 될 것을/ 그들 각자의 나라의

해설 act는 1형식 동사로 '행위하다, 행동하다' 라는 의미를 가지는데, 1형식 동사이므로 빈칸이 없어도 말이 되기 때문에 정답은 부사인 charitably가 된다.

이외에도 act responsibly처럼 '책임감 있게 행동하다' 에서 responsibly가 답인 문제로 출제된 예도 있다.

예제 Sales of our appliances have _____ drastically, so I believe that it is time to either add more features to them or simply create a new model.

(A) fallen (B) refused
(C) performed (D) acquired

해석 판매가/ 우리의 가전제품들에 대한/ 감소했다./ 급격히/ 그래서 나는 믿는다./ 더 많은 특징을 추가하거나/ 또는 단지 만들 때라는 것을/ 새로운 모델을

해설 선택지 (B), (C), (D)는 목적어가 필요한 타동사인데, 뒤에 목적어가 없다. 따라서 목적어를 필요로 하지 않는 1형식 동사의 현재완료형인 have fallen이 답이다. acquire 인수하다, 사들이다, 습득하다, (후천적으로) 얻다, 알게 되다.

2) 2형식: S + V + <u>SC (주 격보어)</u>   He = a student

          ① 명사: He is <u>a student</u>.

              Hawaii still remains <u>the best vacation destination</u> in US.
              하와이는 여전히 최고의 휴가 목적지로 남아있다.

㉠: ①~④
S와 SC가
동격관계

              ex. He is _____ the best speaker.   He = the best speaker
                  (A) definite   be동사 뒤에 주격보어가 왔으므로 빈칸은
                  (B) definitely   필요 없는 말이 와야 한다. 따라서 부사인 definitely가 답이다.

㉡: ⑤~⑧
SC가 S를
보충설명

                        He = the one
          ② 대명사: He is <u>the one</u>.   그가 바로 그 사람이다.

                      My hobby = studying
          ③ 동명사: My hobby is <u>studying</u> English.   나의 취미는 영어를 공부하는 것이다.

㉢: ⑨
㉠과 ㉡
둘 다 가능

          ④ 명사절: The truth is <u>that he loves her</u>.   사실은 그가 그녀를 사랑한다는 것이다.

⑤ 형용사: He is <u>smart</u>.

⑥ 현재분사: He is <u>sleeping</u>.
　　　　　The lighthouse remains <u>standing</u> near the shore.
　　　　　그 등대는 남아있다./ 서 있는 채로/ 그 해안 가까이에

⑦ 과거분사: He was <u>injured</u>.
　　　　　The lighthouse remains destroyed near the shore.
　　　　　그 등대는 남아있다./ 파괴된 채로/ 그 해안 가까이에

⑧ 전치사구: The bridge is _____ under construction.
　　　　　(A) current　　　그 다리는 / 현재/ 공사 중이다.
　　　　　(B) currently

under construction이 공사 중이라는 의미로 주어의 상태를 보충 설명하는 주격 보어 역할을 하고 있으므로 빈 칸에는 필요 없는 말인 currently가 와야 한다. 이렇게 be동사와 전치사구만으로 해석이 완벽하게 되면 그 사이에는 부사가 온다.

　　cf. The baby is _____ **smart**.
　　　　　(A) real
　　　　　(B) <u>really</u>
smart가 주격보어이므로 빈칸은 부사가 와야 한다.

　　ex. The item is _____ **out of stock**.
　　　　　(A) <u>temporarily</u>　　　out of stock 재고가 없는
　　　　　(B) temporary

　　ex. Whether or not you quit is _____ **up to you**.
　　　　　(A) entire　　　up to sb ~에게 달려있는
　　　　　(B) <u>entirely</u>
be entirely up to you: 전적으로 너에게 달렸다.

⑨ To 부정사
㉠ <u>My hobby</u> is <u>to study</u> English.　　　remain <u>to be seen</u> 두고(지켜) 볼일이다.
㉡ How the public will react to the soft drink's new formula remains _____.
　(A) seeing　　　　　　　　　　　　　　(B) saw
　(C) to be seen　　　　　　　　　　　　(D) see

※ 대표적인 2형식동사
① be동사
② '~ 되다' 계열의 동사
　get　get dark
　become
　turn　turn red
　run
　go　go bad
③ '느끼다' 계열의 동사
　feel　Feel so ___.　(A) <u>good</u> (B) well
　look　You look ___.　(A) <u>happy</u> (B) happily
　sound　Sounds ___.　(A) greatly (B) <u>great</u>
　smell　Smells ___.　(A) <u>good</u> (B) well
　taste　Tastes ___.　(A) <u>good</u> (B) well
　2형식 동사 뒤의 주격보어로 형용사는 가능하지만 부사는 주격보어로 사용될 수 없다.

Take this money in case you run _____ of cash.
(A) short
(B) shortly

해석 가져가라./ 이 돈을/ 당신이 현금이 부족해질 경우에 대비하여
해설 이때 run은 '달리다, 운영하다' 라는 의미가 아니라 '~하게 되다' 의 의미가 된다. 그런데, 빈 칸 뒤의 of cash와 run을 연결시켜 보면 '현금에 대해서 되다' 라고 해석이 되는데, 어색하다. 그 말은 of cash가 주격보어가 아니라는 말이다. 따라서 빈칸이 주격보어가 되어야하는데 주격보어는 형용사가 와야 하므로 short가 답이 된다. 그래서 run short of cash는 '현금에 대해서 부족한 상태가 되다' 라고 해석한다. 또 shortly는 의미상 부족하게가 아니라 곧(= soon)이므로 해석도 맞지 않는다. 관용적인 표현으로 '~에 대해 부족하게 되다' 라는 표현은 run short of이다.

According to a recent report, entrepreneurs are beginning to feel _____ optimistic.
(A) cautious
(B) caution
(C) cautioning
(D) cautiously

해석 최근의 보도에 의하면/ 기업가들은 느끼기 시작하고 있다./ 조심스럽게 낙관적으로
해설 feel이 2형식 동사인데 주격보어가 필요하다. 이미 빈 칸 뒤에 주격보어로 optimistic이 나와 있으므로 빈칸은 필요 없는 말이다. '조심스럽게 낙관적으로 느끼고 있다.' 라는 해석이 되어야 한다. 부사인 cautiously가 답이 된다.

Unless an employer is coping with stress in a positive way, the employees will feel _____ out of control.
(A) equal
(B) equally
(C) equation
(D) equality

해석 어떤 한 고용주가 스트레스에 대처할 수 없다면/ 긍정적인 방식으로/ 그 직원들은 느낄 것이다./ 똑같이/ 통제 불가능하게

해설 feel이 2형식 동사이고 주격보어로 out of control(통제 불가능한)이 왔다. 빈 칸 없이도 '통제 불가능한 상태로 느끼다.' 로 해석이 무난하다. 빈 칸은 필요 없는 말이다. 답은 부사인 equally가 된다.

④ remain   ⑤ stay: ~상태로 있다   ⑥ turn out: ~로 판명 되다
    seem   prove : ~로 판명 되다
    appear   ※ prove는 5형식으로 사용될 때도 있다.

ex. remain _____ available   remain _____ to go.
           (A) ready   (A) ready
           (B) readily   (B) readily

해설 remain 뒤에 빈칸이 있고 그 뒤에 형용사로 '~이 이용 가능한, 구할 수 있는' 의 뜻을 가진 형용사 available이 주격보어(sc)로 왔기 때문에 빈칸은 필요 없는 말이 된다. 즉, 부사인 readily가 답이 된다. 반면에 오른 쪽 표현은 I am ready to go. 의 표현에서 보듯, I 가 주어로 am이 2형식 동사로 오고, 그 뒤에 나의 상태가 '준비가 된 상태인' 을 의미하는 ready 가 형용사로 주격보어로 와야 한다. 따라 나오는 to go는 가기 위해서의 뜻으로 부사처럼 쓰였다. 즉, 앞의 예문의 available과 같은 주격보어가 아니라는 말이다. 위의 두 예문에서 remain대신 be동사를 써서 be readily available: 쉽게 이용가능하다, be ready to go: '갈 준비가 되어 있다' 로 쓰는 것이 더 일반적인 표현이다.

ex. remain _____ to _____ customers~
         (A) dedicated   (A) serve
         (B) dedicating   (B) serving

해설 다음과 같은 표현이 있다.
      be dedicated to + ~ing 또는 명사
      ~에 헌신하다
      be devoted to + ~ing 또는 명사
      ~에 헌신하다
      be committed to + ~ing 또는 명사
      ~에 전념하다

해설 위의 표현에서 be동사 다음에 과거분사(p.p.) 형태로 주격보어가 왔다. 그리고 전치사 to로 이어지고 있는데, 이 때 be동사 대신에 remain이 오게 되면 해석만 '헌신하는 상태로 또는 전념하는 상태로 남아있다.' 로 조금 달라질 뿐이고 거의 같은 의미를 가지는 표현들이 된다.
또 하나 주의할 사실은 '헌신하는' 이나 '전념하는' 과 같이 능동적인 의미로 해석이 되기 때문에 현재분사인 dedicating, devoting, 그리고 committing이 되어야 한다고 생각 할 수 있지만 과거분사를 사용한 be dedicated to, 또는 같은 표현인 remain dedicated to가 맞는 표현이다.
       devoted   devoted
       committed   committed
우리말 표현은 능동인데 영어는 수동으로 표현되는 예들이기 때문에 주의가 필요하다.

All personnel matters discussed by members of the executive board remain _____ as a matter of company policy. (2014년 4월 정기토익 기출 응용문제)
(A) confidence (B) confidentially
(C) confidentiality (D) confidential

해석 모든 인사문제들은/ 토론된/ 이사회 회원들에 의해/ 남아있다./ 기밀로/ 회사정책에 대한 문제로서
해설 remain이 2형식 동사이고 그 뒤에 주격보어가 필요한데 '기밀인 상태로 남아 있다' 로 해석되어 주어를 보충 설명해주는 형용사 confidential이 답이다. 부사는 보어가 될 수 없다.

※ be _____ to + 동·원   be _____ about   hesitate to + 동·원 (O)
  (A) hesitated (X)   (A) hesitated (X)   ~하는 것을 망설이다.
  (B) hesitant (O)   (B) hesitant (O)
  ~하는 것을 망설이다   ~에 대해 망설이다

 Although Leaders Realm has doubled its profit compared to last year, the salaries of its sales staff members _____ the same.
(A) is remaining (B) have remained
(C) to remain (D) were remained

해석 비록 Leaders Realm이 두 배로 만들었지만/ 그것의 수익을/ 작년과 비교하여/ 그 회사의 영업사원들의 급여는/ 남아있다./ 동일하게
해설 주절의 주어는 the salaries로 복수이므로 복수동사인 (B)와 (D)가 답인데, remain은 2형식 동사로 수동태를 만들 수 없는 동사이므로 수동인 were remained는 답이 될 수 없다. 정답은 have remained이다. '동일하게 남아 있다' 라는 관용표현은 remain the same이다.

ex. stay _____
      (A) tune   (B) tuned

stay가 1형식일 때는 '머무르다' 이지만, ~한(인) 상태로 남아있다라고 해석이 되면 2형식 동사이다. tune은 선국하다, 즉 '주파수를 맞추다' 의 뜻인데, 원래 문장은 You stay tuned이다. '당신은 주파수가 맞추어진 상태로 있다.' 인데, 여기서 You를 생략하고 명령문이 된 것이다. '채널 고정 하세요.' 의 의미이다.

ex. stay _____ to~
      (A) alert   (B) alerted

똑같이 stay의 빈칸 뒤에는 주격보어가 와야 하는데, 이때 stay tuned처럼 과거분사인 alerted가 답이라고 생각할 수 있는데, alert는 동사일 때는 '경고하다' 이고, 형용사로는 '주위를 경계하는, 조심하는' 의 의미로 주격보어로 올 수 있다. 주격보어는 위에서 본 ①~⑨번 까지 다양한 종류가 있다. 해석을 통하여 찾아내는 경우가 있고, 표현으로 기억해야 하는 경우가 있는데 이 경우는 stay alert로 '주위를 경계하는 채로 유지하라.' 라는 관용표현으로 기억하는 것이 좋다.

예제 It is _____ to rain tomorrow.
(A) expected (B) seemed
(C) appeared (D) remained

해석 예상 된다./ 비가 내릴 것으로/ 내일
해설 be expected to + 동·원은 '~할 것으로 예상되다' 라는 표현이다. (B) seemed도 '~처럼 보이는' 이라고 해석이 되기는 하지만 seem은 2형식 동사이므로 수동태가 없다. 마찬가지로 appeared와 remained도 모두 2형식 동사이므로 수동태가 없다. 따라서 답은 expected이다.

3) 3형식: S + V + O
             3형식 타동사
   명사   명사
   대명사   대명사
   동명사   동명사
   To 부정사   To 부정사
   명사절   명사절

3형식 타동사는 능동의 형태일 때, 뒤에 전치사 없이 목적어가 반드시 와야 한다. 수동일 때는 목적어가 주어자리로 가기 때문에 뒤에 목적어가 남지 않는다.

discuss ~을 토론하다.   **accompany** ~을 동반하다.   **reach** ~에 도착하다.
access ~에 접근하다.   **address** = discuss, think of, solve, deal with
                            토론하다, 생각해보다, 해결하다, 처리하다.

타동사의 목적어 뒤에는 함께 자주 나오는 전치사가 있는데 이것은 하나의 숙어 표현으로 외워야한다.

take advantage of: ~을 이용하다 = make use of
pay attention to: ~에 주의를 기울이다
attribute A to B: A를 B의 탓으로 돌리다.
※ 이때, A와 B에는 긍정, 부정적인 내용이 모두 올 수 있다.
   예를 들어, A에 '매출 증가'   A에 '매출 감소'
            B에 '직원들의 노고'   B에 '직원들의 태만'

provide sb with sth: sb에게 sth을 제공하다
provide sth to sb: sth을 sb에게 제공하다

Call all representatives and make them _____ the conference that will be held in the department.

(A) attend
(B) go
(C) participate
(D) enroll

해석 전화하라./ 전 직원들에게 그리고 그들이 회의에 참석하도록 하라./ 열리게 되는/ 그 부서에서

해설 '그 회의에 ~하다.' 에 어울리는 표현은 선택지 모두가 가능한데, 빈 칸 뒤에 전치사가 없이 바로 목적어가 왔으므로 타동사가 답이다. attend만 타동사이고 나머지는 전치사가 동반이 되어야하는 자동사이다. go to, participate in, enroll in이 되어야 한다. enroll in은 등록하다의 표현이다. register도 '등록하다' 인데 register for로 쓰게 된다.

 Technicians are expected to _____ the malfunctions of the newly developed software completely and flawlessly.

(A) satisfy
(B) address
(C) deal
(D) fascinate

해석 기술자들은/ 기대되어 진다./ 해결할 것으로/ 그 기능고장을/ 그 새롭게 개발된 소프트웨어의/ 완벽하고 결함 없이

해설 (C)는 deal with가 와야 한다. 따라서 답이 될 수 없고, (A)와 (D)는 사람의 감정을 나타내는 동사인데, 감정동사는 3형식 동사로서 능동일 때는 '어떤 사람을' 만족시키다, 매료시키다로 해석이 되어야하므로 뒤에 목적어로 사람이나 사람의 모임이나 단체 조직 및 기관 등이 와야 하는데 the malfunctions는 사람이 아니므로 답이 될 수 없다. 그리고 해석도 어색하다. 따라서 정답은 ~을 해결하다, 처리하다, 토론하다, ~에 대해 생각해보다 등의 의미를 가지는 address이다.

The fifth annual International Business Meeting will be _____ in Seoul, Korea, on December 21-25, 2015.

(A) remained
(B) held
(C) hold
(D) remain

해석 그 다섯 번째 연례 비즈니스 회의는/ 개최될 것이다./ 한국의 서울에서/ 2015년 12월 21-25일에

해설 be동사 다음에 동사가 올 수 없으므로 remain과 hold는 답이 될 수 없고, be remained는 수동태인데 remain은 2형식 동사이므로 수동태로 쓸 수 없다. hold는 '행사 등을 개최하다' 라는 의미로 3형식 타동사이다. 이것이 수동태가 되어 '어떤 행사가 어디에서 개최되다' 라는 표현은 be held in/ at/ on등으로 쓰인다.

The education board decided to _____ new plans to manage public schools in Bay County.
(A) announce   (B) agree
(C) deteriorate   (D) account

해석 교육 이사회는 결정했다/ 발표할 것을/ 새로운 계획들을/ 관리하기 위하여/ 공립학교들을/ Bay County에 있는

해설 빈 칸 뒤에 목적어 new plans가 있으므로 타동사가 와야할 자리이다. 선택지 가운데 명사를 바로 목적어로 가질 수 있는 동사는 (A) announce밖에 없다. agree는 뒤에 전치사 with/ on/ to 등이 오고 명사가 와야 하고, account는 for가 와야 한다. (C) deteriorate는 1형식 완전 자동사로서 악화되다, 나빠지다(get worse)의 의미로 목적어를 가지지 않는다.

4) 4형식: S + V + IO + DO
             give   명사
             send   대명사
             grant   명사절
             offer
             inform + sb + that + s + v~
             notify   IO   DO

5) 5형식: S + V + O + <u>OC(목적보어)</u>: 목적어(O)와 목적보어(OC)는 의미상(해석상) 주어와 주격보어의 관계.
   consider   ①~⑨
   keep   ⑩ 동사원형: S + V + O + OC
   find   사역동사   동·원: 목적보어로 동사원형이 올 수 있다는 것이지
   leave   지각동사   항상 동사원형만 오는 것은 아니다.
   사역동사
   지각동사   consider ~라고 여기다   keep ~상태로 유지하다
   ask 목적어 to 동·원   find 알게 되다   leave ~상태로 남겨놓다
       A

 I did not consider it _____ to report the incident.
(A) necessary   (B) necessarily

해석 나는 여기지 않았다./ 필요하다라고/ 그 사건을 보고하는 것이

해설 consider는 3형식과 5형식 동사로 사용될 수 있는데, 3형식일 때는 '고려하다'라고 해석이 되고, 5형식일 때는 '~라고 여기다'라고 해석된다. 여기서는 consider가 '~라고 여기다'라는 의미로 5형식동사로 쓰였고 바로 뒤에 가목적어 it이 왔고 빈칸은 목적보어자리이고, to report~는 진목적어이다. 그런데, 목적보어로 형용사는 올 수 있지만 부사는 올 수 없기 때문에 정답은 형용사인 necessary이다.

예제 It was not considered _____ to report the incident.
(A) necessary   (B) necessarily

해석 여겨지지 않았다./ 필요하다라고/ 보고하는 것이/ 그 사건을
해설 I did not consider it _____ to report the incident. 의 문장을 수동태로 바꾼 것인데, 그 사건을 보고하는 것이 필요하다라고 고려되어지지 않았다가 아니라 필요하다라고 생각되어지지 혹은 여겨지지 않았다라고 해석하는 것이 더 적절하므로 이 때 consider는 5형식 동사로 사용되었다. consider가 5형식 동사로 사용될 경우 consider + 목적어 + 목적보어(형용사 또는 명사)가 와야 하는데, 이 문장을 수동태로 바꾸면 be considered 뒤에는 형용사나 명사가 목적보어로 남게 되고 ~라고 혹은 ~하다라고 여겨지다로 해석된다. 따라서 정답은 necessary이다.

cf. We must consider their offer _____.
    (A) careful   (B) carefully

해석 우리는 고려해야한다./ 그들을 제안을/ 신중하게
해설 consider가 '~라고 여기다' 라고 해석되면 5형식으로 목적어 다음에 형용사가 목적보어로 나오지만 '~을 고려하다' 라고 해석되면 3형식으로 목적어 뒤에 부사가 온다. 이 문장에서는 '그들의 제안이 신중하다' 라고 여기다가 아니고, '그들의 제안을 신중하게(부사) 고려하다' 는 해석이 적절하다.
따라서 정답은 부사인 carefully이다.

예제 Their offer must be considered _____.
(A) careful   (B) carefully

해석 그들의 제안이 신중하다라고 여겨지다가 아니라 신중하게 고려되어야한다라고 해석되므로 consider는 3형식 동사이고 수동태가 되면 be considered 뒤에는 부사가 남는다. 따라서 정답은 부사인 carefully이다.

2. 조동사 + 동사원형

조동사(can, will, may, should, would, might…) 뒤에는 반드시 동사원형이 나와야한다.

예제 All participants should _____ to bring the following articles.
(A) remember   (B) remembrance   (articles = items)
(C) remembering   (D) remembers

해석 모든 참석자들은 기억해야한다./ 가지고 오는 것을/ 아래의 품목들을
해설 조동사 should뒤에 동사원형이 올 자리이다. 따라서 정답은 remember이다.

조동사 뒤에 not과 같은 부정부사나 일반부사가 나오고, 그 뒤에 동사원형이 나오는 경우도 있다.

예제 Employers should not automatically _____ complaints by valued customers.
(A) dismiss (B) dismissing
(C) dismissed (D) dismissal

해석 고용주들은/ 자동적으로 무시해서는 안 된다./ 불평들을/ 소중한 고객들에 의한
해설 조동사 should가 왔고 그 뒤에 부정부사 not과 부사인 automatically가 왔는데, 아직 should 뒤에 동사원형이 오지 않았다. 동사원형이 와야 하므로 dismiss가 정답이다.

예제 As well as fixing tears in pages and broken spines, Osborne & Suns can also _____ people's treasured books against future damage using a number of innovative techniques.
(A) had protected (B) protected
(C) protect (D) protecting

해석 찢어진 곳을 수선하는 것뿐만 아니라/ 페이지나 책의 뒤쪽부분의/ Osborn & Suns는 또한 보호할 수 있다./ 사람들이 소중히 여기는 책들을/ 미래의 손상에 대하여/ 이용하여/ 많은 혁신적인 기술들을
해설 조동사 can이 왔고 뒤에 부사인 also가 왔지만 아직 동사원형이 오지 않았다. 따라서, 동사원형을 찾으면 protect가 답이 된다.

예제 We will even _____ these items for free!
(A) to deliver (B) delivering
(C) delivery (D) deliver

해석 우리는 심지어 배달까지 해드립니다./ 이러한 품목들을/ 무료로
해설 조동사 will 뒤에 부사 even이 왔지만 아직 동사원형이 오지 않았으므로 빈 칸에는 동사원형이 와야 한다. 동사원형은 deliver이다.

예제 Some people say that America must _____ the drinking age.
(A) low (B) lowering
(C) lowed (D) lower

해석 일부 사람들은 말한다./ 미국은 낮추어야한다는 것을/ 음주가능 연령을
해설 must는 조동사이다. 조동사 뒤에 동사원형이 와야 하는데 동사원형은 lower이다. ~er로 끝이 났기 때문에 비교급이라고 생각할 수 있는데, 물론 형용사 low의 비교급이다. 그러나 lower는 타동사로 '~을 낮추다'의 의미로도 사용된다. low는 형용사나 부사로 쓰인다.

예제 Hakkonan used to _____ at Briston.

(A) working (B) worked (C) works (D) work

해석 Hakkonan은 일했었다./ Briston에서
해설 used to 뒤에는 동사원형이 와야 한다.

※ used to + 동사원형: ① (과거에 ~였다, ~했다)
　　　　　　　　　　② (과거에 ~이 있었다)
　　　　　　　　　　③ (과거에 ~하곤 했다)

다음과 같은 표현들 뒤에도 동사원형이 온다.

ought to + 동·원: ~해야 한다　　had better + 동·원: ~하는 게 좋다
would like to + 동·원: ~하고 싶다　have to + 동·원: ~해야 한다
be going to + 동·원: ~할 것이다　be able to + 동·원: ~할 수 있다

예제 If you _____ like to receive information on special offers at Olman's Stores, please complete the attached card.　　(2014년 5월 정기토익 기출 응용문제)

(A) were 　　　　　　　　　　(B) could
(C) would　　　　　　　　　　(D) had

해석 만약 당신이 받고 싶다면/ 정보를/ 특별한 제안에 대한/ Olman's Stores에서,/ 완성하세요./ 그 첨부된 카드를
해설 'would like to + 동·원' 은 '~하고 싶다' 라는 표현이다.

예제 He is able to ____ every evening after work.

(A) run 　　　　　　　　　　　(B) running
(C) ran　　　　　　　　　　　　(D) runs

해석 그는 달릴 수 있다./ 매일 저녁/ 퇴근 후에
해설 be able to + 동사원형으로 run이 와야 한다.

예제 By implementing the new return policy, we are able to better ____ our customers.

(A) serving　　　　　　　　　　(B) serve
(C) service　　　　　　　　　　(D) served

해석 시행함으로써/ 새로운 반품 정책을/ 우리는 할 수 있다./ 더 잘 서비스를/ 우리의 고객들에게
해설 'be able to + 동·원'에서 밑줄 그은 to + 동·원에서 to와 동·원 사이에는 부사가 올 수 있다. 위의 문제에서 빈 칸 앞의 better는 부사로 '더 잘'이란 의미로 쓰였다. 그 뒤에 동사원형이 와야 하므로 이 문제의 답은 동사원형인 serve가 된다. 해석은 '고객들에게 더 잘 서비스를 할 수 있다'가 된다. 그런데 이 문제를 'better service' 처럼 생각해서 better가 '더 좋은'이라는 형용사로 쓰였고, 그 뒤에 명사인 service가 답이라고 생각하는 오류를 범할 수 있는 문제이다. best가 되어도 serve이다. 이때, to best serve는 '가장 잘 서비스하기 위하여' 라는 의미가 된다. 형용사 good과 부사 well의 공통 비교급이 better이고 공통 최상급이 best이기 때문이다.

 Recent advances in medical equipment have made it possible for doctors to _____ diagnose certain diseases.
(A) easy   (B) easier
(C) easiest   (D) easily

해석 최근의 발전은/ 의학 장비의/ 가능케 했다./ 의사들이 쉽게 진단하는 것을/ 특정 질병들을
해설 'for + 의미상의 주어 + to + _____ + 동·원'에서 빈 칸은 부사가 답이다. to와 동·원 사이는 부사가 정답이다. 따라서 정답은 easily이다.

 Never did I _____ about changing my job.
(A) thought   (B) think

해석 결코 생각해 본적이 없다./ 바꾸는 것에 대해/ 나의 직업을
해설 부정을 나타내는 부사가 문장의 처음에 오게 되면 주어와 동사의 도치가 일어나게 된다. 위의 문장의 원문장은 I never thought about changing my job이다. 이 문장에서 부정부사인 never를 문장의 앞으로 보내면 I와 thought의 자리가 바뀌게 된다. 그런데, 이 때 그냥 위치만 바꾸는 것이 아니라 의문문과 같은 형식으로 도치가 일어나게 된다. 즉, thought가 일반 동사이므로 의문문을 만들 때와 같은, 'did(조동사) + I(주어) + think(동·원)'의 순서로 도치가 일어난다. 따라서 정답은 동사원형인 think이다.

다음과 같은 표현들 뒤에도 동사원형이 온다.

do not + 동·원   don't + 동·원
does not + 동·원   doesn't + 동·원
did not + 동·원   didn't + 동·원

3. 진행형(be+ing)/ 완료형(have+p.p.)/ 수동형(be+p.p.)

진행형(be + ing)	완료형(have + p.p.)	수동형(be + p.p.)
be am/are/is + ing was/were	have has + 과거분사(p.p.) had	be am/are/is was/were + p.p. being been

※ be동사와 have동사 다음에는 동사가 올 수 없다.

 The clever manager discerns unspoken employee complaints before they are _____.

(A) express (B) expression
(C) expressive (D) expressed

해석 그 영리한 매니저는/ 간파해낸다./ 아직 말로 표현되지 않는 직원 불평사항들을/ 그것들이 표현되기도 전에
해설 불평사항들이 표현되는 것이므로 수동태가 되어야 한다. 또, be동사 다음에 동사가 올 수 없으므로 (A)는 답이 될 수 없다. 그리고 be동사 뒤에 명사가 올 수 있지만 그렇게 되면 they(complaints) = expression이 되므로 적절치 않다. 또, expressive는 '~을 나타내는, 표현력 있는' 등의 뜻인데, 해석상 어울리지 않는다. 정답은 expressed이다.

 Real estate values have been _____ over the last two years in most parts of the city.

(A) rise (B) rose
(C) risen (D) rising

해석 부동산 가치가 올랐다./ 지난 2년 동안/ 그 도시 대부분에서
해설 have been 뒤에 동사가 올 수 없다. 따라서 동사인 (A)와 (B)는 답이 될 수 없다. 동사가 아닌 (C)와 (D)는 답이 될 수 있는데, rise가 자동사이므로 수동태가 될 수 없다. 따라서 have been rising이 답이 된다.

 I have _____ the new advertisement.

(A) see (B) seen
(C) seeing (D) saw

해석 나는 본적이 있다./ 그 새로운 광고를
해설 have + 과거분사(p.p.)가 와야 한다. 과거분사는 (B) seen이다.

예제 Our staff has repeatedly _____ interviews with Dr. Obamma, only to be told on each occasion that the doctor is unavailable.
(A) request (B) requested
(C) requesting (D) requests

해석 우리 직원들이 반복해서 요청했다./ 인터뷰를/ Dr. Obamma와의/ 그러나 결국 듣게 될 뿐이었다./ 매번/ 박사가 부재중이라는 것을
해설 has + 부사 + 과거분사 이므로 정답은 requested가 된다.
                    p.p.

예제 Our staff has _____ requested interviews with Dr. Obamma, only to be told on each occasion that the doctor is unavailable.
(A) repeating (B) repeat
(C) repetition (D) repeatedly

해석 우리 직원이/ 반복해서 요청했다./ 인터뷰를/ Dr. Obamma와의/ 그러나 결국 듣게 될 뿐이었다./ 매번/ 박사가 부재중이라는 것을
해설 has + 부사 + 과거분사이므로 정답은 repeatedly가 된다.

예제 The company has a _____ financial problem.
(A) critical (B) criticized
(C) critically (D) critic

해석 그 회사는 가지고 있다./ 심각한 재정상의 문제를
해설 앞에 has가 있지만 has + p.p.가 되려면 관사 a가 없어야 한다. 여기서는 심각한 재정상의 문제라고 해석되어 형용사인 critical이 답이다.

예제 We must be sure that only authorized people have _____ to airports.
(A) access (B) accessed

해석 우리는 확실히 해야만 한다./ 단지 공인된 사람들만이/ 접근 권한을 가진다는 것을/ 공항들에 대한
해설 have + p.p.가 와야 하지만 have는 가지다의 의미로 해석될 때는 3형식 타동사로 그 뒤에 명사를 목적어로 가진다.
여기서는 have + p.p.의 표현이아니라 ~에 대한 접근권한을 가지다라는 관용적인 표현으로 have access to가 있기 때문에 정답은 access가 된다. access는 동사일 때는 타동사인데 이때는 전치사 to 없이 목적어가 바로 나온다.
ex. in order to <u>access</u> the Asian market.: 아시아 시장에 접근하기 위하여

Immigrants have _____ to British culture in many ways.
(A) contributions (B) contributed

해석 이민자들은 공헌했다./ 영국의 문화에/ 많은 면에서
해설 have + p.p.가 올 수도 있고, have + 명사가 올 수도 있는데, 여기서는 contribute to라는 표현에서 현재완료시제로 have contributed to가 된 것이므로 답은 (B)가 된다.

 It is certain that he made _____ to Korean economic development.
(A) contributions (B) contributed

해석 확실하다./ 그가 공헌한 것은/ 한국 경제의 발전에
해설 동사가 have가 아니고 make인데, make contributions to + 명사/ ~ing라는 표현으로 ~에 공헌(기여)하다라는 의미이다. 따라서 정답은 (A) contributions가 된다. 만약 빈 칸 앞의 동사가 made가 아니라 had 였다면 contributed가 답이 된다.
cf. make reservations for ~ 로 예약하다   have reservations about ~에 대한 의구심을 갖다
    contributions to ~에 공헌하다   express   ~에 대한 의구심을 표현하다

Some companies make _____ to motivate and reward employees using a variable pay program.
(A) attempting   (B) attempted
(C) attempts   (D) attempt

해석 일부 회사들은/ 여러 가지 시도를 한다./ 직원들에게 동기를 부여하고 보상을 해주기 위한/ 가변적인 임금 프로그램을 사용해서
해설 빈칸은 동사 make의 목적어자리이며 문맥상 '~하려는 시도를 하다' 라는 내용이 되어야 한다. make가 타동사이므로 타동사의 목적어로 명사인 (C) attempts가 답이 된다. 가산명사인 attempt가 답이 되기 위해서는 앞에 an이 와야 한다.

4. 자동사와 타동사

자동사가 목적어를 갖기 위해서는 반드시 뒤에 전치사가 와야 하지만, 타동사는 전치사 없이 바로 목적어를 가져야한다.

자동사 + 전치사 + 목적어	타동사 + 목적어
speak to sb ~에게 말하다	mention sth ~을 언급하다
talk to sb ~에게 말하다	discuss sth ~을 토론하다 ※ discuss about the problem (X) 　　　　　　　　　discuss the problem (O)
talk about sth ~에 대해 말하다	instruct sb to 동·원 sb에게 ~하라고 지시하다
account for sth ① ~을 설명하다 ② (비율 등을) 차지하다 ③ (사람이나 사물 등의) 소재나 행방 등을 파악하다 : 이 경우 be accounted for로 보통 수동태 문장을 쓴다.	explain sth ~을 설명하다
reply to react to respond to ~에 응답하다	answer 답하다 answer to the question (X) 　　　　　　　answer the question (O)
agree with/to/on ~에 동의하다	approve 승인하다
object to ~에 반대하다	oppose 반대하다

 The tenants decided to take action as the landlord has been slow to _____ to their complaints.

　　(A) respond　　　　　　　　　　　　(B) encourage
　　(C) answer　　　　　　　　　　　　 (D) manage

해석 세입자들은 결정했다./ 조치를 취할 것을/ 왜냐하면 집주인이 지체했기 때문에/ 응답하는 것을/ 그들의 불평들에 대해

해설 문제는 어휘문제처럼 보이지만 사실은 자동사와 타동사에 대한 구분 문제이다. 선택지 가운데 respond 만 뒤에 전치사to가 필요한 자동사이다. (B)와 (C)는 타동사이므로 뒤에 to없이 바로 목적어가 나와야 한다. (D) manage도 뒤에 to가 올 수 있는데 이때는 to가 전치사가 아니라 to 부정사의 to이다. 그래서 manage to + 동·원의 형태로 '이럭저럭 ~해내다' 라고 해석한다.

※ speak가 무조건 자동사는 아니다. 약 70%이상의 동사들이 자동사 타동사 둘 다로 사용될 수 있는데, speak의 경우에도 '~에게(sb) 말하다' 라고 하면 전치사 to가 와야 하지만 speak English에서와 같이 특정 언어를 말하다의 의미일 때는 타동사로 사용되는 경우도 있다. 토익에서 묻는 자동사와 타동사는 거의 정해져있기 때문에 아래의 내용 정도를 숙지하고 그 동사가 자동사인지 타동사인지는 많은 연습문제의 풀이를 통해 경험적으로 알아가면 된다.

자동사 + 전치사의 중요표현

object to ~에 반대하다
adapt to = adjust to ~에 적응하다
※ adapt A to B A를 B에 적응시키다

adhere to ~을 준수하다, 고수하다
contribute to ~에 기여(공헌)하다
consent to ~에 동의하다

lead to ~결과로 이어지다, 초래하다 (= cause)
proceed to ~로 나아가다
aim at ~에 목표를 두다
stare at ~을 응시하다
consist of ~로 구성되다
dream of ~을 꿈꾸다
count/depend/rely/ on[upon] ~에 의존하다
collaborate on ~에 대해 협력하다
~에 대해 공동 작업을 하다
concentrate on/ focus on ~에 집중하다
~에 초점을 맞추다

assist with ~을 돕다
※ assist sb in/with ~ing   sb가 ~하는 것을 돕다
명사

contend with ~와 싸우다
comply with ~을 준수하다
interfere with ~을 방해하다
cooperate with ~와 협력하다

speak to ~에게 말하다
refer to ~을 참조하다 (=consult)
※ consult + sb: 상담하다   consult + sth: 참조하다
ex. consult his e-mail: 그의 e-mail을 참조하다

belong to ~에 속하다
subscribe to ~을 구독하다
apply to ~에 적용되다
※ apply A to B A를 B에 적용하다, 붙이다, 바르다
conform to ~에 따르다, 준수하다
proceed with ~을 계속해 나가다
look at ~을 보다

dispose of ~을 처분하다
think of ~을 생각하다
report on ~에 대해 보도하다
comment on ~에 대해 논평하다
collaborate with ~와 함께 공동 작업을 하다
insist on ~을 주장하다

cope with ~에 대처하다

put up with ~을 참다
deal with ~을 처리하다
experiment with ~을 실험하다
compete with ~와 경쟁하다, ~와 싸우다
cf. compete for ~을 위해 경쟁하다

All staff must _____ with the new policy on the management of electrical documents.

(2013년 3월 정기토익 기출 응용문제)

(A) fulfill (B) perform
(C) comply (D) observe

해석 모든 직원들은 준수하여야 한다./ 새로운 정책을/ 관리에 대한/ 전자 문서의

해설 ~을 준수하다는 표현은 comply with이다. (D) observe도 준수하다라는 의미로 사용되지만 observe는 타동사이므로 뒤에 전치사 with이 오지 않는다. 만약 전치사 with이 없었다면 정답은 (D) observe가 된다. (A) fulfill은 타동사로 약속이나 의무 등을 이행하다의 뜻이며, (B) perform은 공연하다, ~을 수행하다의 의미를 가진다.

look for ~을 찾다
ask for ~을 요청(요구) 하다
call for ~을 요청(요구) 하다
care for ~을 돌보다
wait for ~을 기다리다 (=await)
speak for ~을 대변하다(=represent)
break into ~에 침입하다
send in ~에 제출하다
fill in/out ~을 작성하다
engage in ~에 관여하다
enroll in ~에 등록하다
expand into ~로 확장하다
succeed in ~에 성공하다
refrain from ~을 삼가다
suffer from ~로 고생하다

compensate (sb) for sth (~에게) ~에 대해 보상하다
put in for = sign up for ~을 신청, 등록하다
make up for ~을 보상하다 = compensate (sb) for sth
check for ~을 확인하다
apply for ~에 지원하다

participate in ~에 참여하다
stop by ~에 잠깐 들르다
look into 조사하다
result in ~결과를 낳다   result in + 결과
result from ~로부터 생기다   result from + 원인
inquire about ~에 대해서 문의하다

benefit from ~로부터 이익을 얻다
differ from ~와 다르다

중요 3형식 타동사

discuss ~을 토론하다
await ~을 기다리다
disclose ~을 밝히다, 폭로하다
accompany ~을 동반하다
process ~을 처리하다
resemble ~와 닮다 (=look like)
interview ~를 면접을 보다
comprise ~을 구성하다
visit ~을 방문하다

attend ~에 참석하다
enhance ~을 높이다, 향상시키다
mention ~을 언급하다
reach ~에 이르다, 도착하다
attract ~을 끌어들이다
access ~에 접근하다
exceed 초과하다
marry ~와 결혼하다

adopt ~을 채택하다
reveal ~을 드러내다, 밝히다
join ~에 합류하다
approve ~을 승인하다
provide ~을 제공하다
assess ~을 평가하다
implement ~을 시행하다
address 일, 문제 등을 처리하다
다루다, 토론하다

Employees of Giant and Neel Incorporated must get special permission to _____ the company database since confidential information can be found there.
(A) go (B) access
(C) participate (D) come

해석 직원들은/ Giant and Neel Incorporated의/ 얻어야 한다./ 특별한 허가를/ 접속하기 위해/ 회사 데이터베이스에/ 기밀 정보가 있기 때문에/ 거기에는
해설 데이터베이스에 접속(접근)하다의 표현은 access이다. access는 타동사로 바로 뒤에 목적어가 온다. 그런데 access가 명사일 때는 have access to로 뒤에 to를 써 주어야 한다. go와 come은 뒤에 전치사 to가 와야 하고, participate는 전치사 in과 함께 써야 한다.

 Kakal Corporations can _____ important Asian markets by participating in the International Trade Fair in Tokyo. (2014년 5월 정기토익 기출 응용문제)
(A) access (B) aspire
(C) proceed (D) insist

해석 Kakal Corporations사는 접근할 수 있다./ 중요한 아시아 시장으로/ 참여함으로써/ 국제 무역 박람회에/ 도쿄에서의
해설 빈 칸 뒤에 바로 목적어가 왔으므로 타동사가 와야 할 자리이다. 명사를 바로 목적어로 가질 수 있는 타동사는 access뿐이다. aspire는 열망하다라는 의미로 뒤에 전치사 to가 따라 나와야 한다. proceed는 진행해 나가다 혹은 ~로 나아가다라는 의미로 뒤에 전치사 with 또는 to가 필요하다. insist는 고집하다, 주장하다는 뜻으로 보통 전치사 on이 오게 된다. 따라서 정답은 access이다.

 The supervisor was asked to _____ for the high absentee rate at work.
(A) account (B) explain

해석 그 감독관은/ 요청받았다./ 설명할 것을/ 높은 결근율에 대해/ 직장에서의
해설 뒤에 전치사 for가 나오므로 account for가 된다. 만약 for가 없다면 explain이 정답이다.

The woman raised her hands to _____ a question.
(A) reply (B) react
(C) respond (D) answer

해석 그 여자는 들었다./ 그녀의 손을/ 답하기 위해/ 질문에
해설 질문에 답하다는 answer a question이다. answer는 타동사로서 뒤에 전치사 없이 바로 목적어가 오지만, 유사한 의미를 갖는 rely, react, respond는 자동사이므로 반드시 전치사 to가 나오고 그 뒤에 명사가 와야 한다.

예제 Some people are unwilling to _____ the classes partly because of the cost involved.

(A) attend (B) participate
(C) register (D) go

해석 몇몇 사람들은/ 꺼려한다./ 참가하는 것을/ 그 수업에/ 부분적으로는 비용 때문에/ 관련된
해설 수업에 참가하다는 attend the classes로 attend는 타동사로서 뒤에 전치사가 필요 없지만, participate는 전치사 in과, register는 전치사 for와 그리고 go는 전치사 to와 함께 쓴다.

자동사처럼 보이지만 수동태가 가능한 동사 + 전치사의 표현

be accounted for (사람, 사물 등의 소재나 행방 등이) 파악되다, 확인되다.
be dealt with 다루어지다, 처리되어지다.
be agreed to ~에 동의되어지다.

예제 All passengers have now been _____ for after the car accident.

(A) accounted (B) recorded

해석 모든 승객들은 이제 소재가 파악된 상태이다./ 그 차량사고 이후
해설 모든 승객들이 기록이 되었다로 해석하여 recorded를 답으로 생각할 수 있지만, 이 경우 '사람이나 사물들의 소재가 파악되다' 라는 의미로 해석이 되므로 답은 accounted이다.

예제 Our records indicate that the warranty on the Nelson stereo you purchased will _____ on December 16. (2014년 5월 정기토익 기출 응용문제)

(A) expire (B) combine
(C) install (D) cover

해석 우리의 기록은 보여준다./ 보증기한은/ Nelson 스테레오에 대한/ 당신이 구매한/ 만료된다는 것을/ 12월 16일에
해설 '기한이 만료되다' 라는 표현은 expire를 쓴다. 그리고 이 문제는 해석이 잘 되지 않는다 하더라도 답을 찾아낼 수 있는데 combine, install, 그리고 cover는 모두 타동사로 능동일 경우 뒤에 반드시 목적어가 필요한 동사이다. 그런데 문제에서는 뒤에 목적어가 없다. 따라서 자동사인 expire가 답이 된다. 또한 expire는 자동사이므로 수동형인 be expired처럼은 사용되지 않는다.

감정동사(3형식 타동사)

능동일 때는 뒤에 보통 사람을 목적어로 가진다. 여기서 사람(sb)대신에 사람의 모임이나 기관, 단체, 등이 올 수도 있다. 그리고 이들 동사는 수동태가 되면 주어는 보통 사람 또는 사람의 모임이나 단체, 기관 등이 되고 be 동사 + p.p. 뒤에 목적어가 오지 않는다.

alarm ~를 놀라게 하다	convince ~를 확신케 하다	exhaust ~를 지치게 하다
reward ~에게 보상을 하다	amaze ~를 놀라게 하다	delight ~를 기쁘게 하다
fascinate ~를 매료시키다	satisfy ~를 만족시키다	amuse ~를 기쁘게 하다
depress ~를 절망케 하다	frighten ~를 놀라게 하다	shock ~를 놀라게 하다
annoy ~를 성가시게 하다	devastate ~에게 엄청난 충격을 주다	
excite ~를 흥분시키다	please ~를 기쁘게 하다	frustrate ~를 절망케 하다
strike ~인상(느낌)을 주다	astonish ~를 놀라게 하다	disappoint ~를 실망시키다
insult ~를 모욕감을 주다	surprise ~를 놀라게 하다	awe ~에게 경외심을 갖게 하다
dissatisfy ~에게 불만을 갖게 하다	interest ~를 관심을 갖게 하다	tire ~를 피곤하게 하다
bewilder ~를 당황케 하다	embarrass ~를 당황케 하다	irritate ~를 짜증나게 하다
trouble ~를 힘들게 하다	bore ~를 지루하게하다	entice ~을 유도(유인)하다
pain ~에게 고통을 주다	worry ~를 걱정케 하다	confuse ~를 혼동케 하다

9 주어와 동사의 수 일치

단문에서 동사는 주어와 그 수가 일치해야한다. 중문, 복문에서도 동사 V1은 S1과, V2는 S2와 그리고 V3는 S3와 그 수가 일치해야 하는데 이것을 가리켜 수 일치라고 한다. 동사는 그 주어와 수가 일치해야 한다.

주어 \ 동사	일반동사				be동사				do동사			
	현재	과거	현재완료	미래	현재	과거	현재완료	미래	현재	과거	현재완료	미래
The boy He She It Mr. Lee ABC Electronics	writes	wrote	has written	will write	is	was	has been	will be	does	did	has done	will do
The boys They We	write	wrote	have written	will write	are	were	have been	will be	do	did	have done	will do
I	write	wrote	have written	will write	am	was	have been	will be	do	did	have done	will do
You	write	wrote	have written	will write	are	were	have been	will be	do	did	have done	will do

1. 주어와 동사의 수일치

주어가 가산명사의 단수, 불가산 명사, 준동사구(To 부정사의 명사적 용법, 동명사), 명사절 일 때, 동사는 단수 동사가 온다.
주어가 가산명사의 복수, 일부 집합명사(단수처럼 보이지만 복수 취급되는 명사), A and B로 시작될 때, 동사는 복수 동사가 온다.
이때, 주어를 뒤에서 꾸며주는 수식어들이 올 수 있는데, 이 수식어에는 전치사구, 분사구, to 부정사구, 관계대명사절, 관계부사절이 있다. 그런데 이 수식어 내에 포함되어있는 명사는 절대 주어가 될 수 없다. 따라서 수식어에 포함된 명사를 주어와 혼동해서는 안 된다.

> The boy writes a letter.
> The boys write a letter.
> 주어가 3인칭 단수이고 시제가 현재시제일 때, 일반동사 뒤에는 -(e)s를 붙여야 한다.
> 주어가 1인칭, 2인칭, 3인칭 복수이고 시제가 현재시제일 때, 일반 동사는 동사원형을 그대로 쓴다.

Reading a difficult book makes children want to try reading more challenging one.
cf. Reading difficult books _____ children want to try reading more challenging one.
    (A) makes   (B) make

위의 예에서 동사는 5형식으로 쓰인 makes이고 me는 목적어, want는 목적보어로 동사원형(실제 동사는 아님)이 왔다. 실제 문장의 동사는 makes이다. 보통 동사 앞에 나오는 명사가 주어가 되지만, 이 경우 주어는 동명사인 Reading이다. '읽고 있는 책 한 권'이라고 생각하여 Reading이 book을 꾸며주고 있다고 생각할 수 있는데, 현재분사는 관사와 같은 한정사 앞에서 명사를 수식할 수가 없다. 예를 들면, 잠을 자고 있는 소년이라고 할 때, 'a sleeping boy'라고 해야지 'sleeping a boy'라고는 하지 않는다는 것이다.
동명사는 3인칭 단수 취급을 하여 동명사가 주어가 되면 단수 동사가 와야 한다.
Reading difficult books_____ 에서도 실제 주어는 동명사 Reading이고, books는 Reading의 목적어이므로 주어가 아니다. 따라서 단수동사가 와야 한다. makes가 답이 된다.

2. 주어와 동사 사이에는 주어를 뒤에서 앞으로 수식하는 전치사구나 분사구 또는 관계대명사절이나 관계부사절 등이 올 수 있는데, 이와 같은 수식어 속에 포함되어 있는 명사나 대명사는 동사의 수에는 영향을 주지 않는다.

예제 Each transaction in excess of $20,000 dollars _____ to be first authorized by the director of accounting.

(A) have   (B) has   (C) will   (D) are

해석 각 거래는/ 20,000달러를 초과하는/ 먼저 승인이 되어야 한다./ 회계부장에 의하여
해설 빈 칸은 동사 자리이다. in excess of $10,000 dollars는 전치사구로 형용사 역할을 하여 each transaction을 수식해 주고 있다. 실제 문장의 주어는 transaction으로 단수이다. 따라서 단수동사가 답이 되어야 한다. 선택지 가운데 답이 될 수 있는 것은 단수 동사인 (B) has와 주어가 단수이든 복수이든 영향을 받지 않는 (C) will인데, 조동사 will 뒤에는 동사원형이 와야 하는데 to be는 동사원형이 아니므로 답은 has가 된다.

예제 The study _____ a more efficient and less costly human resources management model.

(A) propose   (B) proposed
(C) proposing   (D) proposal

해석 그 연구는 제안 했다./ 더 효율적이고 덜 비용이 드는 인사 관리 모델을
해설 문장에서 동사가 없기 때문에 빈 칸이 동사가 들어갈 자리이다. 동사가 아닌 (C)와 (D)는 답에서 제외되고, (A)와 (B)가 답이 될 수 있는데, 주어가 3인칭 단수이므로 (A)가 답이 되기 위해서는 proposes가 되어야 한다. 답은 주어가 단수이든 복수이든 영향을 받지 않는 과거동사인 proposed가 된다.

예제 The participants of the competition _____ to present their portfolios to the panel of jurors and are given 20 minutes each for the presentation.

(A) requests (B) requesting
(C) to request (D) are requested

해석 참가자들은 그 경연대회의/ 요청 받는다./ 그들의 포트폴리오를 제출할 것을/ 배심원들 패널에게/ 그리고 받게 된다./ 각 20분간을/ 프레젠테이션을 위한
해설 빈 칸은 동사가 들어가야 할 자리이고, 주어는 participants로 복수이므로 복수 동사가 와야 한다. 두 조건을 모두 만족하는 것은 (D) are requested이다.

예제 _____ about an impending merger between Alpha Pharmaceuticals and Teresa Group are untrue. (2014년 4월 정기토익 기출 응용문제)

(A) Report (B) Reports
(C) Reporter (D) To report

해석 보도들은/ 임박한 합병에 대한/ Alpha Pharmaceuticals 와 Teresa Group 사이에서의/ 사실이 아니다.
해설 빈 칸이 주어가 와야 할 자리이고 동사는 are로 복수동사가 왔다. 복수 주어가 왔기 때문에 복수 동사가 온 것이다. 정답은 reports가 된다.

예제 We will open new plants in _____ that are close to Busan.

(A) locate (B) located
(C) locations (D) location

해석 우리는 열 것이다./ 새로운 공장들을/ 장소들에/ 부산에 가까운
해설 빈칸은 선행사가 와야 할 자리이고, 주격 관계대명사 뒤의 동사가 복수동사 are이므로 선행사도 복수명사인 (C)가 답이다.

The <u>number</u> of + **복수명사** + **단수동사** : number를 '숫자'라고 해석함.
     S   V

A <u>number of</u> + **복수명사** + **복수동사** : number를 '숫자'라고 해석하지 않음.
= a lot of   S   V
= many

ex. The number of students in the region _____ over 30,000.

(A) is
(B) are

해석 학생들의 숫자는/ 그 지역의/ 30,000이상이다.
해설 the number of + 복수명사 + 단수동사이므로 is가 답이다

A number of students _____ the meeting every year.
(A) attends   많은 학생들이 참여한다/ 그 회의를/ 매년
(B) attend

a number of + 복수명사 + 복수동사 이므로 attend가 답이다.

예제 The number of users who _____ technical support has increased since the company launched the latest model of its hybrid vehicle.

(A) require
(B) requires
(C) is required
(D) are required

해석 그 숫자/ 사용자들의/ 기술 지원을 필요로 하는/ 증가했다./ 그 회사가 출시한 이래로/ 최신 모델의 하이브리드 차량을

해설 The number of + 복수명사 + 단수동사라고 생각하여 단수동사인 (B)와 (C)가 답이라고 생각할 수 있는데, 여기서 주어인 the number의 동사는 빈칸이 아니다. The number의 동사는 has increased이고 빈 칸은 주격 관계대명사인 who의 동사 자리이다. 그런데 who가 선행사 users와 같기 때문에 동사는 복수 동사가 와야 하며, 뒤에 목적어에 해당되는 technical support가 명사로 왔으므로 능동이 되어야한다. 이 두 조건을 모두 만족하는 (A) require가 답이 된다.

예제 The number of users who require technical support _____ increased since the company launched the latest model of its hybrid vehicle.

(A) have
(B) having
(C) has
(D) having been

해석 그 숫자/ 사용자들의/ 기술 지원을 필요로 하는/ 증가했다./ 그 회사가 출시한 이래로/ 최신 모델의 하이브리드 차량을

해설 주절의 주어가 number이고 빈 칸은 동사가 들어갈 자리이다. number가 단수이므로 동사도 단수동사가 와야 한다.
단수동사는 (C) has가 답이 된다.

3. 주어로 쓰인 수량표현 및 부분/ 전체 표현과 수 일치

단수 취급되는 표현

one (+단수명사), each (+단수명사), every + 단수명사
the number of + 복수명사
somebody, someone, something   + 단수동사
anybody, anyone, anything
everybody, everyone, everything
nobody, no one, nothing

복수 취급되는 표현

many/several/few/both + (of the) + 복수명사

a number of + 복수명사   + 복수동사

a couple of/variety of + 복수명사

※ many, several, both 와 같은 단어 자체가 주어로 쓰여도 복수 취급된다.

 Many _____ that rates will be rising next month.

(A) predictions (B) predict
(C) predicts   (D) prediction

해석 많은 사람들은 예상 한다./ 요금이 오를 것을/ 다음달에
해설 이 문장은 Many가 S1이고 빈 칸은 V1, 그리고 명사절 접속사 that이 왔고 rates가 S2, will be가 V2이다. 그런데, 여기서 Many는 many people의 의미로 자체로 대명사로 사용되었다. 복수 취급되므로 복수 동사인 (B)가 답이 된다.

4. 부분이나 전체를 나타내는 표현이 주어로 쓰이면 of 뒤의 명사에 동사를 수 일치 시킨다.

                                    (단수 취급)
all, most, any, some, half, a lot(lots) ~ 중   불가산명사 + 단수동사
                        + of +
part, the rest, the bulk, percent, 분수   가산복수명사 + 복수동사

 Online music sales are increasing rapidly, and industry experts estimate that over 80 percent of all customers _____ to buy their music online.

(A) is expected   (B) expecting
(C) are expected (D) expectations

해석 온라인 음악 판매가 증가하고 있다./ 빠르게/ 그리고 산업 전문가들은 예상한다./ 80퍼센트 이상이/ 모든 고객들 중/ 예상 된다./ 구매할 것으로/ 그들의 음악을/ 온라인으로
해설 80 percent가 주어이고 빈 칸은 동사가 올 자리인데, of 뒤의 명사가 가산명사의 복수인 customers이므로 80 percent는 복수 취급되어 복수동사가 와야 한다. (B)와 (D)는 동사가 아니고, (A)와 (C)중 복수동사는 are expected가 된다.

5. 접속사로 연결된 주어와 수일치

1) 접속사 and로 연결된 주어는 복수 동사를 쓴다.

2) 접속사 or로 연결된 주어(A or B)는 B에 일치시킨다.

3) along with ~, together with ~, in addition to ~ 와 같은 표현은 동사의 수에 영향을 주지
   ~ 와 함께   ~ 와 함께   ~ 에 더하여
   않는 수식어이다.

 A variety of designs and accessories _____ to be used in the traditional costume.

(A) appear
(B) appears
(C) is appeared
(D) are appeared

해석 다양한 디자인과 장신구들이/ 사용된 것처럼 보인다./ 그 전통적인 의상에
해설 a variety of + 복수명사 + 복수동사로 보아도 좋고, A and B로 주어가 왔으므로 복수라고 보아도 좋다. (A)와 (D)중 appear은 2형식 동사이므로 수동으로 쓰지 못하기 때문에 답은 appear가 된다.

 The government of the country, along with cooperation of leading industrial companies, _____ every effort to create more jobs for highly skilled workers.

(A) is making
(B) are making
(C) making
(D) have been making

해석 그 나라의 정부는/ 협력과 함께/ 선도적인 산업계 회사들의/ 모든 노력을 하고 있다./ 더 많은 일자리를 만들어 내기 위하여/ 고도로 숙련된 인력들을 위한
해설 문장의 주어는 companies가 아니라 the government 이다. 단수주어이므로 단수 동사가 와야 한다. 따라서 단수동사는 (A) is making이 된다.

6. 선행사와 주격 관계대명사와 수 일치

주격 관계대명사의 선행사와 동사의 수 일치

주격 관계절의 동사는 선행사와 수가 일치한다. 왜냐하면, 주격 관계대명사는 선행사와 같은 명사나 대명사이기 때문이다.

```
단수선행사  +              + 단수동사
            주격 관계 대명사
              (who, which, that)
복수선행사  +              + 복수동사
```

 Salespeople who _____ their interactions with customers on a case-by-case basis are more effective than those who stick to the same approach with everyone.

(A) handle   (B) handles   (C) are handled   (D) handling

해석 영업사원들은/ 그들의 상호작용을 처리하는/ 고객들과의/ 사례별로/ 더욱 더 효과적이다./ 사람들보다도/ 고수하는/ 똑 같은 접근방식을/ 모든 사람들에게
해설 salespeople이 선행사이고, who가 주격 관계대명사인데 선행사가 복수명사이므로 복수동사가 와야 한다. 복수동사는 (A)와 (C)인데 빈 칸 뒤에 목적어가 있으므로 능동형인 (A) handle이 답이다. 해석상으로도 who가 and they (salespeople)이므로 영업사원들이 '처리하는 것' 이지 '처리되는 것' 이 아니므로 능동이 답이 된다.

 Stores in this building that _____ currently leased on a yearly basis will be subject to additional charges.

(A) is   (B) are

해석 상점들은/ 이 건물에 있는/ 현재 연 단위로 임대되어 있는/ 내야한다./ 추가적인 요금을
해설 관계대명사 바로 앞의 명사는 building이다. 그러나 관계대명사 앞의 명사가 반드시 선행사는 아니다. 관계대명사는 앞의 명사를 대신하면서 접속사 and의 역할도 하는 것인데, that 앞의 명사는 building 말고도 stores도 될 수 있다. 관계대명사는 선행사와 같은 것이므로, that을 building으로 보면, 빈 칸의 동사는 단수동사가 와야 하고 that을 stores로 보면 빈칸의 동사는 복수동사가 와야 한다. 그런데, 해석을 해보면 현재 월 단위로 임대가 되어있고 추가비용을 내야하는 것은 그 건물이 아니라 그 건물 안에 입주해 있는 상점들이므로 선행사는 stores로 보는 것이 옳다. 선행사가 stores이므로 관계대명사도 복수가 되고 뒤이어 나오는 동사도 복수 동사가 되어야하므로 are가 정답이 된다.

 Documents that _____ in the archive are being removed in an effort to computerize all records and data.

(A) were stored   (B) have stored   (C) was stored   (D) stores

해석 문서들은/ 저장되어 있는/ 그 자료실에/ 제거되어지고 있다/ 전산화하려는 노력으로/ 모든 기록들과 데이터를
해설 선행사는 Documents이고 주격 관계대명사 that이 왔으므로 빈칸은 동사가 와야 한다. 선행사가 복수명사이므로 that뒤에 복수동사가 와야 한다. 복수 동사는 (A)와 (B)인데, 뒤에 목적어가 없으므로 수동태인 (A)가 답이 된다. 그리고 해석상으로 보면, that이 documents이므로 문서가 보관하는 것이 아니고 보관되는 것이므로 수동형인 (A)가 답이 된다.

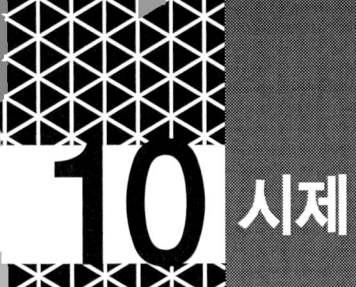

시제

동작이나 상태를 나타내는 동사는 각각 서로 다른 시점을 표현 할 때 여러 가지 형태를 가지게 되는데 이것을 동사의 시제라고 한다.
동사의 시제에는 단순, 진행, 완료 시제가 있으며, 그 시제에 따라 알맞은 형태를 써야한다.

1. 단순현재/ 단순과거/ 단순미래 시제

① 현재 시제는 현재의 반복되는 동작이나 행위 또는 일반적인 사실, 규정 등을 표현할 때 쓴다. 또는 시간표나 계획표 등, 정해진 일정을 언급할 때도 현재시제를 쓸 수 있다. 보통, usually나 currently와 같은 부사와 자주 함께 쓰이기도 한다.

> Our company usually sends goods by air freight.
> 우리 회사는/ 보통 보낸다./ 물품을/ 항공 화물로
>
> All of the trees planted in front of the office building grow well in the shaded area.
> 모든 나무들은/ 심어져 있는/ 사무실 건물 앞에/ 잘 자라는 것들이다./ 그늘진 곳에서

예제 Because of theater rules and regulations, any cameras and recording devices _____ not allowed on the premises.

(A) is (B) are (C) will be (D) have been

해석 극장 규칙과 규정 때문에/ 어떠한 카메라나 녹음장비들도/ 허용되지 않는다./ 구내에서
해설 규칙과 규정은 현재시제와 함께 쓰인다. 현재시제는 is와 are가 있는데 주어가 복수이므로 정답은 are가 된다.

예제 As you know, time sheets are _____ submitted after your last shift of the work. However, the procedure will differ in February because of scheduled updates to the payroll software. (2014년 5월 정기토익 기출 응용문제)

(A) considerably (B) ordinarily (C) especially (D) intensely

해석 여러분도 아시다시피/ 근무시간 기록표는 보통 제출 된다./ 당신의 마지막 교대근무 후에/ 그러나 이 절차는 다를 것이다/ 2월에는/ 예정된 업데이트 때문에/ 급여지급대장 소프트웨어에 대한

103

해설 선택지가 모두 다른 어휘문제이다. considerably는 수나 양등이 상당히, especially는 '특히, 특별히'의 뜻이고 intensely는 강렬하게, 격하게, 몹시의 뜻이다. 보통 마지막 교대근무 후에 제출되지만, 이번에는 다르다는 의미이므로 ordinarily가 답이다. 그런데 주목할 것은 문제의 시제가 현재시제라는 것인데, ordinarily는 다른시제와도 함께 쓰지만 현재시제와 자주 사용된다는 점이다. ordinarily 말고 usually도 답이 될 수 있다.

② 과거시제는 이미 끝난 과거의 동작이나 상태 또는 과거의 사실을 표현한다.
과거시제는 다음과 같은 명백한 과거 시점을 나타내는 표현들과 자주 함께 쓰인다.

  ago ~전에, last 지난, past 지난, the other day 며칠 전, yesterday 어제, at that time 그 당시

예제 Representatives from more than 40 nations _____ in Tokyo last week to discuss solutions to the current global warming.

(A) convening (B) convene
(C) convened (D) will convene

해설 대표들은/ 40개 이상의 국가들로부터 온/ 모였다./ 도쿄에/ 지난주에/ 해결책을 토론하기 위하여/ 최근의 지구 온난화에 대한
해설 last week라는 명백한 과거시점의 표현이 있으므로 정답은 과거시제인 convened가 된다.

예제 Cloudia Textiles _____ a large loss several years ago because of the merger of its two biggest competitors.

(A) suffering (B) suffers
(C) suffered (D) suffer

해설 Cloudial Textiles사는/ 겪었다./ 큰 손실을/ 몇 년 전에/ 합병 때문에/ 그 회사의 두개의 가장 큰 경쟁 업체들의
해설 several years ago는 명백한 과거의 시점을 나타내는 표현이므로 과거시제와 함께 사용되어야 한다. 정답은 suffered가 된다.

예제 Mr. Robinson, who ____ the Strength Institute, will be delivering a speech at our company meeting tonight.

(A) founding (B) foundation
(C) found (D) founded

해설 Mr. Robinson은/ 그런데 그는 Strength Institute를 설립한 사람인데, 연설을 할 것이다./ 우리 회사 회의에서/ 오늘 밤
해설 who가 관계 대명사 주격이므로 빈 칸은 동사가 와야 할 자리이다. 선택지 중 동사는 (C)와 (D)인데, 의미상

Strength Institute를 설립한 사람이므로 found-founded-founded에서 과거형인 founded가 답이 된다. (C) found는 현재형인데 선행사가 Mr. Robinson으로 단수이므로 (C)가 답이 되기 위해서는 founds가 되어야한다. 그리고 founds가 선택지에 있다고 하더라도 현재시제는 현재의 반복되는 습관이나 행위를 나타내는데, 반복적이거나 습관적으로 협회를 설립하는 것이 아니기 때문에 founds도 답이 될 수 없다. 과거에 설립한 사람이라는 의미이므로 과거시제가 답이 된다.

③ 미래시제는 아직 일어나지 않은 미래의 일이나 상황에 대한 추측 또는 의지를 표현하다.

미래시제와 자주 함께 나오는 표현
tomorrow 내일, **next year** 내년, **by the end of next month** 다음 달 말 까지
soon 곧, **two weeks from now** 지금부터 두 주 후에

The Taylor Firm will begin running a shuttle bus from the Lakeview train station to its office building tomorrow. 미래 시점을 나타내는 부사 tomorrow가 왔기 때문에 미래시제가 왔다.

※ 현재진행형(be동사 + ing)와 'be going to + 동사원형'의 형태도 예정된 일이나, 곧 일어나려고 하는 일을 표현하여 미래를 나타낼 수 있다.

예제 **Gigan Air _____ a small surcharge to their fares next week to help pay for the high cost of operations.**

(A) will apply   (B) applying
(C) applies   (D) had applied

해석 Gigan Air사는 적용할 것이다./ 약간의 추가요금을/ 그들의 요금에/ 다음 달/ 돕기 위하여/ 지불하는 것을/ 높은 운영비를
해설 문장에 미래 시제를 암시하는 next week가 있으므로 정답은 미래 시제인 will apply가 된다.

④ 시간이나 조건의 부사절에서는, 미래시제 대신 현재시제나 현재완료시제를 쓴다.

When you finish the training course, a certificate will be sent to your office.
당신이 마치면/ 그 교육 과정을/ 자격증이/ 보내질 것이다./ 당신의 사무실로

If the results of the beta test are satisfactory, the company will release the software program.
만약 그 베타 테스트의 결과가 만족스럽다면/ 그 회사는 출시 할 것이다./ 그 소프트웨어 프로그램을

예제 If board of directors _____ Ms. Baker to proofread the project proposal over the weekend, it will have to pay her for overtime.

(A) will ask (B) asks
(C) will have asked (D) would ask

해석 만약 이사회가 요청한다면/ Ms. Baker가 교정해줄 것을/ 그 프로젝트 제안서를/ 다음 주말에 걸쳐/ 이사회는 지불해야할 것이다./ 그녀에게 초과근무에 대해
해설 아직 요청하지 않은 미래의 일이지만, if가 조건의 부사절이므로 조건의 부사절에서는 미래대신 현재나 현재완료를 써야하므로 정답은 asks이다.

예제 If the documentation of use _____ , the examining attorney will issue the registration certificate for the logo.

(A) approves (B) is approved
(C) had been approved (D) is approving

해석 사용에 대한 서류가 승인되면/ 심사관은/ 발부할 것이다./ 그 로고에 대한 등록증명서를
해설 조건의 부사절이므로 현재시제가 와야 한다. 그리고 서류가 승인 되는 것이지 승인하는 것이 아니므로 수동형이 되어야 한다. 또, approve가 ~을 승인하다라는 의미로 3형식 타동사인데 빈 칸 뒤에 목적어가 없으므로 수동형이 답이다.
그래서 답은 is approved이다.

2. 현재진행/ 과거진행/ 미래진행시제

① 현재 진행 시제(am/ is/ are + ing)는 현재 시점에 진행되고 있는 일을 표현한다.
 She is living in China at the moment. at the moment 현재

② 과거 진행 시제(was/ were + ing)는 특정한 과거 시점에 진행되고 있던 일을 표현한다.
 I was watching a baseball game at 7 o'clock yesterday.

③ 미래 진행 시제(will be + -ing)는 특정한 미래 시점에 진행되고 있을 일을 표현한다.
 At this time next month I will be flying for London.

④ 진행시제로 쓸 수 없는 동사
 감정동사 surprise shock hate prefer want believe
 상태동사 include need be know exist

The majority of home designers believe that more people in Europe ____ in a rural area by the year 2040.

(A) had been lived (B) lived
(C) will be living (D) is living

해석 대다수의 주택 디자이너들은 믿는다./ 더 많은 사람들이/ 유럽에 사는/ 시골 지역에 살고 있을 것이라고/ 2040년까지
해설 아직 2040년은 오지 않은 미래이므로 will이 포함된 선택지를 고르면 되는데, 단순 미래가 아니라 미래진행형이 왔다.
정답은 will be living이다.

 Plans for the future ____ the provision of distance-learning, tele-medicine and research facilities.

(A) are including (B) include
(C) includes (D) has included

해석 계획들은/ 미래에 대한/ 포함한다./ 공급을/ 원격학습, 원격의료 그리고 연구시설들에 대한
해설 Plans가 복수명사이므로 복수동사가 와야 하는데, 복수동사는 (A)아니면 (B)이다. 그런데, include는 상태동사이므로 진행형으로 쓸 수 없다. 정답은 진행형이 아닌 (B) include가 답이다.

 KNG is ____ supporting thousands of companies worldwide to migrate to the latest technologies.

(A) extremely (B) presently
(C) enormously (D) definitively

해석 KNG는/ 지원하고 있다./ 현재/ 전 세계 수천 개의 기업들을/ 최신 기술로 이전할 수 있도록
해설 '기업들이 최신 기술로 이전할 수 있도록 지원하고 있다.' 는 문맥에 적합한 부사를 고른다. 시제가 현재진행형이다.
'현재, 지금' 이라는 의미의 부사가 정답이다. presently말고도 currently도 현재라는 의미로 현재진행형이나 현재시제와 자주 어울린다. (A)는 극도로, 극히 (C)는 막대하게, 거대하게라는 의미의 부사이고 (D)는 최종적으로, 확정적으로라는 의미의 부사다.

No one was more ____ than the CEO of the corporation to discover that a few of his most trusted partners had joined the rival company.

(A) shocking (B) shock
(C) shocked (D) being shocked

107

해설 어떤 사람도 더 충격을 받은 사람은 없었다./ 그 회사의 CEO보다/ 알게 된 후/ 그의 가장 신뢰하는 동업자들이 합류한 것을/ 그 경쟁사에

해설 이 문제는 shock를 진행형으로 쓸 수 없다는 사실보다 2형식으로 쓰인 be동사 뒤에 사람의 감정을 나타내는 분사를 고르는 문제로 보아야 한다. 이 때 보통 사물이 주어라면 현재분사이고 사람이 주어라면 과거분사가 답이 된다. 예를 들어 다음의 문장을 보자.

※ No <u>game</u> was more <u>shocking</u> than the one I watched yesterday.
　　　사물주어　　　　　　현재분사

　　The <u>people</u> were <u>shocked</u>
　　　　사람주어　　　과거분사

　　The one was shocked

　　No one was more <u>shocked</u> than the CEO of the corporation to discover that~

3. 완료시제(현재완료/ 과거완료/ 미래완료)

완료시제는 특정시점을 언급하는 것이 아니라 시간의 '기간성' 속에서 시제를 나타낸다.

① 현재완료시제(have/has + p.p.)는 과거에 시작된 일이 현재까지 계속되거나 방금 완료된 일, 과거의 경험, 그리고 과거에 발생한 일이 현재까지 영향을 미치는 것을 표현한다.

　　과거와 현재의 기간 사이에서의 시간 표현
　　He has served for 10 years at the hospital in the city.
　　I have already finished my report.
　　I have never visited England.
　　I have lost my wallet.

② 과거 완료 시제(had + p.p.)는 과거의 특정 시점 이전에 발생한 일을 표현한다.

　　과거 보다 더 먼 과거(대과거)와 과거 사이에서의 시간 표현
　　When she arrived at the station, the train had already departed.

③ 미래 완료 시제(will have + p.p.)는 미래 특정 시점 이전에 발생한 동작이 미래의 그 시점에 완료될 것임을 표현한다.

현재를 기준 시점으로 보통 과거와 미래의 기간 사이에서의 시간표현
Next June Elina will have worked in the department for over 7 years.

예제 Tony Brown, who _____ a lawyer for 15 years, will be leading a discussion at the conference next week.

(A) is
(B) was being
(C) has been
(D) to be

해석 Tony Brown은, 그런데 그는 변호사였는데/ 15년 동안/ 토론을 이끌 것이다./ 다음 주 회의에서

해설 주격 관계대명사 who 뒤에 빈칸이 있으므로 빈칸은 동사가 올 자리이다. 동사가 아닌 (D)는 답이 될 수 없고, 주어가 단수 이므로 단수 동사가 와야 하는데 나머지 선택지는 모두 단수 동사이다. 그런데 내용상 과거 15년 전부터 지금까지 계속해서 변호사였으므로 현재 완료시제가 적절하다. 답은 (C) has been이 된다.

예제 Mr. Saunders _____ out of the town until next Monday, but you can contact him by fax if there are matters of urgency.

(A) is being
(B) will be
(C) will have been
(D) has been

해석 Mr. Saunders는 이 도시에 없을 것이다./ 다음 월요일까지/ 그러나 당신은 연락할 수 있다/ 그에게/ 팩스로/ 만약 긴급한 문제가 있다면

해설 next Monday는 미래의 일이므로 will이 포함된 보기를 찾으면 (B)와 (C)인데, (B)는 단순미래이고 (C)는 미래완료이다. 단순미래는 단순히 미래 특정시점에 ~을 할 것이라는 내용이지만, 미래완료는 과거에 어떤 일을 시작해서 그 일을 지금도 하고 있고 미래 특정시점이 되면 그 일을 얼마 동안 완료하는 셈이 될 것이다라는 의미를 나타낸다.

단순미래: 미래시점표현 (will ~)

미래완료: 미래시점표현 + 기간표현(보통 for + 기간) 또는 기간 표현을 암시하는 내용이 옴. (will have p.p. ~)

그런데 이 문제는 단순히 다음 주 월요일까지 이 도시에 없을 것이라는 미래시점에서의 사실만을 언급하고 있기 때문에 미래완료가 아니라 단순미래시제인 (B) will be가 답이다. 참고로, until은 미래완료시제와 함께 쓰지 않는다.

예제 Next fall, Griffin _____ employed with this corporation for over two decades as a legal advisor to the president.

(A) has been
(B) is
(C) will be
(D) will have been

해석 내년이면/ Griffin은 고용이 되어있는 셈이 될 것이다./ 이 회사에/ 20년 이상 동안/ 법률 자문위원으로서/ 사장의

해설 미래시점을 나타내는 Next fall과 기간표현인 for over two decades가 함께 왔으므로 단순미래시제가 아니라 미래완료시제인 (D) will have been이 답이다.

The company was profitable again in its fourth quarter, and _____ 70% of its profits to charity in its third quarter.

(정기토익)

(A) is donated (B) was donated
(C) had donated (D) has been donated

해석 그 회사는 수익을 냈다./ 다시 한 번/ 4분기에/ 그리고/ 기부했었다./ 70%를/ 그 수익의/ 자선단체에/ 3분기에는

해설 and 뒤에는 앞의 주어와 같은 the company가 생략이 되어있다. 시제를 생각해 보면, 4분기에 수익을 낸 것이 과거의 사실이고, 3분기는 과거인 4분기 보다 먼저 일어난 일이기 때문에 과거보다 한 시제 앞선 과거완료를 답으로 찾아야한다. 과거완료 시제는 (C) had donated이다.

4. 특정시제와 함께 자주 쓰이는 표현

1) since

① 부사절 접속사

~이래로
<u>Since</u> S1 + <u>V1</u>~ , S2 + <u>V2</u>~
　　　　　　　　과거　　　　　현재완료: have + p.p.
　　　　　　　　　　　　　　　　　　has + p.p.

　　　　　　　　　　　　~이래로
S1 + <u>V1</u>~ , <u>since</u> S2 + <u>V2</u>~
현재완료: have + p.p.　　　　　　　　과거
　　　has + p.p.

cf. Since가 '~때문에'의 의미로 쓰일 때는 V1, V2는 어떤 시제가 와도 상관없음.

② 전치사

~이래로
Since + 과거시점명사~ , S + <u>V</u>~
　　　　　1992　　　　　　　　현재완료: have + p.p.
　　　　　2 p.m. yesterday　　　　　　　　has + p.p.
　　　　　8 a.m. this morning
　　　　　the advent of the Information Age   정보화시대의 도래
　　　　　its inception in 1975   1975년 그것의 처음 시작(설립)

S + <u>V</u>~   since + 과거시점명사~
현재완료: have + p.p.　~이래로　　1992
　　has + p.p.　　　　　　　　　 2p.m. yesterday
　　　　　　　　　　　　　　　　8 a.m. this morning
　　　　　　　　　　　　　　　　the advent of the Information Age
　　　　　　　　　　　　　　　　its inception in 1975

Stewart Farms, in operation _____ the mid-twentieth century, is Penshire County's largest dairy producer.
(2014년 4월 정기토익 기출 응용문제)

(A) since
(B) while
(C) along
(D) toward

해석 Steward Farms는/ 운영 중인/ 20세기 중반 이후로/ Penshire County의 가장 큰 낙농업체이다.

해설 빈 칸 뒤에 과거시점명사가 왔고, 그 시점이래로 계속 운영되어 와서 지금 현재 가장 큰 업체라는 의미에서 since가 정답이다. 그런데 since는 현재완료시제와 함께 쓰인다고 했는데, 반드시 그러한 것은 아니다라는 사실을 이 문제는 보여주고 있다. 틀에 박힌 기존의 족보식 기출문제와 그 패턴만을 외워서는 이제 목표점수를 달성하기 쉽지 않다. ETS는 앞으로도 계속 새로운 유형의 문제들을 많이 선보일 것이다. 정확한 어법과 이를 바탕으로 하는 정확한 해석이 필요한 문항의 수가 많아질 것으로 예상된다.

2) last/ past ~ vs. over the last/ past~

for
in

past
ex. I met him *last year*. 단순히 last 또는 past만 있으면 과거시제.
과거시제

~에 걸쳐서 past
I _____ at the company *over the last 5 years*.   over, for, in + the last~는 현재완료시제와 함께 쓰임.
(A) worked   *for* : ~ 동안   기간성을 가지므로 완료시제와 어울린다.
(B) have worked   *in* : ~ 만에

※ I _____ ~ over the next 5 years.   over the next~ 이므로 이 문제는 미래시제와 어울린다.
(A) have worked
(B) will work

3) ~ 부로, ~을 기하여, ~부터
　As of　　+　미래시점~　　S　+　V~
=starting　　　　　　　　　　　will~
beginning
effective

4) recently는 과거 또는 현재완료시제와 자주 함께 쓰인다.

예제 Due to the large number of new hires, our employee directory has _____ been updated. (2014년 4월 정기토익 기출 응용문제)

(A) recently (B) fairly
(C) openly   (D) normally

해석 많은 신규사원들의 숫자 때문에/ 우리 직원명부는 최근에 업데이트 되었다.
해설 (B) fairly는 꽤의 의미로 fairly new (꽤 새로운)와 같은 표현으로 쓰이고, (B) openly는 공개적으로란 뜻이며, (D) normally는 보통의 뜻인데, 현재완료 시제와 어울리는 것은 (A) recently이다.

5. 아래의 내용은 공식처럼 외운다

By the time S1 + V1~, S2 + V2~
~할 때 쯤   현재   미래완료
~할 때 까지   will have p.p.

By the time S1 + V1~, S2 + V2~
                  과거   과거완료
                                had p.p.

S1 + V1~, by the time S2 + V2~
미래완료   현재
will have p.p.

S1 + V1~, by the time S2 + V2~
과거완료   과거
had p.p.

예제 By the time the merger was announced, Telx Co. _____ operating under its new name, Telx - Complex, Inc. (2014년 4월 정기토익 기출 응용문제)

(A) begins   (B) will begin
(C) had begun (D) having begun

해석 그 합병이 발표되었을 때 쯤/ Telx Co.는 이미 운영중인 상태였다./ 새로운 이름 하에서/ Telx - Complex, Inc라는
해설 아래의 내용을 기억하고 시험에서 바로 답을 찾을 수 있도록 한다.
By the time S1 + V1~, S2 + V2~
~할 때 쯤   과거   과거완료
~할 때 까지   had p.p.
따라서 과거완료 had begun이 답이다.

11 능동태와 수동태

능동태는 주어가 '~하다'는 의미로 주어가 행위의 주체가 되며, 수동태는 주어가 '~되다, 당하다'라는 의미로 주어가 행위의 대상이 된다. 수동태의 기본 형태는 'be동사 + 과거분사(p.p.)'이다. 수동태는 목적어가 주어자리로 간 것이므로 목적어를 가질 수 있는 3형식 이상의 동사인, 즉 3형식, 4형식, 5형식 동사만 수동태가 될 수 있고 목적어를 가질 수 없는 1형식, 2형식 동사는 수동태가 될 수 없다.

ex. 능동태 I closed the door
    수동태 The door was closed (by me).

1. 3형식 수동태

    S + <u>V</u> + <u>O</u>
            3형식 타동사   명사
                              대명사
                              동명사
                              to 부정사 (~것): 명사적 용법
                              명사절 (명사절접속사 + S + V)

능동태 <u>He</u> <u>wrote</u> <u>the book</u> in English.
            s   v   o
                                      carefully.
                                to please his mother
                          (부사적 용법): 목적(~하기 위해서)
                                when he was young.
                                which is really popular among young people.

위의 예문에서 wrote가 3형식 타동사이고 s + v + o가 모두 나왔으므로 the book 뒤에 마침표를 찍어도 완전한 문장이다. 그런데 뒤에 따라 나오는 in English, carefully,⋯ 등은 모두 부사, 부사구, 부사절, 형용사절 등의 수식어들이다.
이런 수식어들은 위 문장을 수동태로 만들었을 때, 아래의 예문처럼 수동태 동사 'be동사 + p.p.' 뒤에 그대로 남게 된다.

수동태 <u>The book</u> <u>was written</u> (목적어 없음) in English (by him).
　　　　S　　　　V
　　be동사 + p.p.

carefully.

to please his mother.
(부사적 용법): 목적(~하기 위해서)

when he was young.

which is really popular among young people.

3형식 타동사는 능동태 문장에서 반드시 뒤에 목적어를 가진다. 이 때, 목적어가 될 수 있는 것은 명사, 대명사, 동명사, to 부정사, 명사절이다.
즉, 타동사 뒤에 이와 같은 목적어가 나오면 그 문장은 능동태이며 따라서 동사는 능동태 동사가 와야 한다.
반면에 3형식 타동사 뒤에 목적어가 없다면 그 문장은 목적어가 주어로 나간 수동태이며 동사도 수동태 동사가 와야 한다.

　　The building _____ renovation since 2012.

(A) has undergone　　　　　　(B) has been undergone
(C) undergoing　　　　　　　　(D) undergone

해석 그 건물은 2012년 이래로 보수공사를 겪어오고 있다.
해설 위의 해석에서 보이는 것처럼 건물이 보수공사를 겪어오고(받아오고) 있으므로 해석상 수동태라고 생각할 수 있지만 undergo가 3형식 타동사이고 빈칸 뒤에 renovation이라는 목적어가 있으므로 이 문장은 목적어가 주어로 나간 수동태가 아니다. 하나의 문장이 되기 위해서는 동사가 필요한데, (C) 와 (D)는 동사가 아니다. (A) 와 (B) 중 수동태인 것은 (B) has been undergone이다. 그런데, 뒤에 목적어가 살아있기 때문에 수동태는 답이 될 수 없다. 동사 뒤에 목적어가 남아 있다는 것은 능동태라는 것이다. 정답은 has undergone이 된다. 사물이 주어라고 해서 항상 수동태가 답이 되는 것은 아니다.

　　It has _____ that S + V~.

(A) thought　　　　　　　　　(B) been thought
(C) been thinking　　　　　　 (D) being thought

해설 빈 칸 뒤에 목적어로 명사절(that절)이 있기 때문에 목적어가 있다고 판단하여 능동태라고 생각할 수 있지만 사실 이 문장은 It(가주어) ~ that(진주어)의 문장으로 빈 칸 뒤의 that절은 목적어가 아니라 진주어이다. 즉 빈칸 뒤에 목적어가 없는 것이다. 따라서 수동태인 has been thought가 되어야 한다.

※ 관용적인 표현으로 기억하자.

It has been thought that s + v~　　It has been felt that s + v~
　~라고 생각되어져 오고 있다　　　　~라고 느껴져 오고 있다

 Expense accounts for technical support team have been cut _____.

(A) substantial
(B) substantially

해석 비용 계정은/ 기술 지원팀을 위한/ 삭감되었다./ 상당히
해설 cut이 '삭감하다'라는 의미로 3형식 타동사로 사용되었고, 수동태가 되어 현재완료 수동의 형태인 have been cut이 되었다. 일반적으로 수동태 be + p.p. 뒤에는 형용사가 아니라 부사가 남게 된다. 해석도 상당한 삭감된 것이 아니라 상당히 삭감되었다라고 해석된다.

※ 보통 be동사 + p.p. + 부사이지만, 예외적으로 5형식 동사의 수동태 뒤에 목적보어로 형용사가 오는 경우도 있다.

 Research _____ that over 87% of teachers are dissatisfied with their benefit packages.

(A) indicates　　　　　　(B) indicating
(C) is indicated　　　　　(D) indication

해석 연구는 암시 한다./ 선생님들 중 87%이상이/ 만족하지 못하고 있다고/ 그들의 복지혜택에
해설 빈 칸은 v1이 들어가야 할 자리이다. 동사가 아닌 (B)와 (D)는 답에서 제외 된다. indicate는 3형식 타동사로서 뒤에 명사나 명사절을 목적어로 가진다. 빈 칸 뒤에 명사절(that절)이 목적어로 오고 있으므로 정답은 능동인 indicates가 된다.

It is highly _____ that her proposal will be accepted by the board of directors.

(A) doubt　　　　　　(B) doubtful
(C) doubted　　　　　(D) doubtfully

해석 매우 의심스럽다./ 그녀의 제안서가 받아들여질 것이라는 것은/ 이사회에 의해(=받아들여지지 않을 것 같다는 의미)
해설 be동사 + 부사 + p.p.가 답으로 많이 나오지만 그렇지 않은 경우도 있다. be동사 + 부사 + 현재분사(~ing)나 be동사 + 부사 + 형용사가 나오는 경우도 있다. 이러한 것들은 표현을 기억해 두어야 한다.
It is highly doubtful that + s + v~의 표현은 ~이 매우 의심스럽다 즉 ~이지(하지) 않을 것 같다는 의미이다.

be동사 + 현재분사/ 과거분사/ 형용사 + that + s + v의 예들 (명사절 접속사 참조)

ex. It is apparent that s + v~
　　　　　명백한

예제 On Monday, train service between Duran and Felix _____ while the maintenance is concluded.
　　　　　　　　　　　　　　　　　　　　　　　　　suspend = 중단하다(stop), 매달다, 드리우다

(A) was suspended　　　　　　　　(B) is suspending
(C) will be suspended　　　　　　　(D) to suspend

해석 월요일/ 기차 서비스는/ Duran과 Felix를 연결하는/ 중단될 것이다./ 점검이 끝나는 동안
해설 주절의 동사가 필요한 자리이다. 동사가 아닌 (D)는 제외된다. 서비스가 자신이 중단하는 것이 아니라 중단되는 것이므로 수동태가 답이다. 선택지 중 수동태는 will be suspended이다. 완성되는 동안 중단될것이다 로 해석 되므로 과거시제인 was suspended 는 답이 될 수 없다.

예제 This document is strictly _____ and must not be reprinted or copied in whole or in part without the prior consent of the author.

(A) confided　　　　　　　　　　　(B) confiding
(C) confidential　　　　　　　　　　(D) confidentiality

해석 이 문서는 엄격히 기밀이다./ 그리고 재인쇄 되거나 복사되는 것은 금지되어있다/ 전부건 부분이건/ 사전의 승인 없이는/ 저자의
해설 엄격히 기밀이다' 라는 표현은 be strictly confidential이다.

예제 After this time, your manager will conduct a performance review with you, and a decision _____ as to whether to extend your contract.

(A) to make　　　　　　　　　　　(B) was made
(C) will make　　　　　　　　　　　(D) will be made

해석 이 시점 이후로/ 당신의 매니저가 수행할 것이다/ 업무성과 평가를/ 당신과 함께/ 그리고 결정이 내려질 것이다./ 연장할 것인지 아닌지에 대해/ 당신의 계약을
해설 빈 칸은 a decision의 동사 자리이다. (A)는 동사가 아니다. make a decision에서 a decision이 주어로 나간 수동태인데 미래에 결정이 내려질 것이므로 정답은 will be made가 된다.

예제 If you receive an additional error message following this second attempt, the recipient's account may _____.   (2014년 4월 정기토익 기출 응용문제)

(A) be deleting
(B) to be deleted
(C) have been deleted
(D) have been deleting

해석 만약 당신이 받는다면/ 추가적인 에러 메시지를/ 이 두 번째 시도 후에/ 그 수취인의 계정은 삭제되었을 수도 있다.
해설 계정이 삭제되는 것이지 계정이 삭제하는 것은 아니므로 수동태가 답이 되어 have been deleted가 정답이다. delete는 3형식 타동사인데 뒤에 목적어가 없으므로 수동태가 답이다.

예제 Entrants should send their submission to the City Planning Department by mail or e-mail by June 20. The entries _____ by a group of city planners.   (2014년 4월 정기토익 기출 응용문제)

(A) will be judged
(B) have been judging
(C) will have judged
(D) had been judging

해석 참가자들은 보내야 한다./ 그들의 제출물을 시 기획 부서로/ 우편이나 또는 이메일로/ 6월 20일 까지/ 그 출품작품들은 심사될 것이다./ 시 기획 위원팀에 의해
해설 출품작품들이 심사를 받는 것이므로 수동태이며 미래에 받을 것이기 때문에 (A)가 답이 된다.

예제 These _____ for 5, 6, and 7 December from 10 : 00 to 11 : 00 A.M. Please take a moment to register with help desk by e-mailing your preferred date to IT@todor-global.com.   (2014년 5월 정기토익 기출 응용문제)

(A) are scheduling
(B) were to scheduled
(C) have been scheduled
(D) schedule

해석 이 일들은 12월 5일과 6일 그리고 7일 오전 10시에서 11시까지 예정되어있다./ 잠시 시간을 내시오./ 등록하기 위해/ 안내 데스크에/ 이메일을 보냄으로써/ 당신의 선호하는 날짜를/ IT@todor-global.com로
해설 These가 대명사로 주어이다. 이 일들이 5, 6, 7일로 예정되어 있는 것이기 때문에 수동태인데, 수동태 는 보기의 선택지 가운데 하나 밖에 없다. 정답은 have been scheduled이다.

예제 Hamirez Theater productions are _____ largely through private donations.   (2014년 5월 정기토익 기출 응용문제)

(A) funding
B) funded
(C) fund
(D) funds

해석 Hamirez Theater의 작품들은 자금을 제공 받는다./ 대체로 개인 기부에 의해

해설 fund는 3형식 동사로 '~에 자금을 대다.' 라는 의미가 있다. 빈 칸 뒤에 목적어가 없고 해석상으로도 작품들이 자금을 제공하는 것이 아니라 '자금을 받는다.' 라고 해석하는 것이 더 자연스럽다. 정답은 funded 이다.

 Due to recent price increases, all purchases of nonessential lab equipment _____ until further notice

(A) have deferred
(B) are deferring
(C) will be deferred
(D) have been deferring

해석 최근의 가격 인상 때문에, 모든 구매 건들은/ 필수적이지 않은 연구실 장비들에 대한/ 연기될 것이다./ 추후 공지가 있을 때 까지

해설 콤마 뒤의 주어가 all purchases로 복수이므로 복수 동사가 와야 하는데 (A), (B), (D)는 복수 동사이고 (C)는 미래시제이므로 주어의 단·복수에 영향을 받지 않는다. 수 일치로 보았을 때는 모두 다 답이 가능하다. 그런데, 해석을 하면 모든 구매 건들이 추후 공지가 있을 때까지 <u>연기되는</u> 것이므로 <u>수동태</u>가 답이다. (C)만 유일하게 수동태이다.

2. 4형식 수동태

S + V + IO + <u>DO</u>
　　　　　　명사
　　　　　　대명사
　　　　　　명사절 (명사절접속사 + S + V)

(4형식)　sb　sth	(3형식)　sth　sb
능동태: He gave me a doll.	He gave a doll to me.
sent　간목　직목	sent　직목　간목
granted	granted
offered	offered

be동사 + p.p.	be동사 + p.p.　　　　　sb
수동태: I was given a doll (by him).	A doll was given (목적어 없음) to me by (him)
sb **was sent** 명사(DO:직접목적어)	sth　was sent
was granted	was granted
was offered	was offered

일반적으로 타동사가 수동태가 되면 뒤에 목적어(보통 명사나 대명사)가 남지 않는다. 왜냐하면 수동태는 능동태의 목적어(보통 명사나 대명사)가 주어가 되어 앞으로 나가게 되기 때문이다. 그러나 예외적으로 위의 예문에서와 같이 4형식 타동사의 간접목적어(sb)가 주어가 되어 앞으로 나가게 될 경우 뒤에 남아있던 직접목적어(sth)가 수동태 동사(be동사 + p.p.) 뒤에 남게 된다.

예제 Members will _____ a reply as soon as that information is received.

(A) be sent (B) send
(C) sending (D) be sending

해석 회원들은 받게 될 것이다./ 응답을/ 그 정보가 접수 되자마자
해설 회원들이 응답을 보내는 것이 아니라 받는 것이므로 수동태이다. sb(간목) + be sent + sth(직목)

예제 We are very disappointed not to have received any word from you in answer to our letter _____ in April.

(A) is sent (B) sent
(C) has sent (D) will be sent

해석 우리는 실망한 상태이다./ 받지 못하여/ 어떠한 말도/ 당신으로부터/ 답변으로/ 우리의 편지에 대한/ 보내어진/ 4월에
해설 전형적인 문장 분석의 문제이다. 빈 칸 앞으로 주어와 동사가 나왔고 접속사나 관계사가 없고, 생략된 것도 없으므로 이 문제의 빈 칸에는 동사가 들어가면 안 된다. 선택지 (A), (C) 그리고 (D)는 동사이므로 답이 될 수 없다. 답은 (B) sent인데 과거분사로 뒤에서 앞으로 letter를 수식하고 있다. 원래 문장은 our letter which was sent in April.에서 주격 관계대명사 which와 be동사인 was가 한꺼번에 생략되고 p.p인 sent만 남은 형태이다.

예제 Ray Morrison submitted a requisition form last week to make certain he _____ given a brochure for today's performance.

(A) has (B) have (C) is (D) are

해석 Ray Morrison은 제출했다./ 요청서를/ 지난주/ 확실히 하기 위하여/ 그가 받을 것을/ 소책자를/ 오늘의 공연을 위해
해설 그가 소책자를 주는 것이 아니라 받는 것이므로 is given이 되어야 한다. sb + be given + sth의 표현이다.

예제 Library patrons who fail to return an item by the due date _____ a late fee.

(A) charge (B) have charged
(C) will be charged (D) are charging

해석 도서관 이용객들은/ 그런데 그들이 반품하지 않은/ 대출 만기일까지/ 부과 받을 것이다./ 연체료를
해설 charge는 charge sb sth(요금)의 표현으로 4형식으로 쓰이는 동사이다. 이 문장을 수동태로 바꾸면 sb be charged + sth(요금)의 형태를 취하게 된다. who fail ~ the due date가 관계대명사 절로 중간에 들어가 있다. 수식어인 형용사절이므로 이 부분을 없다고 생각하면 Library patrons will be charged a late fee만 남게 된다. 정답은 will be charged이다.

예제 The employee _____ that he should leave for London next week.

(A) informed
(B) informing
(C) was informed
(D) has informed

해석 그 직원은 알림을 받았다./ 그가 떠나야만 한다는 것을/ 런던으로/ 다음주에
해설 빈 칸은 동사가 들어갈 자리이다. 동사가 아닌 (B)는 답이 될 수 없다. 동사는 (A), (C) 그리고 (D)인데 (A)와 (D)는 능동이고 (C)는 수동이다. inform은 능동태에서 바로 뒤에 반드시 사람을 목적어로 가지고 직접목적어로 명사절인 that절을 가질 수 있는 동사이므로 만약 (A)나 (D)가 답이 되려면 that앞에 반드시 사람이 먼저 와야 한다. that절 앞에 간접 목적어로 와야 할 사람이 없는 것은 그 사람 명사가 주어가 되어 앞으로 나간 수동태가 되었다는 것이다. 그래서 sb + be informed that + s + v~의 표현이 된 것이다. 정답은 was informed이다.

3. 5형식 수동태

① 목적보어로 명사나 형용사가 오는 경우의 수동태

능동태: She considers him a genius.: 목적보어로 명사나 형용사(또는 분사)가 올 때
(5형식동사 목적어(O) 목적보어(OC))
~라고 여기다
honest

수동태: He is considered a genius (by her).
(be동사 + p.p. OC(명사))
~라고 여겨지다
honest.
OC(형용사)

> 일반적으로 be 동사 + p.p. 뒤에는 명사나 대명사가 남지 않는다. 그러나 5형식동사의 수동태에서는 be 동사 + p.p. 뒤에 목적보어로 명사나 대명사가 남는 경우가 있다.

ex. CEO is _____ the employee for the position.

(A) considered
(B) considering

해석 CEO는 고려중이다./ 그 직원을/ 그 직책에
해설 consider는 3형식으로 사용될 경우 '고려하다' 라고 해석된다. CEO가 그 직원을 그 직책에 고려하고 있으므로 (B)가 답이다.

ex. The project has been considered _____.

(A) possible
(B) possibly

해석 그 프로젝트는/ 가능하다고/ 여기다.
해설 consider가 '~라고 여기다'로 해석되면 5형식 인데 이 때 수동태 be + p.p. 뒤에는 목적보어로 형용사가 남는다. 부사는 목적보어가 될 수 없다.

ex. The project has been considered _____.
                                       (A) careful
                                       (B) carefully

해석 그 프로젝트는 신중하게 고려되어왔다.
해설 consider가 '~을 고려하다.' 라고 해석되면 3형식인데 이 때 수동태 be + p.p. 뒤에는 부사가 남는다.

cf. CEO is considering _____ the employee for the position.
    (A) promoting   (B) promotion
    (C) to promote   (D) promoter

해석 CEO는 고려중이다./ 승진시키는 것을/ 그 직원을 그 직책에
해설 consider는 '고려하다' 라고 해석되면 3형식인데 뒤에 동명사를 목적어로 가질 수 있다.
consider + ing의 형태인데, 이것이 진행형이 되면 be considering ~ing의 모양이 된다.

예제
CEO is _____ promoting the employee for the position.
(A) considered   (B) considering
(C) considerately   (D) considerate

해설 be considering + ing에서 considering에 빈 칸을 준 것이다.

CEO is _____ whether he will go there or not.
(A) considering   (B) considered
(C) consideration   (D) considerable

해석 CEO는 고려중이다./ 그가 거기에 갈지 말지 하는 것을
해설 consider는 뒤에 명사절로 whether s + v~가 올 수 있다. consider whether s + v~가 현재 진행시제로 쓰여 be considering whether s + v의 형태가 된 것이다.

예제
Though somewhat new at making presentation, Mr. Park is _____ the most eloquent speaker of the team members.
(A) consider   (B) to consider
(C) considering   (D) considered

해석 비록 다소 신참이지만/ 프레젠테이션을 하는데 있어서/ Mr. Park은 여겨진다./ 가장 웅변력 있는 연설자라고/ 그 팀의 멤버들 중에서

해설 일반적으로 be + p.p. 뒤에는 명사나 대명사가 남지 않는데, consider가 '~라고 여기다.' 로 해석되면 be considered뒤에 목적보어로 명사가 남는 경우도 있다.

be considering + 명사/대명사: ~을 고려중이다.
   3형식   ☞ 해석을 통해 considering인지 considered인지 판단한다.

be considered + 명사/대명사: ~라고 여겨지다.
   5형식

② 목적보어로 to 부정사가 오는 경우의 수동태

능동태: She reminded him to submit a report to Mr. Lee.: (목적보어로 to 부정사가 올 때)
        S   V   O   OC(목적보어)

               be동사 + p.p.
수동태: He was reminded to submit a report to Mr. Lee (by her)
        S   V   OC(목적보어)

5형식 동사의 수동태 + 목적보어(to + 동사원형)의 예

be asked to + 동·원 ~할 것을 요청받다	be required to + 동·원 ~할 것을 요구받다
be allowed to + 동·원 ~할 것을 허락받다	be requested to + 동·원 ~할 것을 요청받다
be urged to + 동·원 ~할 것을 촉구받다	be permitted to + 동·원 ~할 것을 허락받다
be told to + 동·원 ~하라는 말을 듣다	be advised to + 동·원 ~할 것을 권고받다
be prepared to + 동·원 ~할 준비가 되어있다	be reminded to + 동·원 ~하라는 말을 듣다
be warned to + 동·원 ~할 것을 경고받다	be supposed to + 동·원 ~하기로 되어있다
be encouraged to + 동·원 ~할 것을 권고받다	be intended to + 동·원 ~하기 위해 의도되다
be scheduled to + 동·원 ~할 예정이다	be invited to + 동·원 ~할 것을 권고받다
be expected to + 동·원 ~하리라 기대되다	

The investigation squad _____ to make back-up files of all their work in order to prevent loss of valuable data.

(A) reminded   (B) was reminded
(C) will remind   (D) was reminding

해석 그 수사 팀은 다시 말을 들었다./ 백업 파일을 만들 것을/ 그들의 업무에 대한/ 막기 위해서/ 손실을/ 소중한 정보의

해설 remind는 보통 'remind sb to + 동·원'의 형태를 가지는데, 이것이 수동태가 되면 sb be reminded to + 동·원이 된다. 이 때 sb 자리에는 사람이외에도 부서, 팀, 조직, 단체 등이 올 수도 있다. remind 뒤에 바로 'to + 동·원'이 올 수 없다. 정답은 was reminded 이다.

As a member of our office you are invited _____ the annual charity auction.
(A) attending (B) to attend
(C) attends (D) attend

해석 한 회원으로서/ 우리 사무실의/ 당신은 권고 받는다./ 참가할 것을/ 그 연례 자선 경매에
해설 sb+ be invited to + 동·원이다. '~할 것을 권고 받다.' 라고 해석한다.

 The passenger was advised to _____ to the check-in counter to have a boarding pass issued.
(A) returned (B) returning
(C) returns (D) return

해석 승객들은 권고 받는다./ 돌아갈 것을 체크인 카운터로/ 탑승권이 발급되도록 하기 위해서
해설 sb + be advised to 동·원이다.

4. 3형식 수동태 동사 + 전치사의 숙어표현

be interested in ~에 관심이 있다
be equipped with ~이 장착되어 있다
be indulged in ~에 빠지다, 탐닉하다
be engaged in ~에 참여하다
be associated with ~와 연관되어있다
be dedicated to ~에 헌신하다
be related to ~과 관련되어 있다
be amused at ~에 즐거워하다
be worried about ~에 대해 걱정하다
be alarmed at ~에 놀라다
be delighted with ~에 기뻐하다
be bored with ~에 지겨워지다
be frightened at ~에 놀라다
be gratified with ~에 만족하다
be ashamed of ~에 부끄러워하다
be divided into ~로 나누어지다
be exposed to ~에 노출되다

be absorbed in ~에 열중하다
be involved in ~에 관여되다
be covered with ~로 덮여있다
be crowded with ~로 붐비다
be based on ~을 근거로 하다
be devoted to ~에 헌신하다
be skilled in ~에 능숙하다, 익숙하다
be surprised at ~에 놀라다
be pleased with ~에 기뻐하다
be concerned about/ over ~에 대해 걱정하다
be astonished at ~에 놀라다
be satisfied with ~에 만족하다
be tired of ~에 싫증나다
be shocked at ~에 놀라다
be disappointed at ~에 실망하다
be convinced of ~에 대해 확신하다

The accounting department is _____ to providing correct billing statement and resolving all customer complaints as soon as possible.
(A) dedicating (B) dedicated
(C) dedicate   (D) dedication

해석 그 회계부서는 헌신한다./ 제공하는 것과/ 정확한 청구 명세서를/ 그리고 해결사는 것에/ 모든 고객 불평을/ 가능한 한 빨리
해설 be dedicated to + ing/ 명사로 '~에 헌신하다'는 표현이다. 여기서 주의할 것은 마지막 to가 전치사이므로 to 뒤에는 동사원형이 오는 것이 아니라 동명사나 명사가 온다는 사실도 중요하다.

 The accounting department is dedicated to _____ correct billing statement and resolving all customer complaints as soon as possible.
(A) provision (B) provide
(C) provided   (D) providing

해석 그 회계부서는 헌신한다./ 제공하는 것과/ 정확한 청구 명세서를/ 그리고 해결하는 것에/ 모든 고객 불평을/ 가능한 한 빨리
해설 be dedicated to + ing이다. 물론 명사인 (A) provision이 올 수도 있지만 그렇게 되면 빈 칸 뒤의 correct billing statement를 목적어로 가질 수 없다. 전치사 to의 목적어이면서 correct billing statement를 자신의 목적어로 가질 수 있는 것은 동명사인 (D) providing이다.

5. 감정동사의 능동태와 수동태

① 사람의 감정을 나타내는 3형식 타동사: 능동형으로 쓰일 때는 사람을 목적어로 갖는다. 이때 사람은 기관, 단체, 조직, 팀 등도 해당된다. 또 이 동사들이 수동태가 되면 be + p.p. 뒤에 목적어가 남지 않는다.

interest ~를 흥미 있게 하다	excite ~를 흥분시키다	amuse ~를 즐겁게 하다
please ~를 기쁘게 하다	fascinate ~을 매료시키다	encourage ~를 격려하다
satisfy ~를 만족시키다	disappoint ~를 실망시키다	discourage ~를 용기를 꺾다
dissatisfy ~를 불만족 시키다	depress ~를 절망케 하다	tire ~를 지치게 하다
shock ~를 놀라게 하다	bewilder ~를 당황케 하다	frustrate ~를 좌절시키다
trouble ~를 괴롭히다, 애먹이다	surprise ~를 놀라게 하다	disturb ~을 방해하다
concern ~를 걱정케 하다	distract ~를 산만하게 하다	exhaust ~를 지치게 하다

② 사람의 감정을 나타내는 3형식 타동사는 주어가 감정의 원인이면 능동태를 그리고 감정을 느끼면 수동태를 쓴다.

ex. The game was exciting.
그 게임은 사람을 흥분시키고 있었다. 주어가 감정의 원인이다. 따라서 뒤에는 능동의 표현이 왔다. 그런데 능동형인 was exciting 뒤에 목적어가 없다. 이 문장은 원래 다음과 같았다.
The game was exciting (the people) 그 게임은 사람들을 흥분시키고 있었다.
여기서 보통 감정동사의 경우 the people은 생략하고 exciting을 마치 하나의 형용사처럼 쓰기 때문에 뒤에 목적어가 없는 것이다. 틀린 문장은 아니다. 그리고 사람의 감정동사에서, 보통 사물이 주어일 경우 능동태로 be동사 + ing이다.

ex. The people were excited.
그 사람들은 흥분되었다. 주어가 감정을 느끼므로 수동의 표현이 왔다. 3형식 타동사가 수동이 되었으므로 be 동사 + p.p. 뒤에 목적어가 없다. 그리고 사람의 감정동사에서, 보통 사람이 주어일 경우 수동태로 be동사 + p.p.이다.

예제 You _____ satisfied with our quality food and service from our experienced staff.

(A) complete
(B) completely
(C) will be completely
(D) had completed

해석 당신은 완벽히 만족되실 것입니다./ 우리의 질 좋은 음식과 서비스에/ 우리의 숙련된 직원들로부터의

해설 주어는 You이다. 빈 칸은 동사가 와야 할 자리이다. satisfy는 감정을 나타내는 3형식 타동사이다. satisfied가 과거형이라면, 능동의 형태이므로 뒤에 사람목적어가 와야 한다. 목적어가 없고 바로 전치사 with로 연결되는 것으로 보아 satisfied는 과거분사이며 빈 칸은 수동태가 되어야 한다. 수동태는 (C)번이다. 그리고 (C)가 빈 칸에 들어갈 경우 sb be satisfied with라는 전형적인 표현된다. 따라서 정답은 will be completely가 된다.

› PART 3

준동사

CHAPER 12	to부정사
CHAPER 13	동명사
CHAPER 14	분사

12 to부정사

준동사: 준동사는 동사는 아니지만, 동사적인 성격을 그대로 가지고 있어 자기 자신의 보어나 목적어를 가질 수 있고, 부사의 수식을 받는다. 그리고 준동사는 자신의 해석상의 주어인 '의미상의 주어'를 가질 수 있고, 준동사 내에서 능동과 수동, 그리고 단순시제와 완료시제가 나타나기도 한다. 이러한 준동사에는 to부정사, 동명사, 분사가 있다.

1. to부정사: to + 동사원형   SC: 주격보어 OC: 목적보어
(sc,oc)

1) **명사적 용법**: 문장의 주어(S), 목적어(O), 보어(C)로 쓰임. '~ 하는 것'으로 해석함.

① 문장의 주어(S)로 쓰이는 경우

To study English is important.   cf. To study English is important.
  S   o   = It is important to study English.
영어를 공부하는 것은/ 중요하다.   가주어   진주어

 It is necessary for all visitors _____ in before entering the research center.
(A) signed   (B) to sign
(C) signing   (D) sign

해석 필요하다./ 모든 방문객들이 서명하는 것이/ 그 연구 센터에 들어가기 전에
해설 It이 가주어로 왔고 for all visitors가 의미상의 주어로 왔는데 뒤에 진주어가 필요하다. 진주어가 될 수 있는 것은 to부정사의 명사적 용법인 to sign이 된다.

② 문장의 주격보어(SC)로 쓰이는 경우
      S
My hobby is to study English.   나의 취미는 영어를 공부하는 것이다.
  2형식 동사 SC   o   S(명사) = SC(명사적용법)
  또는 be동사

to study는 명사처럼 쓰였다. 하지만 study가 동사로부터 왔기 때문에, 타동사이므로 English를 자기자신의 목적어로 가졌다.

128 명품토익콘서트

```
                    S
My dream is to be a soccer player.        나의 꿈은 축구선수가 되는 것이다.
             SC      sc                   (명사) = SC(명사적용법)
```

to be는 명사처럼 쓰였다. 하지만 be가 동사로부터 왔기 때문에, 보어가 필요한 불완전자동사이므로 *a soccer player*를 보어로 가졌다.

to부정사를 주격보어(SC)로 취하는 2형식 동사: 2형식 동사 + to + 동·원(주격보어)
be to + 동·원 ~것이다/ ~할 예정이다/ ~해야 한다
seem to + 동·원 ~처럼 보이다   appear to + 동·원 ~처럼 보이다   remain to + 동·원 ~인 상태로 남아있다
come to + 동·원 ~하게 되다   get to + 동·원 ~하게 되다

 How consumers will react to the appliance's new advertisement remains _____ seen.

(A) to be   (B) being
(C) have been   (D) been

해석 어떻게 소비자들이 반응할지 하는 것은/ 그 가전제품의 새로운 광고에/ 두고 보아져야할 상태로 있다.
                                                            (두고 볼 일이다, 지켜 볼 일이다)

해설 'remain to + 동·원' 의 표현으로 remain to be seen은 '두고 볼 일이다' 혹은 '지켜볼 일이다' 정도로 해석한다.
will react가 v1, consumers가 s1으로 왔고, remains가 v2 그리고 'How s1 + v1 ~ advertisement' 가 명사절로서 s2로 온 문장구조를 취하고 있다. 정답은 to be 이다.
                                                            S2

 If the photocopier _____ to be malfunctioning, a technician should be contacted.

(A) presents   (B) appears
(C) shows   (D) views

해석 만약 그 복사기가 기능 고장인 것 같아 보인다면/ 기술자가 연락이 취해져야 한다.
해설 주어진 문제는 선택지가 모두 다른 단어들로 되어 있어서 어휘문제라고 생각될 수 있다. (A)가 '보여주다, 제시하다, 발표하다', (B)가 '~처럼 보이다', (C)가 '~을 보여주다', (D)가 '보다' 로 해석이 되어 모두 비슷한 의미를 가지고 있다. 그러나 이 문제는 사실 어휘 문제가 아니다. 빈 칸 뒤에 'to + 동사원형' 의 형태를 취할 수 있는 것은 보기 중 (B) appear 밖에 없다.

③ 문장의 목적보어(OC)로 쓰이는 경우

She advised him **to study** *English*.   그녀는 권고했다./ 그가 공부할 것을/ 영어를
5형식동사 O   OC   o   O와 OC는 해석상(의미상) S와 SC의 관계
            (sb) (목적어)

to부정사를 OC로 취하는 동사

5형식 동사 + 목적어 + to + 동·원
           O   OC

※ advise는 다음과 같은 표현으로도 쓴다.

advise sb + to + 동·원   sb가 to + 동·원 할 것을 권고하다
(5 형식)

advise sb + of + sth   sb에게 sth에 대해서 권고하다
(3 형식)

advise sb + that + s + v   sb에게 s + v 할 것을 권고하다
(4 형식)

to부정사를 목적보어(OC)로 가지는 5형식 동사: 5형식동사 + 목적어(A) + to + 동·원(목적보어)
                                                        O   OC

advise A to 동·원 A가 ~할 것을 충고하다	allow A to 동·원 A가 ~할 것을 허락하다
convince A to 동·원 A가 ~할 것을 확신하게 하다	persuade A to 동·원 A가 ~할 것을 설득하다
cause A to 동·원 A가 ~할 것을 야기하다	need A to 동·원 A가 ~하는 것을 필요하게 하다
encourage A to 동·원 A가 ~하는 것을 격려하다	force A to 동·원 A가 ~하는 것을 강요하다
compel A to 동·원 A가 ~하는 것을 강요하다	expect A to 동·원 A가 ~하는 것을 기대하다
instruct A to 동·원 A가 ~하는 것을 지시하다	order A to 동·원 A가 ~할 것을 명령하다
enable A to 동·원 A가 ~하는 것을 가능하게 하다	remind A to 동·원 A가 ~할 것을 상기시키다
require A to 동·원 A가 ~할 것을 요구하다	request A to 동·원 A가 ~할 것을 요청하다
ask A to 동·원 A가 ~할 것을 요청하다	urge A to 동·원 A가 ~할 것을 촉구하다
want A to 동·원 A가 ~하는 것을 원하다	warn A to 동·원 A가 ~할 것을 경고하다
instruct A to 동·원 A가 ~ 할 것을 지시하다	promote A to 동·원 A가 ~할 것을 촉구하다
permit A to 동·원 A가 ~ 하는 것을 허락하다	invite A to 동·원 A가 ~하는 것을 권유하다

With the prices of natural gas and other energy sources increasing, utility companies are now encouraging the residents in the area _____ energy.
(A) conserve (B) conserved
(C) to conserve (D) for conserving

해석 천연가스와 다른 에너지 자원의 가격이 인상되고 있는 가운데/ 공공기업체들은 지금 장려하고 있다./ 주민들이/ 그 지역에 있는/ 아껴 쓸 것을/ 에너지를

해설 'encourage A to 동·원'의 형태가 are now encouraging으로 현재 진행형으로 오고 있고 그 뒤에 목적보어로 to 동·원이 와야 하므로 to conserve가 답이 된다.

④ 문장의 목적어(O)로 쓰이는 경우

I want to study English hard.
    O   O   부사
to부정사를 O로 취하는 동사
3형식 동사 + to + 동·원
       O

to부정사를 목적어(O)로 가지는 3형식 동사: 3형식 동사 + to + 동·원(목적어)

plan to 동·원 ~할 것을 계획하다	decide to 동·원 ~할 것을 결정하다
determine to 동·원 ~할 것을 결정하다	want to 동·원 ~할 것을 원하다
hope to 동·원 ~할 것을 희망하다	expect to 동·원 ~할 것을 기대하다
afford to 동·원 ~을 할 여유가 있다	agree to 동·원 ~할 것을 동의하다
fail to 동·원 ~하는 것을 실패하다	demand to 동·원 ~할 것을 요구하다
hesitate to 동·원 ~하는 것을 망설이다	refuse to 동·원 ~할 것을 거절하다
ask to 동·원 ~할 것을 요청하다	pretend to 동·원 ~하는 척하다
prefer to 동·원 ~하는 것을 선호하다	promise to 동·원 ~할 것을 약속하다
offer to 동·원 ~할 것을 제안하다	manage to 동·원 이럭저럭 ~하다
deserve to 동·원 ~을 받을만하다	need to 동·원 ~하는 것을 필요로 하다
wish to 동·원 ~하는 것을 원하다	choose to 동·원 ~하는 것을 선택하다
aim to 동·원 ~하는 것을 목표로 하다	
desire to 동·원 ~하는 것을 바라다	

예제 Ms. Boil wishes to _____ her office hours in order to spend more time with her family.
(A) adjust (B) adjusting (C) adjustment (D) adjusted

해석 Ms. Boil은 원한다./ 조정하는 것을/ 그녀의 근무시간을/ 보내기 위하여/ 더 많은 시간을/ 그녀의 가족과 함께
해설 'wish to + 동·원' 으로 wish는 3형식 타동사로 to부정사를 목적어로 가진다. 정답은 adjust이다.

2) **형용사적 용법**: 명사나 대명사를 뒤에서 앞으로 수식함.
  '~할, ~하기 위한, ~할 수 있는, ~하려고 하는' 등으로 해석함

① 명사/ 대명사 + to 동·원
   The hospital reserves the right to restrict visitors.
                                              명사
   그 병원은 보유하고 있다/ 권한을/ 제한할 수 있는/ 방문자들을
   reserve the right : 권리나 권한 등을 보유하다, 가지다.

예제 It is time to _____ our new project.
(A) started (B) starting
(C) start (D) starts

해석 우리의 새로운 프로젝트를 시작할 시간이다.
해설 It is time to + 동·원: ~ 할 시간이다. to + 동·원이 뒤에서 앞으로 time을 수식하는 형용사적 용법이다. 따라서 정답은 start이다.

예제 Interest rates are falling _____ a governmental push to raise all mortgage rates for the homeowners in the country.
(A) in spite of (B) according
(C) even though (D) in celebration of

해석 이자율이 떨어지고 있다./ 정부의 압력에도 불구하고/ 인상하려고 하는/ 모든 주택 담보 대출 이자율을/ 주택 소유자들에 대한/ 그 나라의
해설 위의 문제에서 push는 동사가 아니라 명사이다. 왜냐하면, '관사(a) + 형용사(governmental) + 명사' 의 자리이기 때문이다. 그리고 뒤에 나오는 to raise는 명사인 push를 꾸며 '모든 주택 담보 대출 이자율을 인상하려고 하는' 정부의 압력 이라고 해석이 된다. 그 뒤의 all mortgage rates는 to raise에서 raise가 3형식 타동사이므로 목적어로 나온 것이다.

따라서, 빈 칸 뒤에는 주어 + 동사의 절이 아니라 구의 형태가 주어진 것이므로, 뒤에 주어 + 동사의 형태가 나와야하는 부사절 접속사인 even though는 답이 될 수 없다. 그리고 according은 뒤에 to가 함께 따라 나와서 according to + 명사의 형태로 '~에 의하면, 따르면' 의 뜻이 된다. to가 없으므로 답이 될 수 없다. in celebration of는 '~을 축하하여, 기념하여' 의 뜻을 가지는데 빈 칸에 들어가기에는 해석상 어색하다. 따라서 '~에도 불구하고' 의 뜻인 (A) in spite of가 답이 된다. even though도 '~임에도 불구하고' 의 의미를 가지지만 앞에서 말한바와 같이 뒤에 주어 + 동사의 절이 와야 하는데 그렇지 못하므로 답이 될 수 없다. 정답은 in spite of이다.

② to부정사를 취하는 명사: 명사/ 대명사 + to + 동·원
　　　　　　　　　　　　　　　　　　형용사적 용법

ability to + 동·원	~할 수 있는 능력	attempt to + 동·원	~하기 위한 시도
drive to + 동·원	~하려고 하는 추진력	right to + 동·원	~할 권리
decision to + 동·원	~하려고 하는 결정	authority to + 동·원	~할 권한
effort to + 동·원	~하기 위한 노력	plan to + 동·원	~할 계획
time to + 동·원	~할 시간	way to + 동·원	~할 방법
chance to + 동·원	~할 기회	opportunity to + 동·원	~할 기회
willingness to + 동·원	~할 의향		

3) 부사적 용법: 문장의 동사, 형용사, 부사를 수식함

① 목적: ~하기 위해서
　ex. I came here to study *English*.
　　　　　　　　　　　O
　=To study *English*, I came here.
　　　O
　　　　　　　　, 또는 명령문(동·원)

예제 To _____ their regular customers, San Jose Hotel offers a variety of activities.

(A) accommodated　　　　　　　(B) accommodation
(C) accommodates　　　　　　　(D) accommodate

해석 그들의 단골 고객들을 수용하기 위해/ San Jose 호텔은 제공한다./ 다양한 활동들을
해설 'To + 동사원형' 이 와서 '~하기 위해서' 라는 부사적 목적을 나타내야하므로 to 뒤에 동사원형이 오는 accommodate가 답이 된다. 문제가 다음과 같을 때도 답은 똑같다.
　ex. San Jose Hotel offers a variety of activities to _____ their regular customers.
부사적 목적이 문미에 올 때도 있다. 이 때, in order to accommodate나 so as to accommodate를 쓸 수도 있다.

② 감정의 원인: ~하게 되니
ex. I am pleased to meet you.
　　　　　과거분사　　　o
　　　　　(p.p.)

pleased는 be동사 am 뒤에 나와서 주어인 I의 상태를 설명해주는 주격보어(sc)의 역할을 하고 있다.
마치 I am smart에서 smart가 하는 역할을 하고 있는 셈이다. 나의 상태가 '기쁜' 상태라는 것인데, 이때 pleased는 형용사처럼 쓰였고 주어의 감정 상태를 나타낸다. 이 형용사처럼 쓰인 pleased(과거분사)를 to meet가 수식하고 있기 때문에 to meet는 형용사를 꾸며주는 부사처럼 쓰였다. 그리고 to meet 즉, 만난 사실이 감정 pleased의 원인이 되고 있으므로 이것을 to부정사의 부사적 용법 중 감정의 원인이라고 한다.

 When Mr. Lee started cooking, he was _____ to learn how amazing it was to make inexpensive, great-tasting meals.
(A) fascinate　　　　　　　　　(B) fascinating
(C) fascinated　　　　　　　　 (D) fascinates

해석 Mr. Lee가 요리를 시작했을 때/ 그는 매료되었다./ 알게 되니/ 얼마나 놀라운지를/ 값싸고 맛좋은 음식을 만드는 것이

해설 'be pleased to + 동·원' 처럼 'be fascinated to + 동·원' 도 하나의 표현으로 기억한다. '~하게 되니 매료되다.' 의 의미인데, 보통 주어는 사람 또는 사람의 모임이나 단체 또는 기관이 온다. please나 fascinate는 사람의 감정을 나타내는 3형식 타동사이고 해석은 각각 '~를 기쁘게 하다.' 혹은 '~를 매료시키다.' 로 한다. 그런데 사람이 주어로 오게 되면 사람이 어떤 것에 의해 매료되는 것이기 때문에 보통 수동 형태인 be pleased, be fascinated가 오고 그 뒤에 감정의 원인을 나타내는 'to + 동사원형' 이 부사적 용법으로 오든지 아니면 전치사 with가 따라 나와서 be pleased with sth 혹은 be fascinated with sth의 형태를 취하게 된다. 정답은 fascinated이다.

③ 결과: 결국 ~하고 말다, 결국 ~하게 되다.
　　　　　　 'only to + 동·원' 은 '결국 ~하게 되다.' 라는 관용적인 표현으로 쓰인다.
ex. I arrived there only to find that he had already left.
나는 그 곳에 도착했다./ 결국 알게 되었다./ 그가 이미 떠났다는 것을

2. to부정사의 의미상의 주어

to부정사의 의미상의 주어는 'for + 명사나 대명사의 목적격' 이다. 의미상의 주어라는 것은 문장의 실제 주어가 아니라 to부정사의 해석상의 주어를 말한다. 앞에서도 보았듯이 to부정사는 원래 동사적인 성격을 가지므로 그 자신이 타동사일 경우는 뒤에 목적어를 가졌고, 2형식 동사일 경우 자신의 보어를 가질 수 있었다.

다시 말해 to + 동사원형 뒤에는 동사가 나타낼 수 있는 모든 문법적, 어법적 특징이 동사와 똑같이 나타난다는 말이다. 같은 의미에서 to부정사가 자신의 목적어나 보어를 가질 수 있는 것처럼 그 자신의 의미상(해석상)의 주어도 가질 수 있는데, 이것을 to부정사의 의미상의 주어라고 한다.

ex. It is necessary for us to contact the client first.
　　 가주어　　　 의미상의 주어　진주어
　　　　　　　　(해석상의 주어)

해석 필요하다./ 우리가 연락하는 것이/ 그 고객에게/ 먼저
해설 기본적으로 가주어 It, 진주어 to + 동·원이 온 형태인데, 이 때 진주어인 to + 동·원 앞에 의미상의 주어로 for + 목적격이 왔다. 의미상의 주어가 명사인 경우는 명사를 그대로 써 주면 되고, 인칭대명사일 경우에는 인칭대명사의 목적격을 써 준다.

In order _____ your resume _____, it should be sent to us by express mail.

(A) of　　　　　　　　(A) to accept
(B) for　　　　　　　 (B) to be accepted

해석 당신의 이력서가/ 접수되도록 하기 위해서/ 그것은 보내져야 한다./ 우리에게 속달우편으로
해설 'in order + for + 의미상의 주어 + to + 동·원'의 형태이다. 의미상의 주어가 ~하기 위하여 인데, 당신의 이력서가 스스로 접수하는 것이 아니라 접수 되는 것이기 때문에 to부정사의 수동형인 to be accepted가 답이 된다.
to + 동·원의 동·원은 동사로부터 온 것이므로 능동과 수동이 있는데 능동은 to + 동·원이고 수동은 to + be + p.p.이다. 또, to accept에서 accept가 타동사이기 때문에 능동일 때는 목적어가 와야 하지만 수동의 형태인 to be + accepted가 되었기 때문에 뒤에 목적어가 오지 않았다. 앞의 빈 칸은 의미상의 주어 앞에 오는 전치사 for 이다.

Because of the missing financial documents, it is impossible for _____ to say what caused the company's current crisis.

(A) us　　　　　　　　　　　(B) our
(C) ourselves　　　　　　　 (D) ours

해석 분실된 재무 문서 때문에/ 불가능하다./ 우리가 말하는 것이/ 무엇이 그 회사의 현재의 위기를 초래했는지 하는 것을
해설 'for + 의미상의 주어'에서 의미상의 주어에 인칭 대명사가 올 경우는 목적격을 쓰게 된다. 목적격은 us이다.

예제 It is imperative for all staff members _____ protective clothing when using heavy machinery.

(A) wear (B) to wear (C) wearing (D) worn

해석 필수적이다./ 모든 직원들이/ 입는 것은/ 보호용 옷을/ 사용할 때/ 무거운 기계류를
해설 가주어 it으로 문장이 시작되고 있고 for all staff members가 의미상의 주어로 왔고, 빈 칸은 진주어가 와야 할 자리인데, 진주어는 to부정사이다. 답은 (B)가 된다. 이 때 의미상의 주어인 for all staff members에서 전치사 for를 찾는 문제도 출제가 되고 있으니 기억해 두기 바란다.

to부정사는 진목적어 자리에도 올 수 있다.

They considered <u>it</u> impossible *for us* <u>to finish</u> the project in time.

해석 그들은 여긴다./ 불가능하다고/ 우리가 끝마치는 것이/ 그 프로젝트를/ 제시간에
해설 it이 가목적어, impossible이 목적보어, for us가 의미상의 주어 그리고 to finish가 진목적어이다.

예제 Janet will make _____ a point to reward employees depending on their performance.

(A) it (B) itself (C) its (D) it's

해석 Janet은 만들 것이다./ 주안점이 되도록/ 보상을 해주는 것을/ 직원들에게/ 그들의 업무성과에 따라
해설 make가 5형식동사, 빈 칸이 가목적어, a point가 목적보어 그리고 뒤에 나오는 to reward가 진목적어로 쓰였는데, 이 때 가목적어는 목적격을 써야한다. it의 목적격은 it이다.

준동사(to부정사, 동명사, 분사)는 동사가 아니므로 동사 자리에 들어갈 수 없다.

'TO + 동·원' 즉, to부정사도 동사에서 온 것이므로 수동형(to be + p.p.)과 완료형(to have + p.p.)이 있다.

ex. Juvenile delinquents need to _____ to special school by the courts.

(A) send (B) be sent

해석 비행 청소년들은/ 필요가 있다./ 보내져야 할/ 특별한 학교로/ 법원에 의해
해설 청소년들이 보내는 것이 아니라 보내져야 하기 때문에 to부정사의 수동형인 to be sent가 와야 한다. to부정사는 동사로부터 온 준동사이므로 to + 동·원의 형태가 능동일 때도 있고 수동일 때도 있다. 해석을 해서 가려낼 수도 있고 동사원형이 타동사일 경우 to + 동·원 뒤에 목적어의 여부에 따라 목적어가 있으면 일반적으로 능동형, 목적어가 없으면 to be p.p.가 된다. 물론, 예외적으로 4형식과 5형식에서는 be + p.p. 뒤에 명사나 대명사가 남는 경우도 있다. 그리고 이 문제는 맨 끝에 by the courts에서 by + 목적격이 나왔으므로 수동태라는 힌트를 주고 있다.

be + 형용사 + to부정사의 관용표현

be willing to
기꺼이 ~할 의향이 있다

be reluctant to
~할 것을 주저하다

be likely to
~할 것 같다

be unable to
~할 수 없다

be delighted to
~하게 되니 기쁘다

be sure to
꼭(반드시) ~하다

be eager to
~할 것을 열망하다

be liable to
~해야 할 책임이 있다

be necessary to
~할 필요가 있다

be ready to
~할 준비가 되어있다

be certain to
확실히 ~하다

be anxious to
~할 것을 열망하다

be able to
~할 수 있다

be pleased to
~하게 되니 기쁘다

예제 Given the recent trends in stock market, the market is _____ to rise by about 5 percent in the next couple of quarters.

(A) like
(B) alike
(C) likely
(D) likelihood

해석 고려하면/ 최근의 추세를/ 주식 시장에서의/ 시장은 오를 것 같다./ 약 5%까지/ 다음 몇 분기 내에

해설 be likely to + 동·원: '~일 것 같다, ~할 것 같다' 라는 의미의 관용 표현이다. (A) like는 ~와 같은, ~처럼의 전치사이고, alike는 A and B are alike에서와 같이 형용사로 be동사 뒤에 주격보어로 쓰일 수 있고, 그리고 A and B alike처럼 'A와 B 둘 다'의 의미를 가진 부사로 쓰일 수 있다. 정답은 likely이다.

※ alike는 형용사로 쓰일 때, be동사나 2형식 동사 뒤에서 주격보어로는 쓸 수 있지만 alike가 명사 앞에서 그 명사를 수식할 수는 없다.

예제 Given the recent trends in stock market, the market is likely _____ by about 5 percent in the next couple of quarters.

(A) rising
(B) rise
(C) rose
(D) to rise

해석 고려하면/ 최근의 경향을/ 주식 시장에서의/ 시장은 오를 것 같이 보인다./ 약 15퍼센트까지/ 다음 몇 분기 이내에

해설 be likely + to 동·원의 표현에서 to 동·원에 빈 칸을 줄 수도 있다. 정답은 to rise이다.

Although we have _____ not to offer you a position at this time, we will keep your resume on file for future openings.
(A) decided   (B) deciding   (C) decision   (D) decidedly

해석 우리가 결정했음에도 불구하고/ 제공하지 않을 것을/ 당신에게/ 직책을/ 이번에는/ 우리는 보관할 것이다./ 당신의 이력서를/ 파일에/ 미래의 공석에 대비하여
해설 have decided의 have p.p.가 왔고 그 뒤에 to부정사의 부정인 not to offer가 왔다. 따라서 정답은 decided이다.
to부정사의 부정은 to 동·원 앞에 not을 써서 not to 동사원형으로 나타낸다.

3. 사역동사

~ 하게 시키다
~ 하게 하다   O   OC   : O와 OC는 의미상(해석상) S와 SC의 관계
S + 사역동사 + 목적어 + 목적보어
  5형식

make   sb   동·원: 목적어(sb) 목·보   : ex. I had the mechanic repair my car.
                                 의미상(해석상) 능동의 관계일 때

let   sth   과거분사(p.p.): 목적어(sth) 목·보 : ex. I had my car repaired.
                                 의미상(해석상) 수동의 관계일 때

have   to 동·원(X)

※ 이 때, 동사원형은 to + 동·원에서 to를 생략한 것이므로 문장의 동사 역할을 하지는 않는다.

 Please let me go out and I will make you _____.
(A) beautiful   (B) beautifully

해석 내가 나갈 수 있게 해 달라./ 그러면 내가 만들어 줄게/ 네가 아름다워지도록
해설 let이 사역동사이고 목적어로 me가 왔고, 목적보어로 동사원형 go가 왔다. 마찬가지로 make도 사역동사이므로 뒤에 목적어로 you가 왔는데, 빈 칸은 동사원형이나 과거분사가 아니라 형용사나 부사 중에 답을 고르라고 되어 있다. 그런데 make는 동사원형이나 과거분사 말고도 형용사나 명사 또는 분사 등이 목적보어로 올 수 있는 동사이다. 그런데 목적보어가 될 수 있는 것은 형용사이지 부사는 아니므로 정답은 beautiful이 된다.

I made them _____.
(A) happier   (B) happily

해설 made가 5형식 동사로 왔고 목적어 them 뒤에 목적보어가 올 자리인데, 형용사를 찾으니 형용사가 없다. 그런데 형용사의 비교급인 happier도 형용사이므로 정답이 될 수 있다.

The HR director will have his secretary _____ the minutes of the meeting and prepare a presentation for management.

(A) transcribe (B) to be transcribed
(C) be transcribing (D) transcribed

해석 인사부장은 시킬 것이다./ 그의 비서가 필기하도록/ 그 회의록을/ 그리고 준비하도록/ 프레젠테이션을/ 경영진을 위한

해설 have가 사역동사로 왔고 목적어로 his secretary 그의 비서가 왔는데, 다음은 목적보어가 와야 할 자리이다. 목적보어는 동사원형이나 과거분사인데, 그의 비서가 능동적으로 필기하는 것이므로 정답은 동사원형인 (A) transcribe가 된다. 또, 목적어로 사람(sb)이 왔으므로 목적보어로는 동사원형이 왔다고 생각할 수 있다.

cf. The HR director will have the minutes of the meeting _____ next week.

(A) transcribe (B) to be transcribed
(C) be transcribing (D) transcribed

해석 인사부장은 시킬 것이다./ 그 회의 회의록이/ 필기 되도록/ 다음 주에

해설 사역동사 뒤에 목적어로 회의록이 왔다. 회의록은 필기하는 것이 아니라 필기 되는 것이므로 (D) transcribed가 답이 된다. 목적어가 사물이므로 목적보어로 과거분사가 왔다고 생각할 수도 있다.

We have the production laborers _____ schedules often to prevent laziness from too repetitive work.

(A) change (B) to be changed
(C) be changing (D) changed

해석 우리는 하게 한다./ 생산직 노동자들이/ 바꾸도록/ 일정을/ 종종/ 예방하기 위하여/ 게으름을/ 너무 반복되는 일로부터 오는

해설 have가 사역동사로 왔고 the production laborers가 목적어인데 사람이다. 목적보어는 동사원형이 와야 한다. 답은 (A) change가 된다. 해석으로 보면 생산직 노동자들이 일정을 능동적으로 바꾸는 것이지 생산직 노동자들이 일정을 바뀌어지는 것이 아니므로 change가 되어야 한다. 또한, 빈 칸 뒤에 목적어로 schedules가 살아있으므로 능동의 표현인 동사원형이 와야 한다.

In order to have any broken components _____ without charge, the registration form must be mailed to the company within three months of product purchase.

(A) replace (B) replacing
(C) to replace (D) replaced

139

해설 하게 하기 위해서/ 어떠한 고장 난 부품이라도/ 그것이 교체되도록/ 무료로/ 등록 양식지가 우송되어야 한다./ 그 회사로/ 석 달 이내로/ 제품 구매의

해설 In order to have에서 have가 동사는 아니지만 동사의 성격을 가지는 준동사이므로 사역동사와 같은 문법적 성격을 가지게 된다. any broken parts가 사물이므로 빈 칸은 과거분사 replaced가 된다. 해석상으로 보아도 고장 난 부품들이 교체하는 것이 아니라 교체 되는 것이므로 정답은 과거분사이다.

예제 When attention is paid to building, retaining, and developing staff, employees can make the organization _____.
(A) stronger (B) strongly
(C) strength (D) strengthens

해설 관심이 보여 질 때/ 직원을 모집하고, 유지하고, 개발시키는 것에/ 직원들은 만들 수 있다./ 그 조직이/ 더 강하도록

해설 make는 5형식으로 쓰일 때, 목적보어로 동사원형이나 과거분사뿐만 아니라 형용사나 형용사의 비교급이 올 수 있다. 부사는 목적보어가 될 수 없다. 따라서 형용사의 비교급인 stronger가 답이다.

예제 Mr. Resenberg had his assistant _____ out copies of the agenda to each of the members of the Board of Directors.
(A) is mailing (B) mail (C) mailed (D) to mail

해설 Mr. Resenberg는 시켰다./ 그의 비서가/ 우편으로 보낼 것을/ 사본들을/ 그 의제의/ 각자에게/ 그 회원들의/ 이사회의

해설 had가 사역동사이고 목적어로 his assistant 사람이 왔으므로 목적보어로는 동사원형인 (B) mail이 와야 한다. 해석상으로도 비서가 우편으로 발송하는 것이지 발송 받는 것이 아니므로 동사원형이 답이다.

예제 The building owner has a policy of letting tenants _____ to unoccupied apartments if they are not satisfied with their present unit.
(A) moving (B) move (C) moved (D) moves

해설 그 건물주인은 가지고 있다./ 정책을/ 하게하는/ 세입자들이 이주하도록/ 비어있는 아파트로/ 만약 그들이/ 만족하지 못한다면/ 그들의 현재의 아파트에

해설 letting이 동명사로 왔지만 사역동사에서 온 것이므로 tenants가 사람 목적어로 왔기 때문에 목적보어로 동사원형인 (B) move가 와야 한다. 해석상으로도 세입자들이 이주하는 것이지 이주되는 것이 아니므로 동사원형이 답이다.

※ 사역동사가 나오는 문장에서 목적어가 사물인데도 목적보어가 동사원형이 되는 예외적인 경우도 있다. 이런 경우는 해석을 명확하게 해서 답을 찾아내야 한다.

4. 준사역동사 help

S + help + 동·원 (O)
　　　　to + 동·원 (O)

S + help + 목적어 + 동·원 (O)
　　　　　　　　　to + 동·원 (O)

 The training sessions offered by the organization can help _____ your work options in the future.
(A) broad　　(B) broaden　　(C) broader　　(D) broadly

해석 교육들은/ 제공되는 / 그 조직에 의해/ 도와줄 수 있다./ 넓히는 것을 당신의 직업선택권을/ 미래에
해설 help 뒤에는 동사원형 또는 to + 동사원형 모두 가능한데, to + 동사원형이 없으므로 그냥 동사원형을 찾으면 된다. 선택지 가운데 broaden을 보통 -en으로 끝나는 품사가 과거분사가 많기 때문에 답이 아니라고 생각하면 안 된다. 예외적으로 -en으로 끝나거나 시작되는 동사들이 있다. broaden은 동사이다. (A)는 형용사이다. (C)는 비교급 (D)는 부사이다. 따라서 정답은 broaden이다.

cf. For further help _____ the printer, please consult the instructions on our Web site or e-mail us with your specific question.
(A) install　　(B) to install　　(C) installed　　(D) be installed

해석 추가적인 도움을 위해서/ 설치하기 위한/ 그 프린터를/ 참조하시오./ 그 지시사항을/ 우리 웹사이트에서/ 또는 /이메일을 보내시오./ 우리에게/ 당신의 구체적인 질문에 대한
해설 help 뒤에 동사원형이나 to부정사가 모두 올 수 있다. 그러나 이것은 help가 동사로 사용될 때 그러하다. 지금 문제에서는 help가 명사로 사용되었다. 그리고 빈 칸이 뒤에서 앞으로 명사인 help를 수식해 주는 형용사적 용법으로 사용되었기 때문에 빈 칸은 동사원형은 올 수 없고 to install만 가능하다.

 The sales representative turned to online document storage to help her _____ handle crucial files while traveling.
(A) secured　　　　　　(B) secure
(C) securely　　　　　　(D) security

해석 그 영업사원은 돌아갔다./ 온라인 문서 저장소로/ 돕기 위해서/ 그녀가 안전하게 처리하는 것을/ 중요한 파일들을/ 여행하는 동안
해설 help가 준사역동사로 왔고 그 뒤에 목적어로 her가 왔으며 목적보어인 동사원형은 빈 칸이 아니라 handle이므로 빈칸은 handle을 수식하는 부사인 (C) securely가 답이다.

5. 지각동사

```
         5형식            O      OC
S  +  지각동사  +  목적어  +  목적보어
    hear                동·원: 목적어와 목적보어가 능동의 관계: ex. I saw her cross the road.
    see    (동작의 진행을 강조함) 현재분사: 목적어와 목적보어가 능동의 관계: ex. I saw her crossing the road.
    watch              과거분사(p.p.): 목적어와 목적보어가 수동의 관계: ex. I heard my name repeated.
    notice             to 동·원(X)
```

 Ms. Cartwright saw Mr. Chen _____ for the train station from his hotel this morning.

(A) to leave (B) leaves
(C) leaving (D) will leave

해석 Ms. Cartwright는 보았다./ Mr. Chen이 떠나는 것을/ 그 기차역으로/ 그의 호텔로부터/ 오늘 아침에
해설 saw가 지각동사이고 목적어로 Mr. Chen이 왔기 때문에 목적보어자리에 동사원형, 현재분사, 과거분사가 올 수 있다. 그런데 이 사람이 능동적으로 떠나는 것이기 때문에 동사원형이나 현재분사가 와야 하는데, 선택지 중 동사원형은 없기 때문에 현재분사인 leaving이 답이 된다.

13 동명사

1. 동명사의 형태와 역할

동명사는 '동사원형 + ~ing' 의 형태이며, '~하는 것' 으로 해석하고 명사 역할을 하여 문장의 주어, 보어, 목적어, 또는 전치사의 목적어 자리에 온다.

※ 현재분사도 '동사원형 + ~ing' 로 표현되지만 현재분사는 '~하고 있는' 이라고 해석이 되며, 문장에서 형용사처럼 쓰여서 명사를 앞이나 뒤에서 수식하거나, 주격보어 또는 목적보어로 쓰인다. 분사는 또한, 분사구문으로 쓰일 때는 부사역할을 한다.

주어자리	*Providing* a loan enables the financial institute to collect interest.
보어자리	The purpose of this workshop is *understanding* how the systems function.
목적어자리	James dislikes *commuting* to work on the bus.
전치사의 목적어 자리	The CEO aims at *reducing* corporate debt.

cf. He is sleeping. 그는 잠을 자고 있다.
　　주격보어(sc): 현재분사(~하고 있는)

My hobby is collecting stamps. 나의 취미는 우표를 수집하는 것이다.
　　주격보어(sc) (~하는 것)

sleeping과 collecting이 모두 주격보어이지만, 성격이 다르다. sleeping은 현재분사로 쓰여서 주어인 He가 '잠을 자고 있는 상태' 라는 것을 보충 설명하고 있지만, collecting은 동명사로 쓰여서 주어인 My hobby가 우표를 '수집하는 것' 이므로 'My hobby=수집 하는 것' 이라는 동격의 의미를 나타내는 주격보어이다.

 _____ menus to accommodate the desires of customers is a necessary part of ensuring their satisfaction.

(A) Updates　　　　　　　　(B) Updated
(C) Update　　　　　　　　 (D) Updating

해석 업데이트 하는 것은/ 메뉴를/ 수용하기 위해서/ 고객의 요구를/ 필요한 부분이다./ 그들의 만족을

보장하기 위해

해설 updated menus라고 하면 업데이트된 메뉴들로 가능한 표현이지만 menus가 주어이므로 동사가 are가 되어야 한다. 동명사가 주어가 되면 동명사는 단수 취급되므로 뒤의 동사 is가 오는 것이 맞다.

예제 **In order to continue _____ the quality of products, we conduct regular employee training.**
(A) improving (B) improvement
(C) improved (D) improves

해설 계속하기 위하여/ 개선하는 것을/ 제품의 품질을/ 우리는 수행해야한다./ 정기적인 직원 교육을
해설 continue는 뒤에 to부정사와 동명사를 목적어로 가질 수 있다. 선택지에 to improve는 없다.
정답은 improving이다.

예제 **Arnold's hobby is _____ unique coins from various countries.**
(A) collected (B) collecting
(C) collects (D) collective

해설 Arnold의 취미는/ 수집하는 것이다./ 독특한 동전들을/ 다양한 나라로부터 온
해설 be동사 뒤에 주격보어로 동명사 collecting이 온 경우이다. collecting 대신에 명사적 용법의 to부정사인 to collect도 주격보어로 쓸 수 있기 때문에 답이 될 수 있다.

예제 **John Song, vice president of KCM Glassware, will soon announce his decision about _____ operations at the Seoul plant.** (2014년 4월 정기토익 기출 응용문제)
(A) suspending (B) to suspend
(C) suspends (D) suspend

해설 John Song은/ 부사장인/ KCM Glassware의/ 곧 발표할 것이다./ 그의 결정을/ 운영을 중단하는 것에 대해/ 서울 공장에서의
해설 전치사 뒤에 전치사의 목적어가 와야 하고 빈 칸 뒤에 명사 목적어가 있기 때문에 빈칸은 전치사의 목적어이면서 자신의 목적어를 가질 수 있는 동명사 (A)가 답이다.

예제 **_____ three to five days for delivery of any Charmzone Skin Care product.** (2014년 5월 정기토익 기출 응용문제)
(A) To allow (B) Allowing
(C) Allow (D) Allows

해석 허락해 주라./ 삼에서 오일을/ 배달을 위해/ 어떠한 Charmzone Skin Care 제품이라도

해설 문제에서 문장 맨 앞에 빈 칸이 있기 때문에 to부정사나 동명사가 답이라고 생각할 수 있는데, 그렇게 되려면 뒤에 동사가 나와야 하는데, 뒷부분에 동사가 없다. 한 문장이 마침표를 찍을 수 있으려면 동사가 하나 필요한데, 동사는 (C)나 (D)이다. 그런데 Allows가 답이 되기 위해서는 3인칭 단수인 주어가 앞에 있어야 하는데 없다. 따라서 주어 you가 생략된 명령문으로 정답은 (C) Allow가 된다.

allow는 보통 토익 문제에서 allow A to + 동·원의 형태로 5형식으로 자주 쓰이지만, 이 문제에서처럼 allow 뒤에 바로 명사목적어가 나오는 경우도 있다.

2. 전치사의 목적어

예제 The accounting director aims at_____ corporate debt.
(A) reduce   (B) reducing
(C) reduction   (D) reduced

해석 회계이사는/ 목표로 하고 있다./ 줄이는 것을/ 회사의 부채를

해설 전치사는 전치사의 목적어가 나오는 곳까지 영향을 미친다.
전치사의 목적어 이면서 corporate debt를 자신의 목적어로 가질 수 있는 것은 동명사이다. 정답은 reducing이다.

cf. We bought the books at _____ rates.
(A) reduce   (B) reducing
(C) reduction   (D) reduced

※ reduced = discounted
해석상 할인된 요금으로가 되어 과거분사 (p.p)가 답이다.
※ 전치사 뒤에 무조건 동명사가 나오는 것은 아니다. 해석에 따라 여러 가지 다른 형태들이 전치사 뒤에 나올 수 있다.

다음의 예들을 계속해서 보자.

a list of _____ professionals
(A) distinguished
(B) distinguishing

'유명한 전문가들의 목록' 해석상 과거분사가 답이다.

for _____ reasons
(A) safe   (B) safety
(C) saved   (D) saving

'안전상의 이유로' 명사 + 명사의 복합명사 safety가 답이다.

with <u>beautiful</u> flowers

'아름다운 꽃들을 가지고', 해석상 명사를 수식하는 형용사가 답이다.

for <u>developing</u> countries

'발전하고 있는 나라들(개도국)'을 위한, 해석상 현재분사가 답이다.

about <u>extremely</u> difficult questions

'극도로 어려운 질문들에 대하여', 해석상 형용사 difficult를 수식하는 부사가 답이다.

a seminar for _____ financial advisors
(A) professional
(B) professionally

'전문적인 재무의 상담사들을 위한 세미나'
해석상 전문적으로가 아니라 전문적인 재무의 상담사들이 되므로 형용사가 답이다. 명사 앞에 형용사가 두 개 이상 나올 수도 있다.

speed up: 1. 가속화하다, 신속화하다
2. ~을 신속히 처리하다(=expedite)

cf. You need to realize that ___ in the workplace can speed up your advancement in the company.
(A) professionalism   (B) professional
(C) professionals   (D) profession

해석 당신은 깨달아야 한다./ 직업정신은/ 직장에서의/ 가속화해줄 수 있다는 것을/ 당신의 승진을/ 그 회사에서의

해설 that 뒤에 명사가 들어 가야할 자리이다. can speed up의 주어 자리이다. 그런데 해석상 직업정신이 적절하기 때문에 professionalism이 된다. professional은 형용사로 전문적인, 명사로서는 가산명사로 전문가, 전문 직업인이다. profession은 직업이다.

예제 **For _____ customers, a deposit may be required to establish an account for electrical service.**   (2014년 5월 정기토익 기출 응용문제)
(A) resided   (B) residents
(C) residential   (D) reside

해석 거주하는 고객들을 위하여/ 보증금이 요구 된다./ 계정을 만들기 위한/ 전기 서비스를 위한

해설 전치사 뒤에 전치사의 목적어가 명사로 왔고 그 명사 앞에 올수 있는 것은 한정사 또는 수식어로서 형용사, 현재분사, 과거분사 그리고 명사이다. 그런데 거주하는 고객들로 해석되어 빈 칸은 명사를 꾸며주는 형용사 자리이다.

선택지에서 형용사는 (C) residential이 된다.

 The _____ study will resume.

(A) feasible
(B) feasibility

전치사가 없어도 한정사 + 수식어 + 명사의 순서에는 변함이 없다. (A)는 '타당성, 가능성 있는' 으로 형용사이다.

보통 관사와 명사 사이에는 형용사가 오는 경우가 많지만 항상 그런 것은 아니다. 여기서는 명사 + 명사의 복합 명사이다. feasibility study: 타당성 연구(조사)

전치사 뒤에는 반드시 전치사의 목적어가 와야 한다.

                  (부사)   (수식어)

전치사 + (한정사) + (수식어) + (수식어) + 전치사의 목적어

① 관사	형용사	형용사	명사	관사: a, an/ the
② 소유격	현재분사	현재분사	대명사	소유격: his, her, Jane's….
③ 수량형용사	과거분사	과거분사	동명사	수량형용사: many, much, several a lot of, a few….
④ 지시형용사	명사	명사	명사절	지시형용사: this, that….

한정사와 수식어는 꾸며주는 말이기 때문에 와도 좋고 빠져도 상관없다.

ex. ~ ~ <u>in</u> <u>operation</u>   ~ ~ <u>about</u> <u>his</u> <u>arrival</u>   ~ ~ <u>with</u> <u>beautiful</u> <u>flowers</u>
     전   명사   전 소유격 명사   전   형용사   명사

~ ~ <u>for</u> <u>them</u>   ~ ~ <u>about</u> _____ <u>arrival</u>   빈 칸 뒤의 arrival이 about의 목적어이고
   전 대명사   전   명사   빈 칸은 명사인 arrival을 수식하는 소유격.
                   (A) him
                   (B) <u>his</u>

※ 전치사와 전치사의 목적어 사이에는 다양한 한정사나 수식어들이 올 수 있는데, 위의 모든 부분이 정답이 될 수 있다.

Davison flooring products are especially designed for _____ in industrial settings.
(A) user   (B) used
(C) useful (D) use

해석 Davison사의 마루 제품은/ 특별히 디자인된 것이다./ 사용을 위하여/ 산업 현장에서의
해설 전치사 for의 목적어가 필요한 자리이다. 전치사의 목적어가 될 수 있는 것은 명사인데, 보기의 선택지 중 명사는 (A) user와 (D) use이다. 그런데 user은 사람명사로서 가산명사이기 때문에 user에 s가 붙어있지 않으므로 앞에 부정관사 a가 와서 a user이 되어야 한다. 반면에, use는 동사로 사용되기도 하지만, '사용, 이용' 이라는 의미로 쓰이는 불가산명사도 된다. 빈 칸 앞에 부정관사 a가 없기 때문에 답은 use가 된다.

 If you have urgent issues that must be resolved quickly, you can call for technical _____.
(A) support   (B) supporting
(C) supporter (D) supported

해석 만약 당신이 가지고 있다면/ 긴급한 문제들을/ 해결되어야할/ 빨리/ 당신은 전화할 수 있다./ 기술지원을 위해
해설 전치사 + 형용사 + 전치사의 목적어로 전치사의 목적어가 와야 할 자리이므로 명사인 (A)와 (C)가 답이 될 수 있다. 그런데 (C)는 사람명사로 보통 가산명사이기 때문에 복수형이 아닐 때는 부정관사 a가 와야 하므로 정답이 될 수 없다. (B) supporting은 support라는 명사형이 있는데 굳이 동명사 supporting을 쓸 이유가 없다. technical support를 '기술지원' 이라는 표현으로 알고 있으면 된다.

```
            (부사) 타동사
전치사 + 동명사 + (한정사) + (수식어) ··· + 명사
```
ex. We talked about <u>introducing</u> a new system.
우리는 이야기 했다./ 소개하는 것에 대해/ 새로운 시스템을

```
            (부사) 자동사
전치사 + 동명사 + 전치사 + (한정사) + (수식어) ··· + 명사
              부사~
```
ex. We talked about <u>applying</u> for the administrative position.
ex. We talked about <u>going</u> there.
우리는 이야기 했다/ 지원하는 것에 대해/ 그 관리 직책에
우리는 이야기 했다/ 그곳에 가는 것에 대해

```
              명사절
전치사 + 명사절접속사 + [S + V + O~]
                       완전한 문장
또는       명사절
   + 명사절접속사 + [(S) + V + (O)~]
                    불완전한 문장
```

ex. We talked about how you could find the answer.
　　　　　　　전치사 + 명접 + s + v + o

우리는 이야기 했다./ 어떻게 당신이 찾을 수 있는지 하는 것을/ 그 대답을

ex. The award will be given to whoever sold the highest number of units.
　　　　　　　　　　　　전치사 + 명접(s) + v +   o

그 상은 주어질 것이다./ 누구든지 간에/ 가장 많이 단위 수의 물품을 판매한

예제

There are still many questions as to _____ the company should increase its working capital.

(A) whenever　　　　　　　　(B) while
(C) whether　　　　　　　　　(D) whereas

해석 아직 많은 의문이 있다./ 대해서/ 그 회사가 자신의 운영 자본을 증가시킬지 하는 것에

해설 전치사 뒤에 빈칸이 있고 다음에 주어 동사가 나오고 있으므로 빈 칸은 명사절 접속사 자리이다. 선택지 중 나머지는 모두 부사절 접속사이고 명사절 접속사는 (C) whether뿐이다.

정리

㉠ 해석 또는 표현

```
                    ~ing    (부사)              (수식어)
전치사    +    동명사   +   (수식어)   +   (수식어)   +   명 사
              형용사        형용사            형용사
              현재분사      현재분사          현재분사
              과거분사      과거분사          과거분사
              명 사        명 사            명 사
              한정사: 관사, 소유격, 수량형용사, 지시형용사
              부사
```

※ 위의 순서는 전치사가 없는 경우에도 똑같이 배열되며 위의 모든 부분이 정기 토익의 정답이 될 수 있다.

예제 The product _____ service personalizes a customer's shopping experience through Web sites and mobile devices.
(A) recommend (B) recommendable
(C) recommends (D) recommendation

해석 그 제품 추천 서비스는/ 개인화 한다./ 고객의 쇼핑 경험을/ 웹 사이트와 모바일 장치들을 통해서
해설 정관사 the 뒤에 명사가 세 개 연속으로 나열된 복합명사이다. 해석은 그 제품 추천 서비스라고 한다.

예제 The Williams Foundation is now appealing to all style conscious women to donate _____ previously worn clothes and accessories to the charity event.
(A) them (B) they
(C) their (D) themselves

해석 그 윌리엄 재단은/ 지금 호소하고 있다./ 모든 스타일을 중시하는 여성들에게/ 기부할 것을/ 그들의 이전에 입었던 옷들과 액세서리들을/ 자선 이벤트에
해설 to + donate의 목적어가 필요한데, clothes이다. 그런데 그 명사 clothes 앞에 부사, 과거분사가 수식어로 온 것이다.
부사 previously앞에 소유격이 올 수 있다. 정답은 their이다.

ⓒ 공식: 전치사와 한정사 사이는 무조건 동명사가 답이다. 왜냐하면 다른 수식어들은 모두 한정사 보다 뒤에 나와야 하기 때문이다.

		~ing				
전치사	+	**동명사**	+	**한 정 사**	+	**(수 식 어)**	+	**명 사**

한정사: 관사 / 소유격 / 수량형용사 / 지시형용사
수식어: 형용사 / 현재분사 / 과거분사 / 명사

예제 Our team has been working on _____ a new fabric for the next season products.
(A) developing (B) development
(C) developed (D) develops

해석 우리 팀은 일해오고 있다./ 개발하는 것을/ 새로운 직물을/ 새로운 시즌 제품들을 위한
해설 on은 전치사이고 a는 관사로 한정사이다. 전치사와 한정사 사이에는 언제나 동명사가 온다.

예제 The chairperson plans on _____ the company's expansion at the annual board meeting.
(2014년 3월 정기토익)
(A) outlined (B) outline
(C) outliner (D) outlining

해석 그 의장은 계획하고 있다./ 대략적인 설명을 하는 것을/ 그 회사의 확장을/ 연례 이사회에서
해설 전치사 on과 한정사 the 사이에는 항상 동명사가 답이다.

예제 After ____ the completed surveys, I compiled the results.
(A) collected (B) collects
(C) collecting (D) collection

해석 수집한 후에/ 그 완성된 설문지들을/ 나는 편집했다./ 그 결과들을
해설 전치사와 관사 사이는 무조건 ~ing가 답이라고 했다. 그런데 이것을 분사구문으로 생각해도, 주절의 'I'를 빈칸 앞에 살려 해석해보면, 내가 모으는 것이지 모이는 것이 아니므로 즉, 능동의 의미이므로 현재분사인 collecting이 답이다.

3. 동명사를 목적어로 갖는 동사들이 있다.

enjoy ~ing   suggest ~ing   recommend ~ing   consider ~ing   avoid ~ing
finish ~ing   quit ~ing   discontinue ~ing   give up ~ing   postpone ~ing
dislike ~ing   deny ~ing   mind ~ing

위의 동사들은 무조건 동명사만을 목적어로 가지는 것은 아니다. 예를 들어 suggest는 아래와 같이 세 가지 형태로 쓰인다. 그런데 suggest는 동명사(~ing)와 to부정사 둘 중에서는 반드시 동명사(~ing)만을 목적어로 가진다. 위의 단어들도 다른 목적어를 가질 수 있지만, 동명사와 to부정사 둘 중에서는 to부정사는 안 되고 동명사(~ing)만 목적어로 가질 수 있다는 말이다.

<u>suggest</u> + <u>명사/ 대명사</u> (O)
3형식 타동사   목적어(O)

<u>suggest</u> + <u>that s + v~</u> (O)
3형식 타동사   목적어(O)

<u>suggest</u> + <u>~ ing</u> (O)
3형식 타동사 + to + 동·원 (X)

예제 It would be wise of you to consider _____ with your company, as the work is tough right now.
(A) renegotiate
(B) renegotiated
(C) to renegotiate
(D) renegotiating

해석 현명하다./ 당신이 고려해 보는 것이/ 협상하는 것을/ 당신의 회사와 함께/ 그 일이 힘들기 때문에/ 현재로서는

해설 consider은 뒤에 동명사를 목적어로 가질 수 있다. to consider 앞에 of you는 의미상의 주어인데, 원래 for you를 써야하지만 예외적으로 의미상의 주어 앞에 사람의 성격, 성향 등을 의미하는 형용사가 있으면 의미상의 주어는 of + 목적격을 쓴다.

cf. The CEO is considering _____ her.
(A) promoting
(B) to promote

is considering ___ 에서 빈 칸에 promoting을 하려고 생각하고 보니, 앞에 현재분사인 considering이 한 번 나왔기 때문에 (B) to promote라고 생각 할 수 있는데 consider + ~ing에서 시제만 현재 진행형으로 써서 be considering이 된 것이다. 'be considering + ~ing' 의 표현으로 기억해 둔다.

cf. The CEO is _____ promoting her.
(A) considering
(B) considered

be considering + ~ing만 알고 있으면 이 문제도 쉽게 (A) considering을 답으로 선택 할 수 있다.

※
consider + ing
be considering + ing

begin + to + 동·원 (O)
　　　　　　　　　　　　 : 의미상의 차이는 없음.
　　　　 + ~ing (O)

remember/ forget/ regret + to + 동·원 (O): ~할 일(것)
　　　　　　　　　　　　　 + ~ing (O): ~한 일(것)

Do not forget _____ the registration form before submitting it to Ms. Johns at the front desk.

(A) signing
(B) sign
(C) to sign
(D) signed

해석 잊지 마시오./ 서명할 것을/ 그 등록 양식지에/ 제출하기 전에/ 그것을/ Ms. Johns에게/ 프론트 데스크에 있는

해설 forget은 뒤에 to부정사와 동명사가 둘 다 올 수 있는데, 해석이 다르다. to부정사가 오는 경우는 ~할 일을 잊어버리는 것이고, 동명사가 오는 경우는 ~한 일을 잊어버리는 것이다. 여기서는 제출하기 전에 서명할 것을 잊지 말라는 의미이므로 to sign이 답이 된다.

4. 동명사는 목적어를 가질 수 있지만 명사는 목적어를 가질 수 없다.

The chain was successful in _____ a new branch in California.

(A) establish (B) establishing (C) established (D) establishment

전치사 in의 목적어로 명사인 (D) establishment가 온다고 생각할 수 있다. 그러나 명사가 전치사의 목적어로 오게 되면 'The chain~~ in establishment.' 로 문장이 끝나야 한다. 그런데 위의 문장에서는 빈 칸 뒤에 a new branch라는 명사가 나오고 있기 때문에 빈 칸은 전치사의 목적어이면서 또한 뒤에 나오는 목적어 a new branch를 가질 수 있는 것이어야 하는데 명사의 성격과 동사의 성격을 함께 가질 수 있는 동명사가 와야 한다. 또 앞에서 본 것처럼 전치사 + <u>동명사</u> + 관사에서 establishing을 쉽게 답으로 찾을 수도 있다.

 He was always good at _____ questions that came up during the tour. Also, he was really enthusiastic.

(A) answer
(B) answers
(C) answering
(D) to answer

해석 그는 늘 잘 했다./ 대답하는 것을/ 질문들에 대해/ 그 투어 동안에/ 또한/ 그는 정말 열정적이었다.

해설 전치사 at의 목적어이면서 questions를 목적어로 가질 수 있는 것은 동명사 answering이다. be good at은 '~을 잘하다, ~에 능숙하다.'라는 관용 표현이다.

The plan to construct the Denis Street Bridge will be moving ahead in _____ with Kawano and Associates.

(2014년 4월 정기토익 기출 응용문제)

(A) cooperate
(B) cooperated
(C) cooperation
(D) cooperates

해석 그 계획은/ 건설하려고 하는/ 그 Denis Street Bridge를/ 앞당겨 질 것이다./ 예정보다 빨리/ Kawano and Associates의 협력으로

해설 전치사 in 뒤에 전치사의 목적어가 필요하고 빈 칸 다음에는 목적어가 없기 때문에 동명사는 필요 없고 명사가 답이다. 명사는 cooperation이다.

5. 동명사나 명사 자리 뒤에 목적어가 없는 경우에는, 동명사가 아니라 명사가 와야 한다.

cf. Our department has just been informed about his _____.
(A) arrival
(B) arriving

해석 우리 부서는/ 이제 막/ 알게 되었다./ 그의 도착에 대해

해설 전치사 about 뒤에 목적어가 필요한 자리이고 명사나 동명사가 올 수 있다고 생각할 수 있는데, 빈칸 뒤에 목적어가 없으므로 굳이 동명사를 쓸 이유가 없다. 이럴 경우는 명사를 답으로 찾는다.

cf. The fountains have been in _____ since April.
(A) operate   (B) operating   (C) operated   (D) operation

해석 그 분수들은 가동되어오고 있다./ 4월 이래로

해설 마찬가지로 전치사 in 다음에 전치사의 목적어가 필요한 자리인데, 빈 칸 뒤에 목적어가 없으므로 정답은 명사 operation이 된다.

6. 명사화된 동명사

끝이 '동사원형 + ing'의 형태로 동명사처럼 보이지만 실제로는 명사인 단어들

I'm calling about the job _____ in your office.
(A) open   (B) openness
(C) opening   (D) opens

전치사 about 뒤에 전치사의 목적어가 필요한데 명사인 job 뒤에 빈칸이 하나 더 있으므로 복합명사가 와야 한다. job opening은 일자리 공석이라는 의미의 복합명사이다. 빈칸 뒤에 목적어가 없으면 동명사가 아니라 명사가 온다고 하였다. opening이 동명사처럼 보이지만 여기서는 명사로 사용된 것이다.

There are several job _____ available at the firm.
(A) openings   (B) openness   (C) opening   (D) opens

해석 있다./ 몇 개의 공석이/ 구할 수 있는/ 그 회사에
해설 job opening은 일자리 공석이라는 표현인데, opening은 가산명사이므로 앞에 부정관사 a가 없으면 복수명사가 답이 된다. 그리고 또 다른 힌트는 several + 복수명사이다. 이 문제에서는 다른 힌트가 하나 더 있다. There is + 단수주어, There are + 복수주어이다. 따라서 복수 명사인 job openings가 답이 된다.

※ personal belongings
　　　　=effects
개인의 소지품이라는 의미인데, 정기토익에서는 밑줄 친 belongings와 같은 단어를 찾으라는 문제로 답이 effects로 출제된 적이 있다. effect는 효과 혹은 영향이라는 의미를 갖지만 보통 복수형으로 소지품, 소유물이라는 뜻도 있다.

 We have a wide selection of overnight delivery options to suit your urgent needs when expedited _____ is required.
(A) handling   (B) handle   (C) handled   (D) to handle

해석 우리는 가지고 있다./ 다양한 종류의 익일 배송 옵션을/ 당신의 긴급한 필요에 맞는/ 신속한 처리가 필요할 때
해설 빈 칸이 동사 is 앞에 왔기 때문에 주어 자리이다. handle은 3형식 타동사이다. 뒤에 목적어가 없으므로 동명사를 쓸 필요가 없고 명사라고 생각하여 명사로도 쓰일 수 있는 handle을 답이라고 생각할 수 있지만 handle은 명사로는 손잡이라는 의미를 가진다. 신속한 손잡이가 필요한 것이 아니라 신속한 처리 또는 취급이라는 의미의 단어가 필요하다. handling은 동명사로 쓰일 수 있지만, 명사화된 동명사로 처리 또는 취급이라는 의미로도 쓰이므로 정답은 handling이 된다.

 All my working environments have been team-based, where _____ and planning as well as effective communication are essential.
(A) coordination   (B) coordinating
(C) coordinated   (D) coordinates

해석 모든 나의 근무 환경은/ 팀을 기반으로 하는 것이다./ 그런데 그 환경에서는 효과적인 의사소통뿐만 아니라/ 조정과 기획도 중요하다.
해설 and를 중심으로 and 앞에 빈 칸 그리고 and 뒤에 ~ing 형태가 오고 있다. 이런 경우 대부분 빈 칸도 ~ing형태가 답이 되는데 이것을 병치라고 한다. 등위접속사 앞뒤로 같은 품사나 문법적 요소가 같은 말이 오는 것이 바로 병치이다. 그런데 이 문제에서 뒤에 나오는 planning은 '계획하는 것'이라고 해석되는 동명사가 아니라 '기획'이라는 불가산명사이다. 따라서 빈 칸도 명사가 와야 한다. 조정과 기획이라고 해야 맞기 때문에 정답은 (A) coordination 이다.

7. 동명사 앞에는 부정 관사가 올 수 없지만, 명사(가산명사 단수) 앞에는 부정관사가 올 수 있다.

예제 The bank has experienced a marked _____ in customer complaints in recent weeks.

(A) increasing (B) increase

해석 그 은행은 경험하였다./ 눈에 띄는 증가를/ 고객 불평에 있어서의/ 최근 몇 주 만에

해설 ※ increase: 동. 자, 타: 증가하다, 증가시키다.
　　　　　　명. (가산명사) 증가

명사가 들어가야 할 자리인데 앞에 부정관사 a가 있기 때문에 가산 단수 명사인 increase가 답이다. 동명사인 increasing 앞에는 부정관사가 올 수 없다.

a marked _____ 　눈에 띄는(뚜렷한) 감소
　　(A) decrease (O)
　　(B) decreasing (X)

8. 명사와 의미가 다른 명사화된 동명사가 있는 경우에는 해석을 하여 의미에 맞는 것을 쓴다.

funding 자금지원, 자금조달(불가산명사)	fund 자금(가산명사)
planning 기획(불가산명사)	plan 계획(가산명사)
advertising 광고(불가산명사) 광고행위, 광고업	advertisement 광고(가산명사)
seating 좌석(불가산명사)	seat 좌석(가산명사)
ticketing 발권(불가산명사)	ticket 표(가산명사)
meaning 의미	means 방법, 수단
staffing 직원채용	staff 직원
marketing 마케팅	market 시장
opening 개장, 개원, 공석	openness 솔직함, 마음이 열려있음
processing 처리, 가공 ex. data processing 정보처리 food processing industry 식품 가공 산업	process 과정 ex. application process 지원(신청) 과정
widening 확장	width 폭, 너비
gardening 조원, 원예(불가산명사)	garden 정원, 뜰(가산명사)
cleaning 청소	cleanliness 청결
covering 덮개	coverage (방송의)보도, (보험의)보장 media <u>coverage</u>: 방송 보도 insurance <u>coverage</u>: 보험 보장

For proper _____, please submit all required supporting documents completely.
(A) process   (B) processing

해석 적절한 처리를 위해/ 제출하시오./ 모든 요구되는 근거 서류들을/ 완전하게
해설 내용상 process는 일 등의 (전)과정이라는 뜻이고 processing은 (일, 사무 등의) 처리라는 의미로 사용된다.
모든 요구되는 서류에 대한 적절한 처리를 위하여 라는 의미가 되어야하므로 processing이 답이다. 빈 칸 뒤에 목적어가 없다고 생각하여 process를 답으로 하지 않도록 한다.

 For over two hundred years, cork has been the preferred _____ to cap wine bottle, but nowadays metal screw caps are more commonly used in the industry.
(A) mean   (B) meaning
(C) means   (D) meant

해석 200년 이상 동안/ 코르크는 선호되는 수단이었다./ 와인 병을 닫는/ 그러나 요즘은 금속 나사 뚜껑이 더 흔히 사용된다./ 그 산업에서
해설 선호되는 수단의 의미는 means이다. meaning은 의미라는 뜻으로 해석된다.

 The ____ of Centenial Drive from two lanes to four lanes will take six months.

(2014년 5월 정기토익 기출 응용문제)

(A) wider   (B) widely
(C) widening   (D) width

해석 Centenial Drive의 확장은/ 두 레인에서 네 레인으로의/ 6개월이 걸릴 것이다.
해설 the와 of사이에는 명사가 와야 하는데 명사 (D) width를 넣어보면 width는 폭이라는 뜻이므로 해석이 부자연스럽다. '도로의 폭이 6개월 걸릴 것이다.' 는 의미상 어색하고, '도로의 확장이 6개월 걸리다.' 의 의미가 되어야 하므로 정답은 (C) widening이 된다.

_____ capacity
(A) seating   (B) seat

해설 seating은 추상적인 이미지로 '좌석' 하면 머릿속에 떠오르는 이미지를 말한다. 따라서 seating은 불가산명사이다.
또한 좌석수, 좌석 수용능력의 뜻일 때는 seating capacity를 쓴다. 반면, seat는 하나둘 셀 수 있는 눈에 보이는 좌석을 말한다. 따라서 seat는 가산명사이다.

Reserved _____ for the play is available at the box office starting this Friday.
(A) seated	(B) seating	(C) seat	(D) seats

해석 예약석이/ 그 연극을 위한/ 이용 가능하다./ 매표소에서/ 이번 주 금요일부터 시작하여
해설 문장의 동사는 is로 단수이다. 단수명사나 불가산명사가 주어일 때 단수 동사가 온다. (D)는 복수주어이므로 안되고, seat가 오려면 가산명사로 단수명사이므로 Reserved 앞에 a가 있어야한다. 따라서 불가산명사인 seating이 답이 된다. seat는 눈에 보이는 하나 둘 셀 수 있는 좌석을 말하고, seating은 일반적으로 좌석이라고 하면 머릿속에 떠오르는 이미지를 말한다. 예를 들면 일등석, VIP석, 예약석과 같은 표현이다.

 Cigarette _____ has been banned.
(A) advertising	(B) advertisement

해석 담배 광고(행위)가 금지 되었다.
해설 cigarette 앞에 부정관사가 없으므로, 이 자리에는 불가산 명사인 advertising이 와야 한다. 만약 문장 맨 앞에 부정관사 an이 있으면 advertisement가 답이 된다.
또한, 해석상으로도 한 장의 담배 광고가 금지된 것이라기보다는 담배 광고 행위가 금지되었다고 보는 것이 맞으므로 advertising이 답이 된다. 다른 예로 radio advertising, Internet advertising 등이 있다.

advertising: (불가산명사) 광고(행위), 광고업　　advertisement: (가산명사) 광고

일반적으로 advertising은 광고(행위) 혹은 광고업의 뜻으로 눈에 보이지 않는 즉, 하나 둘 셀 수 없는 불가산명사이고, advertisement는 눈에 가시적으로 보이는 신문에 난 광고나 벽에 붙어있는 광고처럼 하나 둘 셀 수 있는 가산명사이다.
따라서, 불가산명사인 advertising은 관사 a나 an을 붙일 수 없고 복수형인 -(e)s도 붙일 수 없다. 그러나 가산명사인 advertisement는 복수형 advertisements가 아니면, 앞에 또 다른 한정사가 나오지 않았을 경우에는 반드시 an advertisement처럼 앞에 부정관사 an을 써 주어야 한다.

 We became one of the most recognized laptop computer manufacturers through an _____ placed on an internationally well-known magazine.
(A) advertise	(B) advertisable
(C) advertising	(D) advertisement

해석 우리는 되었다./ 가장 인정받은 노트북 제조업체들 중 하나가/ 한 장의 광고를 통해서/ 국제적으로 유명한 잡지에 실린
해설 이 문제에서 밑줄 친 부분 앞에 an이 나오고 있고, '하나 둘 셀 수 있는 광고 한 장을 통해서' 로 보는 것이 맞으므로 가산명사인 advertisement가 답이 된다.

It is important to be creative in the field of _____.

(A) advertising (B) advertisement
C) advertised (D) advertise

해석 중요하다./ 창의적이 되는 것은/ 광고업 분야에서

해설 It이 가주어이고 to be가 진주어이다. in the field of~ 는 '~의 분야에서'라는 의미이고, 밑줄 그은 부분 앞에 부정관사 an이 오지 않았고 주어진 선택지에도 복수 명사는 없으므로 이 자리에는 불가산 명사인 advertising이 와야 하는데 이 때, advertising은 '광고업' 분야에서라고 해석이 된다.

A little careful _____ is important in _____.

(A) plan (A) gardening
(B) planning (B) garden

해석 약간의 신중한 기획이 중요하다./ 원예에 있어서

해설 plan은 무엇을 하기 위해 이미 정해진 구체적인 계획(안)을 말하며, 가산명사이다. 따라서 단수이면 a plan이라고 표현해야하고, 복수형이라면 plans로 써야한다. 그러나 planning은 기획이라는 뜻으로 어떤 구체적인 계획(plan)을 정하기 위한 사고의 과정이나 결정의 과정의 의미로 불가산명사이다. planning은 a를 붙일 수 없고 plannings로 복수형으로 쓸 수도 없다. 문제에서 A little에 A가 붙어 있는 것으로 보아 가산명사인 plan이 답이라고 생각할 수 있지만 이 때 a little은 불가산명사 앞에 쓰여 '약간의'라는 의미를 가진다. 따라서 정답은 planning이 된다.

그리고 gardening은 불가산명사이고 garden은 가산명사이다. garden이 답이 되기 위해서는 a garden이 되든지 아니면 gardens가 되어야 한다. 따라서 gardening이 답이 된다. 그리고 전치사 in 뒤에 어떤 분야가 올 수 있는데 '원예 분야' 로 해석된다.

 Please find your latest invoice for office _____ service enclosed.

(2014년 5월 정기토익 기출 변형문제)

(A) cleaning (B) clean
(C) cleanliness (D) cleaned

해석 당신의 송장을 찾아보세요./ 사무실 청소 서비스에 대한/ 동봉된

해설 for office ____ service에서 전치사가 있고 그 뒤의 명사와 명사 사이에 빈 칸이 있을 경우 이 자리는 명사가 들어가야 한다. 명사는 (A)와 (C)인데 cleaning은 청소이고 cleanliness는 청결이다. 사무실 청소 서비스가 자연스럽다. 답은 명사화된 동명사인 (A) cleaning이다.

예제 The _____ for Mr. Nomura's concert in Osaka sold out almost immediately after they went on sale.

(2014년 5월 정기토익 기출 변형문제)

(A) ticket (B) ticketed
(C) ticketing (D) tickets

해석 그 티켓들은/ Mr. Nomura의 콘서트에 대한/ Osaka에서의/ 매진되었다./ 거의 직후에/ 그것들이 판매에 들어간

해설 정관사와 전치사 사이는 대체로 명사가 답이다. 물론, 드물게 최상급이 오는 경우도 있다. 명사는 (A), (C), (D)이다.
그런데, ticketing은 발권이다. 발권이 판매되는 것이 아니라 표가 판매되는 것이므로 ticket 아니면 tickets가 답이 되는데, 뒤에 after they went on sale에서 they는 티켓인데 복수로 받은 것은 앞의 명사가 복수이기 때문이다. 정답은 (D) tickets이다.

9. 전치사 to + 동명사   ※ 여기서 to는 전치사이므로 동명사 말고 명사가 나오는 경우도 있다.

contribute to ~ing ~에 공헌(기여)하다
look forward to ~ing ~을 고대하다
object to ~ing ~에 반대하다
lead to ~ing ~로 이어지다
be used to ~ing ~에 익숙하다
※ be used to + 동·원 ~하는데 이용되다

be committed to ~ing ~에 전념하다
be dedicated to ~ing ~에 헌신하다
be devoted to ~ing ~에 헌신하다
be accustomed to ~ing ~에 익숙하다

 예제 We are ____ to providing quality service which is tailored to your individual requirements.

(A) prepared (B) permitted
(C) committed (D) outlined

해석 우리는 전념하고 있다./ 제공하는 것에/ 품질 좋은 서비스를/ 여러분의 개인적인 필요에 맞는

해설 주어진 선택지의 단어가 모두 다른 단어들로 되어있기 때문에 어휘문제라고 생각할 수 있지만 실제로는 해석이 잘 안된다고 하더라도 쉽게 풀어낼 수 있는 문제이다. 힌트는 빈 칸 뒤의 to 뒤에 providing이라는 동명사가 나오고 있다는 것이다.
이것은 to가 전치사로 쓰였기 때문인데 주어진 선택지 가운데
 'be + _____ to + ~ing'의 표현을 만족하는 것은 (C) committed 밖에 없다. be prepared to + 동·원 이다.
permitted

We are looking forward to meeting you there and to _____ your students' applications.
(A) receive   (B) reception   (C) receiving   (D) received

해석 우리는 고대하고 있다./ 당신을 만날 것을/ 거기서/ 그리고 고대하고 있다./ 받는 것을/ 당신의 학생들의 지원서들을

해설 look forward to + ~ing and to ~ing의 형태가 되어야하는데, 왜냐하면 앞의 to가 전치사이므로 ~ing가 나왔고 and를 중심으로 같은 문법적 요소가 와야 하므로 뒤의 to도 전치사이다. 따라서 동명사 receiving이 와야 한다.

10. 동명사구 관용 표현

be busy ~ing ~하느라 바쁘다.
(up)on ~ing ~하자마자
refrain from ~ing ~하는 것을 삼가다.
keep (on) ~ing 계속해서 ~하다.
cannot help ~ing ~하지 않을 수 없다.
assist sb in/with + ~ing 또는 명사
sb가 ~하는 것을 돕다.
have difficulty(trouble, a problem) (in) + ~ing ~하는데 어려움을 겪다.
prevent(prohibit, inhibit) A from ~ing A 가 ~하는 것을 막다, 못하게 하다.

succeed in ~ing ~하는데 성공하다.
go ~ing ~하러 가다.
be worth ~ing ~할 가치가 있다.
feel like ~ing ~하고 싶다.
It is no use ~ing ~해도 소용없다.
spend + 시간/ 돈 + ~ing
~하는데 시간이나 돈을 쓰다.

 We are busy _____ the party.
(A) planed   (B) plans   (C) to plan   (D) planning

해석 우리는 바쁘다./ 계획하느라/ 그 파티를
해설 be busy + ~ing의 관용 표현이다.

 _____ retiring from Shilin Bank, Mr. Chung will be available for consulting work.
(A) Upon   (B) Apart
(C) As that   (D) For instance

해석 퇴임하자마자/ Shilin Bank로부터/ Mr. Chung은 시간을 낼 수 있을 것이다./ 상담 업무에
해설 (up)on ~ing는 ~하자마자의 의미로 사용되는 동명사의 빈출 표현중 하나이다. 명사가 오는 경우도 있다. 예를 들면 (up)on request 요청즉시, (up)on arrival 도착 즉시 등의 표현도 있다.

11. 기타 표현들

present their _____ documents 그들의 탑승 서류를 제시하다.
(A) boarding
(B) board

탑승 서류가 되는데 boarding documents이다. boarding pass 하면 탑승권이 된다.

the _____ systems
(A) monitor
(B) monitoring

감시 시스템은 monitoring system이다.

14 분사

현재분사: (동사원형 + ing): '~하고 있는' 으로 해석함.
　　　　　　　　　　　　　능동, 진행의 의미　　ex. rising cost 증가하고 있는 비용

과거분사: 동사의 3단 변화형 중 3번째: '~된, ~받은, ~입은, ~당한' 으로 해석함.
　(p.p.)　　　　　　　　　　　　　　　수동, 완료의 의미　　ex. extended deadline
　　　　　　　　　　　　　　　　　　　　　　　　　　　　　　연장된 마감시한

　　　　　play - played - played (규칙 변화)
　　　　　write - wrote - written (불규칙 변화)

분사는 문장 내에서 형용사나 부사 역할을 한다.
형용사 역할: 명사나 대명사를 앞이나 뒤에서 수식함. 주격보어(SC)나 목적보어(OC)로 쓰임.
부사 역할: 분사구문

1. 분사가 형용사처럼 쓰일 때

분사가 주격보어나 목적보어로 쓰이는 경우,
특히 사람의 감정을 나타내는 3형식 타동사의 경우에서 보면

사람의 감정을 나타내는 3형식 타동사: 능동형으로 쓰일 때는 사람을 목적어로 갖는다.

interest ~를 흥미 있게 하다	excite ~를 흥분시키다	amuse ~를 즐겁게 하다
please ~를 기쁘게 하다	fascinate ~을 매료시키다	encourage ~를 격려하다
satisfy ~를 만족시키다	disappoint ~를 실망시키다	discourage ~를 용기를 꺾다
dissatisfy ~를 불만족 시키다	depress ~를 절망케 하다	tire ~를 지치게 하다
concern ~를 걱정케 하다	bewilder ~를 당황케 하다	frustrate ~를 좌절시키다
shock ~를 놀라게 하다	surprise ~를 놀라게 하다	disturb ~을 방해하다
trouble ~를 괴롭히다, 애먹이다	distract ~를 산만케 하다	

5형식동사: 알게 되다	2형식동사	
I found the game 목적보어.	The game is 주격보어.	※ the _____ game
목적어 (A) exciting	(A) exciting	(A) exciting
(B) excited	(B) excited	(B) excited

I found the people _____.	The people are _____.	※ the _____ people
(A) exciting	(A) exciting	(A) exciting
(B) excited	(B) excited	(B) excited

해설 목적어와 목적보어의 관계는 주어와 주격보어의 관계와 같다. 기본적으로 '목적어가 능동적으로 목적보어 하다.' 라고 해석되면 현재분사를, '목적어가 수동적으로 목적보어 되다, 당하다.' 라고 해석되면 과거분사(p.p.)를 쓴다. 이때 특히, 감정을 나타내는 3형식 타동사의 분사형태를 묻는 문제에서는 두 가지로 문제풀이에 접근해 갈수 있는데

첫째는 해석을 통해 주어나 목적어가 감정의 원인이면 현재분사를 주어나 목적어가 감정을 느끼면 과거분사(p.p.)가 답이다. 이것은 명사를 수식하는 경우에도 똑같이 해당이 된다. 그래서 이 3가지 경우는 항상 같이 다니게 된다.

둘째, 사람의 감정을 나타내는 3형식 타동사의 분사를 주격보어나 목적보어로 고르는 문제에서 주어나 목적어가 사물이면 보통 현재분사(~ing), 주어나 목적어가 사람이면 과거분사(p.p.)이다. 그런데 이렇게 문제를 푸는 것은 이 분사가 사람의 감정을 나타내는 분사일 때만 그러므로 다른 경우에는 반드시 적용되는 어법은 아니다. 주의가 필요하다.

The game is exciting. 해석상으로 보면 주어인 the game이 '사람을 능동적으로 흥분시키는 것' 이므로 현재분사인 exciting이 답이 된다. 다르게 설명하면 주어인 the game이 감정(exciting)의 원인이므로 현재분사인 exciting이 답이다.

실제로 excite가 3형식 타동사이므로 원래 문장은 목적어가 있는 아래의 문장이 맞는 문장이다.
The game is exciting people.

그런데, 사람의 감정을 나타내는 분사에서는 보통 현재분사 exciting의 목적어인 people을 생략하고 exciting을 마치 하나의 형용사처럼 써서 '흥미진진한' 으로 해석한다.

The people are excited. 해석상으로 보면 주어인 the people이 '사람이 그 게임에 의해서 수동적으로 흥분되는 것' 이므로 과거분사인 excited가 답이 된다. 다르게 설명하면 주어인 the people이 감정(excited)을 느끼므로 과거분사인 excited가 답이다.

실제로 excite가 3형식 타동사이므로 원래 문장은 목적어가 없이 by + 목적격으로 이어지는 아래의 수동태 문장이 맞는 문장이다.
The people are excited (by the game).

그런데, 이때 보통 by + 목적격인 by the game은 생략하고 excited를 마치 하나의 형용사처럼 써서 '흥분된' 으로 해석한다.

I found the game exciting.에서 found가 5형식 동사로 쓰였고 목적어는 the game 목적보어가 빈칸인데, 목적어와 목적보어의 관계는 주어와 주격보어의 관계와 같다. 해석상으로 보면 '게임이 사람을 능동적으로 흥분시키는 것' 이므로 현재분사인 exciting이 답이 된다. 다르게 설명하면 목적어인 the game이 감정의 원인이므로 현재분사인 exciting이 답이 된다.

실제로 excite가 3형식 타동사이므로 원래 문장은 목적어가 있는 아래의 문장이 맞는 문장이다.
I found the game exciting people. 그런데, 사람의 감정을 나타내는 분사에서는 보통 현재분사 exciting의 목적어인 people을 생략하고 exciting을 마치 하나의 형용사처럼 써서 '흥미진진한' 으로 해석한다.
I found the people excited에서 사람이 흥분되는 것이므로 목적어와 목적보어의 관계가 수동의 관계로 excited가 된다.

 I found the long waiting time at customs really _____ .

(A) exhausting　　　　　　　　(B) exhausted

해석 나는 알게 되었다./ 세관에서의 오래 기다리는 시간이/ (사람을) 지치게 한다는 것을
해설 find는 3형식으로 쓰이면 '찾다, 발견하다.' 라고 해석이 되고, 5형식으로 쓰이게 되면 '알게 되다.' 라고 해석한다.
이 문제에서 found는 5형식 과거동사로 왔고, 목적어는 the long waiting time이다. 오래 기다리는 시간(목적어)이 사람을 지치게 하는 것이므로 exhausting이 답이다.

 I found the passengers at customs really _____ .

(A) exhausting　　　　　　　　(B) exhausted

해석 나는 알게 되었다./ 세관에 있는 승객들이/ 정말 지쳐 보이는 것을
해설 목적어로 사람 the passengers가 왔고 목적보어로 빈칸이 왔는데, 승객들이 지치게 하는 것이 아니라 승객들은 지치게 되는 것이므로 exhausted가 답이 된다. 그리고 exhaust는 위의 감정동사에 포함되어 있지는 않지만, 일종의 사람의 감정을 나타내는 동사이다. 위의 감정동사 이외에도 사람의 감정을 나타내는 동사들은 더 많이 있다.
사람 목적어로 승객들이 왔으므로 목적보어 자리에 사람의 감정을 나타내는 분사가 오는 경우는 과거분사(p.p.)이다.

 The _____ park was littered with bottles and cans.

(A) amusement　　　　　　　　(B) amusing
(C) amused　　　　　　　　　　(D) amuse

해석 그 놀이공원은/ 병과 깡통이/ 나뒹굴고 있었다.
해설 park가 사물 명사이고 amuse가 '사람을 즐겁게 하다' 의 의미를 가진 감정 동사이므로 the exciting game에서 game이 사물 명사이기 때문에 감정동사의 분사형은 현재분사인 exciting이 된 것처럼 사람을 즐겁게 하는 공원이라고 생각하여 (B)를 답이라고 생각할 수 있지만 the _____ 명사의 빈 칸에는 실제로 현재분사, 과거분사, 형용사, 명사가 모두 올 수 있는데 지금의 문제에서는 '놀이 공원' 의 뜻으로 명사가 와야 올바른 표현이다. 이런 문제는 영어식 표현을 익혀두어야 문제를 정확하게 풀 수 있다. 이렇게 '명사 + 명사' 를 복합명사라고 한다. 본 책의 명사편의 복합명사를 참조한다.

예제 I found the map _____ .

(A) complicated
(B) complicating ※ complicated map (O)

해석 나는 알게 되었다./ 그 지도가 복잡하게 구성되어 있다는 것을
해설 the map이 목적어로 왔고 빈 칸이 목적보어로 왔다. 목적어가 사물이므로 목적보어 자리는 현재분사 complicating이라고 생각할 수 있지만, 이렇게 문제를 푸는 것은 빈 칸이 사람의 감정동사의 분사형일 때 그러하다. 그런데 complicate는 사람의 감정을 나타내는 동사가 아니다. 그리고 지도가 사람의 마음을 복잡하게 만드는 것이 아니라 지도의 구성 자체가 복잡하게 구성되어 있는 것이므로, 이 경우는 목적어가 사물인데도 과거분사(p.p.)가 답이 된다.

예제 I found the map _____ .

(A) confused
(B) confusing ※ confusing map (O)

해석 나는 알게 되었다./ 그 지도가 혼동을 준다는 것을
해설 빈칸이 confused와 confusing 둘 중에 답을 고르라는 문제인데, confuse는 사람을 혼동케 하다는 의미를 가진 감정동사이므로 목적어가 사물이므로 그리고 해석도 지도가 사람을 혼동케 하는 것이므로 능동의 의미인 confusing이 답이 된다.

2. 분사가 앞에서 뒤로 명사를 수식하는 경우

In the _____ interview with Professor Robin Muller last Monday more than a few interesting facts have been revealed.

(A) fascination   (B) fascinating
(C) fascinated   (D) fascinate

해석 (사람을) 매료시키는 인터뷰에서/ Robin 교수와의/ 지난 월요일/ 몇 가지 흥미 있는 사실이 밝혀졌다.
해설 the ___ interview에서 interview가 사물명사이고, fascinate가 사람의 감정을 나타내는 분사이므로 fascinating이 답이 된다. 해석으로 보면, 인터뷰가 사람을 매료시키는 것이므로, 그리고 수식받는 명사가 감정의 원인이므로 현재분사 fascinating이 답이 된다.

예제 A glance along his bookshelves reveals a _____ array of interests.

(A) bewildered
(B) bewildering

해석 그의 책장을 따라 한 번 훑어보는 것은/ 드러내준다./ (사람을) 어리둥절하게 할 만큼 많은 관심 분야들을
해설 array는 배열, 종류 등을 의미하는 명사인데, 사물 명사이고 앞에서 array를 수식하는 빈 칸은 사람의 감정을 나타내는 동사의 분사자리이다. bewilder가 사람을 '어리둥절하게 하다' 라는 의미의 감정 동사이다. 그리고 수식받는 명사 array가 이 감정의 원인이므로, 또 이러한 종류가 사람을 어리둥절하게 하는 것이므로 현재분사인 bewildering이 답이 된다.

  the _____ scent of breeze

(A) pleasing 　　　　　　　　　　※ sb be pleased to + 동·원
(B) pleased 　　　　　　　　　　　　　　　　with sth
　　　　　　　　　　　　　　　　　　　　　that s + v

해석 (사람을) 기쁘게 하는 산들바람의 향기
해설 scent는 향기라는 뜻으로 사물 명사이다. 이 사물 명사를 수식하는 것은 pleasing이 되어야 하는데, 이유는 please가 사람을 '기쁘게 하다' 라는 의미의 감정동사이기 때문이다. 사물 명사를 수식할 때는 현재분사형이 되어야한다.

  the _____ managers because of the _____ trend.

(A) encouraged　　　　　　　　　　(A) encouraging
(B) encouraging　　　　　　　　　　(B) encouraging

해석 고무된 매니저들/ 고무적인 경향 때문에
해설 마찬가지로 encourage가 사람을 '격려하다, 고무시키다.' 라는 의미를 가지는 감정동사이다. 사람인 manager를 수식할 때는 과거분사(p.p.)로 수식하고, 사물인 trend를 수식할 때는 현재분사로 수식한다.

his _____ resume.

(A) impressive　　　　　　　　　　(B) impressing
(C) impressed　　　　　　　　　　　(D) impress

해석 그의 인상적인 이력서
해설 impress가 '~한 인상(감명)을 주다.' 라는 의미로 감정동사이다. 그런데 his(소유격) ____ 명사 사이의 빈 칸에는 형용사, 현재분사, 과거분사, 명사 중 어느 하나가 답이 될 수 있다. 이런 경우 명사가 사람이면 과거분사(p.p.), 사물이면 현재분사가 답이 되는 것이 보통이다. 그러나 예외적으로 impress의 경우 수식받는 명사가 사람이면 impressed critics와 같이 '감명을 받은 비평가들' 이 되지만 수식받는 명사가 사물인 경우는 impressing이 아니라 형용사 impressive(인상적인)를 쓴다. 예를 들어 impressive movie, impressive performance 등의 표현이 있다. 문제에서도 resume가 사물이지만 impressing resume가 아니라 impressive resume(인상적인 이력서)가 되어야 한다.

3. 분사가 뒤에서 앞으로 명사를 수식하는 경우

Aron corporation gave local government officials a report _____ the operation of the plant in Seoul.
(A) detailed (B) detailing

해석 Aron사는 주었다./ 지역의 정부 관리들에게/ 보고서를/ 그 운영방법을 상세히 설명하고 있는/ 서울에 있는 그 공장의

해설 detail은 '자세히(상세히) 설명하다.' 라는 의미의 3형식 타동사이다. 해석상 자세히 설명된 보고서라고 생각해서 a report detailed라고 생각할 수 있지만, 이렇게 되면 과거분사인 detailed는 뒤의 명사인 the operation을 목적어로 가질 수가 없다.

따라서 정답은 'a report detailing the operation' 이 되어야 하는데 이렇게 되면 detailing이 현재분사가 되어 능동형으로써 뒤의 명사인 the operation을 목적어로 가지면서 앞의 명사인 a report를 수식할 수가 있다. 그리고 a report와 detailing의 관계를 생각해보면 a report가 운영방법을 자세히 설명하는 것이므로 능동의 의미가 되기 때문에 현재분사가 와야 한다. 좀 더 쉬운 예로 다음을 보자

I know a boy _____ the piano.
(A) played (B) playing

해석 나는 안다./ 한 소년을/ 피아노를 연주하고 있는

해설 소년이 피아노를 능동적으로 연주하고 있으므로 현재분사인 playing이 답이 된다. 문법적으로 설명하면 play가 연주하다고 해석할 때는 목적어가 필요한 3형식 타동사인데, 뒤에 목적어로 the piano가 왔으므로 능동, 진행형인 playing이 와야지만 the piano를 목적으로 가질 수 있다. 과거분사인 played는 목적어를 가질 수 없으므로 답은 playing이 되어야 한다.

마찬가지로 위의 예제 문제에서도 the operation이 목적어로 왔으므로 이것을 목적어로 가지면서 앞의 명사를 수식해 줄 수 있는 detailing이 답이 된다.

※ **the _____ report**
(A) detailed (B) detailing

그런데 detail의 분사형이 앞에서 뒤로 명사를 수식하는 경우에서는 '상세한, 자세히 설명된' 의 뜻으로 detailed가 답이 된다.

Sensible buyers want _____ marketing information such as the business's chief market area, its market share, and its marketing expenditures.
(A) detail (B) details
(C) detailed (D) detailing

해석 현명한 구매자들은 원한다./ 상세한 마케팅 정보를/ 그 사업체의 주요한 시장 분야와 시장 점유율 그리고 마케팅 지출과 같은

해설 이 문제에서는 빈칸이 바로 뒤의 명사인 marketing information을 수식하고 있기 때문에 detailed가 답이 된다.

This is the street _____ to young women.
(A) appealed
(B) appealing

해석 이것이 그 거리이다./ 어필하는/ 젊은 여성들에게
해설 수식받는 the street(거리)가 젊은 여성들에게 어필하면 능동형인 appealing이 답이 되고 거리가 젊은 여성들에게 어필되면 수동형인 appealed가 답이 된다. 그런데, 거리가 젊은 여성들에게 어필하는 것이지, 젊은 여성들이 거리에게 어필하는 것이 아니므로 appealing이 답이 된다. 그런데 이것은 해석하는 사람에 따라 혼동이 있을 소지가 있으므로 다음의 쉬운 문장으로 보면,

cf. I know the boy _____ to beautiful music.
  (A) listened
  (B) listening

아름다운 음악을 듣고 있는 소년이므로, 즉 소년이 능동적으로 음악을 듣고 있으므로 능동의 표현인 현재분사 listening이 답이 된다. 문법적으로 생각하면, listen to는 자동사 + 전치사이다. 일반적으로 '자동사+전치사'가 분사의 형태로서 뒤에서 앞으로 명사나 대명사를 수식할 때는 '현재분사(~ing) + 전치사'의 형태가 온다.
위의 예제에서도 'appeal to'는 자동사 + 전치사의 형태이므로 뒤에서 앞으로 명사를 수식할 때는 '현재분사(ing) + 전치사'의 형태가 오게 된다.

The operation _____ in the report must be read by all employees.
(A) detailed
(B) detailing

해석 그 운영방법은/ 그 보고서에 상세히 설명된/ 반드시 읽혀져야만 한다./ 모든 직원들에 의해서
해설 운영방법이 보고서에 상세히 설명하고 있는 것이 아니라 상세히 설명되어 있는 것이므로 detailed가 되어야 한다.
문법적으로는 detail은 3형식 타동사인데 detailing이 되려면 뒤에 목적어가 있어야하는데 목적어가 없다. 그 말은 수동의 의미인 과거분사(p.p.)의 형태로 뒤에서 앞으로 명사를 수식한다는 것이다.

169

정리 빈칸이 뒤에서 앞으로 명사나 대명사를 수식할 때

㉠ 빈칸의 동사가 목적어를 필요로 하는 타동사일 경우

    명사/대명사 + ~ing + 목적어~   명사/대명사 + 과거분사 + 목적어가 없는 경우
                 명사   p.p.   전치사~
                 대명사   부사~
                 동명사 (~ing)   to부정사 (부사적 용법)
                 to부정사 (명사적 용법)   부사절 등
                 명사절 (명사절접속사 + S + V)

㉡ 빈칸의 동사가 목적어가 필요 없는 자동사일 경우

    명사/대명사 + ~ing + 전치사~
                 부사~
                 to부정사 (부사적용법)
                 부사절 등

The number of employees _____ with their sales policy is increasing.
(A) agree   (B) agreeing
(C) agreed   (D) agreement

해석 직원들의 숫자가/ 그들의 판매 정책에 동의하는/ 증가하고 있다.

해설 빈 칸 뒤에 동사가 있으므로 빈칸은 동사 자리가 아니다. 빈 칸은 뒤에서 앞으로 명사를 꾸며주는 수식어 자리이다. 즉, 뒤에서 명사를 앞으로 수식할 수 있는 현재분사나 과거분사가 올 자리인데 이 때, 수식하는 분사와 수식받는 명사의 해석상의 관계가 능동의 관계이면 현재분사를 수동의 관계이면 과거분사를 쓴다. 문제에서는 그들의 판매 정책에 동의되는 직원들이 아니라 동의하는 직원들로 해석되어 능동의 의미이므로 agreeing이 답이 된다.

이 문제 해결에 대한 또 다른 문법적인 접근 방법은 아래에서 설명 한다. 문법적인 풀이도 알아둘 필요가 있다. 왜냐하면 영어는 우리말과 다른 언어적인 특징을 갖기 때문에 예를 들어 우리말의 해석은 능동인데 영어는 수동으로 표현되는 경우가 있고 그 반대인 경우도 있다. 원어민이 아니기 때문에 이런 부분에서 혼동이 생길 수 있다. 그래서 무조건 해석만으로 가는 것은 위험할 수 있다. 이것을 보완해 줄 수 있는 것이 문법적인 접근이다. 해석과 문법적인 접근을 적절히 섞어서 가야 할 필요가 있다.

cf. A number of employees _____ with their sales policy.
(A) agrees   (B) agreeing
(C) agreed   (D) agreement

해석 많은 직원들이/ 동의했다./ 그들의 판매 정책에

해설 먼저 다음을 보자.

※ <u>The number</u> of + 복수명사 + <u>단수동사</u>: '복수명사의 숫자는' 이라고 해석함.
　　　S　　　　　　　　　　　V

<u>A number of</u> + <u>복수명사</u> + <u>복수동사</u>: '많은 복수명사는' 이라고 해석함.
=a lot of　　　　S　　　　V
 many

예제의 동사는 is이다. 접속사나 관계사가 없기 때문에 빈 칸에 또 동사가 올 수는 없다. 따라서 빈 칸은 앞에 나오는 명사 employees를 수식하는 분사가 되는데, 해석상 그들의 판매 정책에 동의하는 직원들로 능동형으로 해석이 되기 때문에 agreeing이 답이 된다. 반면, cf.의 문제는 빈 칸을 제외하면 문장에 동사가 없으므로 동사가 올 자리인데, A number of + 복수명사 + **복수동사**이므로 동사가 아닌 (B)와 (D)는 답이 될 수 없고, (A)는 단수동사이므로 답이 아니고 주어가 단수이든 복수이든 상관없이 올 수 있는 과거동사인 (C) agreed가 답이 된다.

이 문제는 위에서 정리한 문법 사항을 적용해서 해결 할 수도 있다. 그렇게 하려면 먼저 agree라는 단어의 어법을 알아야 한다. agree는 보통 뒤에 전치사가 따라 나와서 'agree + with/ on/ to + 명사'의 형태로 '자동사 + 전치사'로 많이 알고 있지만, 실제로 agree는 아래와 같이 자동사와 타동사로 모두 사용된다.

자동사 + 전치사	타동사 + 목적어	타동사 + 목적어
agree + with	agree + <u>to + 동·원</u>	agree + <u>that s + v~</u>
on + 명사	to부정사	명사절
to		

위의 예제 문제는 agree with가 '자동사 + 전치사' 이므로 뒤에서 앞으로 명사를 수식할 때, 현재분사(~ing)로 수식했다고 볼 수 있다.

다음의 예제들을 계속해서 보기로 한다.

 The number of employees _____ to work at foreign branches in Asia and Europe will probably continue to increase.

　　(A) agree　　　　　　　　　　(B) agreeing
　　(C) agreed　　　　　　　　　 (D) agreement

해석 직원들의 숫자는/ 일하는 것을 동의하는/ 해외지사들에서/ 아시아와 유럽에 있는/ 아마도 계속 증가할 것이다.

해설 빈 칸이 직원들(employees)을 수식해 주고 있다. 그런데, 직원들이 일하는 것에 동의하는 것이지 동의 되는 것이 아니므로 능동의 표현인 현재분사 agreeing이 답이 된다. 이것을 문법적으로 설명해 보면, 빈 칸 다음에 to work가 나오고 있는데 이 to work는 '일하는 것' 으로 해석되는 to부정사의 명사적 용법으로 agree의 목적어로 쓰였다. 다시 말해, agree가 타동사로 왔고 그 뒤에 목적어에 해당되는 'to work' 가 왔으므로, 즉 타동사 뒤에 목적어가 살아있으므로 능동형인 agreeing이 답이 된다.

The number of employees _____ that they will work over the weekend is increasing.

(A) agree (B) agreeing
(C) agreed (D) agreement

해석 직원들의 숫자가/ 그들이 주말 동안에 일을 하는 것을 동의하는/ 증가하고 있다.
해설 마찬가지로 직원들이 일하는 것을 동의하는 것이므로 능동인 agreeing이 답이 된다. 문법적으로 보면, 이 때 agree는 뒤에 'that + s + v~' 의 형태로서 명사절이 목적어로 살아있기 때문에 3형식 타동사이고 뒤에 목적어가 있기 때문에 목적어를 가질 수 있는 현재분사 agreeing이 답이 된다.

cf. The employees at the company ____ that they would work over the weekend.
(A) agrees (B) agreeing
(C) agreed (D) agreement

해석 그 회사의 직원들은/ 동의했다./ 그들이 주말에 일을 할 것을
해설 위의 예제 문제와 비교해보면 이 문제는 명사절 접속사 that뒤에 s + v가 나왔으므로 that앞의 주절에도 s + v가 와야 한다. 이 때, the employees가 주어가 되고 빈칸은 동사가 와야 할 자리이다. 선택지에서 동사가 아닌 (B)와 (D)는 답이 될 수 없고, (A)와 (C)가 답이 되는데, The employees가 복수 주어이므로 (A)가 답이 되기 위해서는 복수동사인 agree가 와야 하므로, 정답은 과거동사인 agreed이다. 빈 칸 뒤에 똑같이 명사절로서 that절이 왔지만 예제의 빈칸은 현재분사인 agreeing이 답이 되고 c.f.의 문제에서는 과거형 동사인 agreed가 답이 된다.

The corporation's portfolio of clients ____ of representatives from 10 of the American states was submitted to the Accounting department.

(A) consists (B) consisting
(C) consisted (D) is consisted

해석 그 회사의 고객 포트폴리오는/ 미국의 주들 중 10개로부터 온 대표들로 구성된 / 제출되었다./ 회계부서로
해설 문장의 동사는 was 하나뿐이다. 접속사나 관계사가 없는데 또 다시 빈 칸에 동사가 올 수 없다. 따라서 빈 칸은 동사가 들어갈 자리가 아니다. 빈 칸은 뒤에서 앞으로 clients라는 명사를 수식해 주는 분사가 들어갈 자리이다. 해석상 '대표들로 구성되는' 으로 수동이지만 consist of는 자동사이므로 현재분사형인

consisting of가 되어야 한다. 바꾸어 말하면 consisting of는 영어로는 능동의 형태를 취하고 있지만 우리말 해석으로는 '구성되는'이 되어 수동태로 해석된다. 이렇게 양 언어상의 차이 때문에 무조건 해석만으로 문제에 접근해서는 안 된다. 정확한 해석과 함께 올바른 문법, 어법적인 접근도 목표점수를 얻기 위해 반드시 필요하다.

 The corporation's portfolio of clients _____ of representatives from 13 of the American states.
(A) consist   (B) consisting
(C) consisted   (D) is consisted

해석 그 회사의 포트폴리오는 구성되어 있었다./ 미국 주들 중 13개의 대표들로
해설 이 문제에는 문장의 동사가 없으므로 빈 칸은 동사가 들어갈 자리이다. 따라서 동사가 아닌 (B)는 답에서 제외된다. 그리고 consist of가 자동사이므로 수동태로 쓸 수 없기 때문에 (D) is consisted도 답이 될 수 없다. (A)와 (C) 중에서 답을 골라야 하는데, 주어가 portfolio로 단수이므로 (A)가 답이 되기 위해서는 consists가 되어야 한다. 따라서 정답은 주어가 단수이든 복수이든 올 수 있는 과거동사 (C) consisted가 된다.

 The event ____ place in Daegu is expected to attract more participants than ever.
(A) took   (B) taken
(C) taking   (D) will take

해석 그 이벤트는/ 대구에서 개최되는/ 예상된다./ 끌어들일 것으로/ 지금까지 보다 더 많은 참가자들을
해설 is expected가 동사이므로 빈칸은 동사가 아니라 뒤에서 앞으로 명사인 event를 수식해주는 분사이다. 해석상 대구에서 개최되는 이벤트이므로 taken이라고 생각될 수 있지만 take는 3형식 타동사인데 뒤에 목적어로 명사 place가 살아있다. 따라서, 현재분사형으로 앞의 명사 event를 수식해주어야 하므로 답은 (C) taking이 된다.
'take place + 전치사 + 장소'는 '~에서 개최되다.'라는 표현인데, 우리말은 수동으로 해석되지만 영어식 표현은 능동의 형태를 취하고 있다. 이러한 차이 때문에 오답을 많이 하게 되는 표현이다. 영영식으로 해석을 해보면 take(취하다) + place(장소를) + 전치사(~에서)의 표현으로 '~에서 장소를 취하다.'라는 말은 '~에서 개최되다.'라는 표현과 같다.

Photo-Zone is a biweekly publication _____ by an organization of amateur
　　　　　　　　　　　　　　　　(A) distributing
　　　　　　　　　　　　　　　　(B) distributed
photographers _____ to their hobby.
　　　　(A) devoting
　　　　(B) devoted

해석 포토존은 격주의 정기 간행물이다./ 아마추어 사진작가들의 조직에 의해서 배포되어지는/ 그들의 취미에 헌신(전념)하고 있는

해설 빈 칸은 뒤에서 앞으로 명사를 수식하고 있다. 해석상 격주의 정기 간행물이 배포하는 것이 아니라 배포되는 것이므로 답은 (B) distributed가 된다. 문법적으로 보면, distribute는 '배포하다' 라는 의미의 3형식 타동사인데, 뒤에 목적어가 없으므로 과거분사(p.p.)가 답이 된다.

그 아래 문제는 해석상 그들의 취미에 헌신(전념)하고 있는 사진작가들이 되는데 그러면 능동의 의미이므로 답은 devoting이 되어야할 것 같지만, 이 문제의 답은 devoted가 된다. 이것도 우리말과 영어의 해석상의 차이에 의해서 나타나는 것이다. 앞에서도 보았듯이 우리말로는 분명히 능동인데 영어식 표현은 수동으로 나타나는 몇 가지 예외의 경우가 있다. 따라서 해석만이 아니라 문법적으로 따져보고 하나의 관용적인 표현처럼 외워 두는 것이 좋다. 다음과 같은 표현이 있다.

be devoted to + ~ing/ 명사: ~에 헌신하다.
be dedicated to + ~ing/ 명사: ~에 헌신하다.
be committed to + ~ing/ 명사: ~에 전념하다.

위의 표현들은 모두 수동태를 취하고 있는데, devote, dedicate, commit등의 동사가 수동태가 될 수 있다는 것은 타동사라는 것인데, 문제에서 보면 타동사의 분사형이 뒤에서 앞으로 명사를 수식하는데 빈칸 뒤에 목적어가 없다.

그 말은 과거분사가 명사를 수식한다는 말이다. 따라서 devoted가 답이 된다.
위의 표현은 아래의 능동태 문장이 수동태가 된 것이다. 보통 devote, dedicate, commit는 3형식 타동사로 쓰이면 뒤에 재귀대명사를 목적어로 가질 때가 많다. 그래서 아래와 같은 표현이 된다.

능동태: s + devote + oneself + to + ~ing/ 명사: 주어는 자기 자신을 ~하는데 헌신하다(바치다).
    dedicate   ~하는데 헌신하다(바치다).
    commit   ~하는데 전념시키다.

위의 표현을 수동태로 바꾸면 다음과 같다. 목적어였던 oneself가 주어로 나간 수동태는 다음과 같은데, 이때 예를 들어 himself가 주어로 나갔다면 주어는 he가 된다.

수동태: s + be devoted to + ~ing/ 명사
     dedicated to + ~ing/ 명사
     committed to + ~ing/ 명사

문제에서 amateur photographers (who are) devoted to their avocation에서 주격관계 대명사 'who are' 가 함께 생략되고 devoted만 남게 된 것이다. 똑같이 생각한다면 아래의 표현들이 맞는 표현들이다.
amateur photographers (who are) <u>devoted</u> to their hobby.
          <u>dedicated</u>
         <u>committed</u>

devoted 뿐만이 아니라 be + p.p. + to + ~ing/ 명사의 표현이 가능한 것은 모두 답이 될 수 있다. 그래서 위의 문제의 devoted자리에는 dedicated나 committed도 답이 될 수 있다는 것이다.

다음을 보자.

~amateur photographers _____ themselves to their hobby.
(A) devoted
(B) devoting

만약 문제가 위와 같다면 답은 devoting이 되는데, 이유는 뒤에 목적어 themselves가 있기 때문이다. 그들 스스로를 몸 바치는 것이므로 devoting이 답이 된다. 마찬가지로 dedicating, committing도 답이 될 수 있다.

 Another factor _____ to high oil prices is India's growing demand.
(A) contributed
(B) contributing

해석 또 하나의 요인은/ 고유가에 기여하고 있는/ 인도의 증가하고 있는 수요이다.
해설 또 다른 요인이 고유가에 기여되는 것이 아니라 기여하는 것이므로 능동의 표현이 되어야한다. 그리고 contribute to는 '~에 기여하다.' 라는 의미의 '자동사 + 전치사' 의 표현이므로 뒤에서 앞으로 명사를 수식할 때 현재분사(~ing)형태가 온다. 물론 contribute는 타동사로 사용되는 경우도 있는데, 이때는 to가 바로 오지 않고 목적어가 나오고 to가 따라온다. ex. The organization contributes $200 million to charity every year.

참고
'헌신적인 + 명사' 의 표현은 '헌신하고 있는' 으로 해석되기 때문에 현재분사로 수식한다고 생각할 수 있지만 자신이 '몸 바쳐지는' 의 의미로 과거분사를 쓰게 된다.
ex. dedicated doctors 헌신적인 의사들
    devoted parents 헌신적인 부모들

 Music Muse TV will launch a new program _____ to showcasing amateur musicians' latest songs from around the globe.
(A) prepared (B) allowed
(C) dedicated (D) compared

해석 Music Muse TV는 시작할 것이다./ 새로운 프로그램을/ 헌신하는/ 선보이는 것에/ 아마추어 음악가들의 최신 노래들을/ 전 세계로부터 온
해설 해석상 노래들을 선보이기 위해 '준비된' 이나 '허락을 받은' 으로 해석하면, prepared나 allowed가 될 수 있다고 생각할 수 있지만, 이 표현들은 be prepared to + 동원, be allowed + 동·원의 형태로 to 뒤에 동사원형이 오게 된다. 그런데 지금은 to 뒤에 동명사가 오고 있으므로 be dedicated to + ~ing/ 명사의 표현으로 (C)가 답이 된다.

175

문제에서 a new program (which is) dedicated to showing~ 에서 '주격관계 대명사 + be 동사' 인 which is가 생략되고 과거분사(p.p.)인 dedicated만 남은 것으로 유사한 표현인 devoted나 committed도 답이 될 수 있다.

만약 to + 동·원으로 to showcase였다면 답은 prepared나 allowed 중에서 찾아야 한다.

예제 The employees _____ to attend the seminar must bring the document.
(A) requiring   (B) requires
(C) required   (D) requirement

해석 그 직원들은/ 그 세미나에 참가할 것을 요구받는/ 그 서류를 가져와야만 한다.

해설 해석상 직원들이 참석할 것을 요구할 수도 있고 요구받을 수도 있는데, 그러면 정답은 requiring도 가능하고 required도 가능하다는 말일까? 그런데 require + to 동·원의 표현은 없다.

require는 5형식으로 require A to + 동·원의 형태를 가지게 되는데 이 표현이 수동태가 되면 A + be required to + 동·원의 표현이 된다. 위의 문장은 원래 The employees (who are) required to attend였는데 이 때, 주격 관계대명사 + be동사인 'who are' 가 생략되고 'required' 가 답이 된다. 그런데, 이때 만약 to attending이었다면 dedicated, devoted, committed 등이 답이 될 수 있다.

문법적으로 보면 빈칸 뒤의 to attend는 목적어가 아니라 목적보어이다. 즉, 5형식 타동사인 require 뒤에 목적어가 없는 것이다. 목적어가 없으면 과거분사(p.p.)가 답이 된다고 했다. 아래의 문제와는 차이가 있다. 둘 다 뒤에 to + 동·원의 형태를 가지고 있지만 agree + to 동·원에서 agree는 뒤에 to + 동·원을 목적어로 가지는 3형식 동사로 사용될 수 있다. 빈 칸 뒤에 목적어로 to + work가 왔으므로 능동형인 현재분사가 답이 된다.

cf. The number of employees _____ to work at foreign branches in Asia and Europe will probably continue to increase.
(A) agree   (B) agreeing   (C) agreed   (D) agreement

해석 직원들의 숫자는/ 일하는 것을 동의하는/ 외국 지사들에서/ 아시아와 유럽의/ 아마도 증가를 계속할 것 같다.

해설 직원들이 '동의하는' 으로 능동의 의미이며, agree to 동·원에서 to 동·원이 목적어이므로 현재분사인 agreeing이 된다.

4. 분사가 형용사처럼 쓰이는 경우 Review

1) 분사가 앞에서 뒤로 명사나 대명사를 수식하는 경우 Review

ex. A _____ machine can cause a safety issue.
(A) malfunctioning
(B) malfunctioned

해석 오작동하는 기계는/ 유발할 수 있다./ 안전 문제를
해설 기능 고장을 일으키는 기계인가 기능 고장이 난 기계인가 중에서 고르면 되는데 우리말은 둘 다 가능해 보이지만 영어는 (A) malfunctioning만 쓴다. 이유는 malfunctioning은 '기능 고장을 일으키는' 혹은 '오작동하는' 의 뜻인데, malfunction은 자동사이다. 자동사는 보통 과거분사(p.p.)의 형태로 명사를 수식하지 않는다.

예제 a _____ authorization from their supervisor

(A) write (B) writing (C) written (D) wrote

해석 서면으로 작성된 허가서/ 그들의 상관으로부터의
해설 '서면으로 된' 으로 수동의 의미로 해석되므로 과거분사인 written이 답이다.

예제 _____ young writers

(A) aspiring (B) aspired

해석 포부에 차있는 젊은 작가들
해설 aspire는 자동사로 '열망하다' 인데 자동사는 일반적으로 명사를 수식할 때 현재분사로 수식하므로 aspiring이 답이다.

2) 분사가 뒤에서 앞으로 명사나 대명사를 수식하는 경우 Review

예제 An investigation team _____ of detectives and local law enforcement officials will collect evidence at the crime scene.

(A) consisting (B) consists (C) will consist (D) to be consisted

해석 조사팀은/ 구성되는/ 탐정들과 지역 법률 집행 관리들로/ 수집할 것이다./ 증거를/ 그 범죄 현장에서
해설 빈 칸은 동사 자리가 아니다. 왜냐하면 뒤에 will collect가 동사로 나오기 때문이다. 빈 칸은 앞의 명사인 team을 수식해주는 분사인데 구성되는 팀이라고 해석하면 수동의 의미로 해석이 되어 consisted가 답이라고 생각할 수 있지만, consist는 of와 함께 쓰여 consist of의 모양을 가지게 되고 이것은 자동사이다. 앞에서 언급했던 바와 같이 자동사 + 전치사가 뒤에서 앞으로 명사를 수식할 때는 현재분사(~ing)로 꾸민다.
우리말 표현은 수동인데 영어식 표현은 능동으로 나와 있다. 언어의 차이에서 빚어지는 오류이다. 주의가 필요하다. 쉽게 기억하기 위해서는 동사 consist of는 뒤에서 앞으로 명사를 수식하는 분사형으로 쓸 때는 늘 consisting of의 형태를 취한다고 보아도 된다.

※ compose도 '구성되다' 라는 의미의 동사인데 만약 compose가 온다면, compose는 타동사이므로 composed of가 답이 된다.

예제 An investigation team _____ of detectives and local law enforcement officials.
(A) consisting (B) consists
(C) is consisted (D) to be consisted

해석 조사팀은/ 구성된다./ 탐정들과 법률 집행 관리들로
해설 이 문제는 위의 문제와 달리 빈 칸 뒤에 동사가 없다. 따라서 빈 칸에는 동사가 와야 하므로 동사가 아닌 (A)와 (D)는 답이 될 수 없다. (B) 아니면 (C)인데, consist는 자동사이므로 수동형이 없으므로 정답은 consists가 된다.

예제 The sales contract contains all the terms and conditions _____ by the buyers and sellers.
(A) agreeing upon (B) agreement
(C) agree (D) agreed to

해석 그 판매 계약서는 포함 한다./ 모든 계약 조건들을/ 동의 되어진/ 구매자와 판매자에 의해
해설 앞에 contains라는 동사가 있으므로 빈 칸은 동사가 들어갈 자리는 아니다. 뒤에서 앞으로 명사를 수식하는 분사가 들어가야 할 자리이다. 계약 조건이 동의하는 것이 아니라 동의되는 것이므로 수동의 의미를 나타낼 수 있는 과거분사인 agreed to가 답이 된다. 그런데 agree to + 명사의 형태는 자동사인데, 자동사 전치사는 뒤에서 앞으로 명사를 수식할 때, 현재분사 형태로 수식한다고 했다. 그러나 자동사 + 전치사의 형태를 취하고 있지만 수동태가 가능한 동사들이 있다. agree to도 그와 같은 형태인데, 이 경우는 해석해 보고 답을 찾는 것이 더 좋다.

예제 The event _____ place in Daegu is expected to be well attended.
(A) taken (B) is taken (C) taking (D) took

해석 그 이벤트는 개최되는/ 대구에서/ 예상된다./ 참석률이 좋을 것으로
해설 빈 칸은 동사자리가 아니다. 왜냐하면 뒤에 is가 동사로 나오기 때문이다. 그래서 동사인 (B)와 (D)는 답이 될 수 없다. (A)와 (C)는 뒤에서 앞으로 명사를 수식하는 것인데 해석상 '개최되는' 이니까 수동으로 해석된다고 생각하여 taken을 답이라고 생각 할 수 있다. 그러나 take가 타동사이고 뒤에서 앞으로 명사를 수식할 때 빈 칸 다음에 목적어(place)가 살아있으므로 현재분사로 꾸민다. taking이 정답이다.

우리말 표현은 '대구에서 개최되는' 이라고 해석되어 수동의 의미라고 생각되지만, 영어식 표현을 보면 '취하는/ 장소를/ 대구에서' 로 원어민의 머릿속에는 이렇게 이해가 된다. 대구에서 장소를 취한다는 것은 대구에서 개최된다는 것인데, 우리말 표현은 수동인데 반해 영어식 표현은 능동이다.

cf. The event _____ place in Seoul last year.
(A) taken (B) was taken
(C) taking (D) took

해석 그 이벤트는/ 개최되었다./ 서울에서/ 작년에
해설 빈칸은 동사가 들어갈 자리이다. 동사가 아닌 (A)와 (C)는 답이 아니다. (B)와 (D) 중에서 take는 3형식 타동사인데 빈 칸 뒤에 목적어에 해당하는 명사 place가 있으므로 능동인 took가 답이다. 해석은 개최되다라고 되어 수동태 같지만 영어표현은 능동이다. 그리고 be taken place라는 표현은 없다고 알아두면 된다.

예제 The number of employees _____ to work at foreign branches in Africa and Europe will probably continue to increase.
(A) agree (B) agreeing
(C) agreed (D) agreement

해석 그 숫자는/ 직원들의/ 동의하는/ 일하는 것을/ 해외 지사들에서/ 아프리카와 유럽에 있는/ 증가를 계속하고 있다.
해설 직원들이 동의하는 것이지 동의되는 것이 아니므로 agreeing이 답이다. 문법적으로는 agree to work는 agree to + 동·원인데 이 경우 agree는 to부정사를 목적어로 갖는 3형식 타동사로 사용되었다. 뒤에 목적어 to work가 있기 때문에 현재분사로서 앞의 명사를 수식하고 있다.

예제 Nadia Messon Publishing announced today the launch of a division _____ to science fiction.
(A) dedicate (B) dedicated
(C) dedicating (D) dedication

해석 Nadia Messon Publishing은 발표하였다./ 오늘/ 그 시작을/ 한 부서의/ 헌신하는/ 과학 소설에
해설 헌신되는 부서라기보다는 헌신하는 부서라고 해석이 되어 dedicating이 답이라고 생각할 수 있지만 앞서 말한 바와 같이 dedicate가 타동사인데 뒤에 목적어가 없으므로 과거분사 p.p.형태로서 뒤에서 앞으로 명사를 수식한다.

예제 The division, Speedy Press, will publish twenty original titles this year. It will be led by Clara Johns, longtime fiction _____ at Nadia Messon.
(A) editing (B) editor
(C) edits (D) editorial

해석 그 부서는, Speedy Press의, 출시할 것이다./ 20개의 오리지널 타이틀을 올해/ 그것은 주도될 것이다./ Clara Johns에 의해, 오랫동안의 소설 편집인이었던/ Nadia Messon의
해설 지금 빈 칸은 뒤에서 앞의 명사를 수식하는 것이 아니라 해석상 Nadia Messon의 오랜 동안의 소설 편집인 Clara Johns라고 해석이 되어 동격의 명사가 와야 한다. 명사는 (B)편집인과 (D)사설이 있는데 의미에 맞는 것은 (B)이다.

예제 Reservations _____ through the Hotel Jennings Web site must be confirmed 24 hours before check-in. (2014년 5월 정기토익 기출 응용문제)
(A) are booked (B) booked
(C) will book (D) book

해석 예약들이/ 이루어진/ Hotel Jennings Web site를 통해서/ 확인되어야 한다./ 24시간 전에/ 체크인

해설 빈 칸이 뒤에서 앞으로 명사를 수식하고 있다. 동사는 뒤에 나오고 있기 때문에 분사가 들어가야 하는데, 이루어진 예약이라고 수동으로 해석이 된다. 그리고 book이 타동사인데 뒤에 목적어가 없으므로 과거분사인 booked가 답이 된다.

예제 Items in original condition and _____ by the sales receipt may be returned within 10 days for a full refund. (2014년 5월 정기토익 기출 응용문제)
(A) accompanied (B) accompanies
(C) accompanying (D) accompany

해석 품목들은/ 원상태로 있는/ 그리고 수반되어진/ 판매 영수증이/ 환불 되어질 수 있다./ 10일 이내에/ 전액 환불을 위해

해설 ~에 의해 수반되어지는 이라고 해석되어 accompanied by가 답이 된다.

5. 분사가 주격보어나 목적보어로 쓰이는 경우 Review

1) 분사가 주격보어로 쓰이는 경우 Review

예제 The CEO prefers maintaining operations as they are and doesn't seem _____ in expansion into new markets.
(A) interested (B) interests
(C) interest (D) interesting

해석 그 CEO는 선호한다./ 유지하는 것을/ 운영을/ 그것이 지금 그런 것과 같이/ 그리고 보이지 않는다./ 관심 있는 것처럼/ 확장에/ 새로운 시장으로의

해설 doesn't seem의 주어는 The CEO이다. 왜냐하면 S1 + V1~ and/ but +S2 + V2에서 S1과 S2가 같을 때 S2를 생략할 수가 있기 때문이다. 생략된 주어는 CEO인데 사람이다. 뒤에 사람의 감정을 나타내는 동사의 분사형이 나오고 있는데, 주어가 사람이므로 사람이 관심 가져지게 되는 것이므로 interested가 답이다.

cf.

The game *is not interesting*.
 sth

The game *doesn't seem interesting*.
 sth

The man *is not interested* in the game.
 sb

The man *doesn't seem interested* in the game.
 sb

예제 **Community members who are _____ in taking cooking classes this summer should sign up before June 1st.**

(A) interesting   (B) interested
(C) interests   (D) interest

해석 지역사회 회원들은/ 그런데 그들은 관심이 있는/ 요리수업을 수강하는데/ 이번 여름에/ 등록해야 한다./ 6월 1일 전에

해설 who는 주격 관계대명사로 선행사인 members와 같다. 사람이 주어이므로 be동사 뒤에 나오는 감정동사의 분사형은 수동형이 되어야 한다. sb be interested in. 따라서 정답은 interested이다.

cf. This month, A-One Mobile is _____ to offer a free phone to anyone who signs up for a two year service package.

(A) please   (B) pleasing
(C) pleasure   (D) pleased

해석 이번 달/ A-One Mobile은/ 기쁘다./ 제공하게 되니/ 무료 전화기를/ 누구에게든지/ 신청하는/ 2년간의 서비스 패키지에

해설 sb + be pleased to + 동·원은 sb는 '~하게 되니 기쁘다.' 라는 표현인데, 이때 보통 주어는 사람이 된다. 그런데 사람대신 회사나 부서, 단체, 팀, 조직 등이 올 수도 있다.

예제 **Many people hire professional accountants to prepare their own taxes because the process is so _____.**

(A) complicating   (B) complicate
(C) complicatedly   (D) complicated

해석 많은 사람들은 고용 한다./ 전문적인 회계사들을/ 준비하기 위해서/ 그들의 세금을/ 왜냐하면/ 그 과정이 너무 복잡하기 때문에

해설 the process는 사물이고 be동사인 is 뒤에 주격보어가 와야 하는데, process가 사물이라고 해서 complicating이라고 생각할 수 있지만 이렇게 문제를 푸는 것은 빈 칸이 감정동사의 분사일 경우에만 해당된다. 그런데 complicate는 사람의 감정동사가 아니므로 해석을 통해 문제를 풀어야 한다. 그 과정이 사람의 마음을 복잡하게 하는 것이 아니라 그 과정 자체가 복잡하게 구성되어있는 것이므로 수동의 의미를 가지는 과거분사 complicated가 답이 된다.

예제 **Many people hire professional accountants to prepare their own taxes because the process is so _____.**
(A) confusing (B) confused

해설 많은 사람들은 고용 한다./ 전문적인 회계사들을/ 준비하기 위해서/ 그들의 세금을/ 왜냐하면/ 그 과정이 너무 혼돈스럽기 때문에
해설 complicate는 사람의 감정동사가 아니지만 confuse는 사람을 '혼동케 하다.' 라는 의미의 감정동사이다.
주어가 the process로 사물이므로 그 과정이 사람을 혼동스럽게 하는 것이기 때문에 정답은 confusing이 된다.

예제 **Lamarnarch Premium paints are highly _____ to most stains and can be cleaned easily with soap and water.**
(A) resistance (B) resisted
(C) resistant (D) resisting

해설 Lamarnarch Premium 페인트는/ 매우 저항력이 있으며/ 대부분의 얼룩에/ 그리고 세척될 수 있다./ 쉽게/ 비누와 물로
해설 be 동사 뒤에 highly라는 부사가 왔고 주격보어가 와야 할 자리이다. 주격보어는 명사, 형용사, 현재분사, 과거분사가 다 올 수 있다. 그런데 주어가 paints로 사물이기 때문에 (D) resisting이 답이라고 생각할 수 있는데, resist는 사람의 감정을 나타내는 동사가 아니다. 여기서는 be resistant to + 명사로 쓰여 '~에 저항력이 있다.' 의 의미인 형용사 resistant가 답이다.

2) 분사가 목적보어로 쓰이는 경우 Review

예제 **Though the company considers it the most efficient method, many people find the intensive training schedule _____.**
(A) exhausting (B) exhausted
(C) exhaustingly (D) exhaustion

해석 비록 그 회사가 여기지만/ 그것이 가장 효과적인 방법이라고/ 많은 사람들은 안다./ 그 집중적인 교육 일정이/ 사람을 지치게 한다는 것을

해설 find는 5형식 동사로 사용되면 뒤에 목적어와 목적보어가 나오게 된다. 그런데 목적어가 the intensive training schedule로 사물이므로 감정동사에 속하는 exhaust는 exhausting이 되어야 한다. 그리고 해석상으로도 그 집중적인 교육 일정이 사람을 지치게 만드는 것이므로 능동의 의미를 가지는 현재분사인 exhausting이 와야 한다.

The editor spoke to his assistant about how to keep the writers _____ to write lively and interesting articles.

(A) have inspiration (B) be inspired
(C) inspired (D) inspiring

해석 그 편집자는 말했다./ 그의 비서에게/ 어떻게 그 작가들이 영감을 받도록 유지할 수 있는지 하는 것에 대해/ 생동감 있고 흥미 있는 기사들을 쓰기 위해서

해설 keep이 5형식 동사로 사용되었고, 목적어로 the writers가 왔다. 목적보어가 와야 할 자리인데, inspire는 사람에게 '영감을 주다.' 라는 의미의 감정동사이다. 목적어가 사람이고 사람이 영감을 받는 것이 되므로 inspired가 답이 된다.

※ keep + 목적어 + <u>목적보어</u>의 예 ☞ 목적보어로는 형용사, 현재분사, 과거분사 등이 온다.
  부사는 목적보어 자리에 올 수 없다.

keep your supervisor <u>informed</u> about 너의 상관이 ~에 대해 알고 있도록 하다.
keep the document <u>confidential</u> 그 문서를 기밀로 유지하다.
keep the produce <u>fresh</u> 그 농산물을 신선하게 유지하다.
keep the customers <u>satisfied</u> with 고객들이 ~에 만족된 상태가 되도록 하다.
keep the outdoor activities <u>interesting</u> 야외 활동들이 재미있도록 유지하다.

보통 단일 단어 분사가 명사나 대명사를 꾸밀 때는 앞에서 뒤로 수식하고, 분사 뒤에 다른 말들이 이어져서 나올 때는 뒤에서 앞으로 수식한다. 다만, 예외적인 경우로 단일 단어 분사가 뒤에서 앞으로 명사나 대명사를 수식하는 경우가 있다.

people questioned 질문을 받은 사람들
people interviewed 인터뷰를 받은 사람들

정리

분사는 문장 내에서 형용사 역할을 한다. 또한, 분사는 부사 역할도 한다. 분사가 형용사처럼 쓰이는 경우는 첫째, 명사나 대명사를 앞이나 뒤에서 수식하거나 둘째, 2형식 동사의 주격보어(SC)나 5형식 동사의 목적보어(OC)로 쓰일 때를 말한다.

분사가 부사역할을 하는 것이 분사구문이다. 마지막으로 분사도 준동사이므로 동사와 마찬가지 성질이 있어서 목적어나 보어를 가질 수 있고 부사의 수식을 받는다.

지금부터는 분사가 부사구처럼 사용되는 분사구문에 대해서 보기로 한다.

6. 분사구문

<u>Because she felt confident</u>, Julia asked for a raise.
부사절 s1 v1 sc1 주절 s2 v2
(had felt)
(부접)   , 명령문(동·원)~

밑줄 그은 부분이 없어도 주절은 성립한다. 따라서 밑줄 그은 부분은 v2를 수식하는 부사절이다.

→ (Because) (she) <mark>Feeling confident</mark>, Julia asked for a raise.
분사구문(부사구) (Having felt) 주절
                        , 명령문(동·원)~

밑줄 그은 부분이 없어도 주절은 성립한다. 따라서 밑줄 그은 부분은 v2를 수식하는 부사구이다.

동명사: ~하는 것
cf. <mark>Feeling confident</mark> is good for your health.
    S   V

밑줄 그은 부분이 없으면 is의 주어가 없으므로 Feeling이 동명사가 되어서 주어 역할을 해야 한다.

주절   부사절   (had felt)
s1 v1   s2 v2 sc2
Julia asked for a raise <u>because she felt confident</u>
명령문(동·원)~

주절   분사구문(부사구)
                                    (having felt)
→ Julia asked for a raise (because) (she) <mark>feeling confident</mark>.
명령문(동·원)~

분사구문은 부사절이 부사구가 된 것이므로 부사절이 뒤에 올 경우, 분사구문이 주절 뒤에 올 수도 있다.

7. 분사구문 만들기

1) 부사절의 주어는 생략함.

2) ㄱ) 부사절의 동사의 시제가 주절의 동사의 시제와 같을 때,
또는 부사절의 동사의 시제가 현재이고 주절의 동사의 시제가 미래일 때
(시간이나 조건의 부사절)

> 부사절의 동사를
> 동·원 + ~ ing로 바꿈
> (단순분사)

ㄴ) 부사절의 동사의 시제가 주절의 동사의 시제보다 한 시제 빠를 때

> 부사절의 동사를
> Having + p.p.로 바꿈
> (완료분사)

3) 수동형 분사구문인 being + p.p.와 having been + p.p.에서 being과 having been은 생략되고 p.p.만 남을 수도 있다.

4) 접속사는 생략하는 것이 원칙이지만 그 의미를 분명히 해 주고자 할 때는 그대로 써줄 수도 있다.

다음의 문장을 보자.

분사구문(부사구)　　　　　주절
Having failed the job interview, I returned to my hometown.
　　　　　　　　　　　　　　　　S　　V

부사절　　　　　　　　　　　주절
= After I had failed the job interview, I returned to my hometown.
　s1　v1　　　　o1　　　　s2　v2

Having은 '가지는 것'으로 해석하지 않음. Having p.p.의 형태로서, 분사구문이 되기 전의 부사절의 동사의 시제가 주절의 동사의 시제보다 한 시제 빠른 시제였음을 보여주고 있을 뿐이다. 그리고 Having failed가 완료 동명사라면 자신이 문장의 주어이므로, 콤마 뒤에 또다시 주어가 올 수 없다. 그런데 지금은 콤마 뒤에 s + v가 오고 있으므로 Having failed는 완료분사구문이다. 해석은 생략된 부사절 접속사를 적당히 살려 주절과 자연스럽게 연결시켜 해석한다.

 _____ completed the initial write-up of the research, the analyst submitted the draft to her supervisor for feedback.

(A) Had　　　　(B) Having　　　　(C) Have　　　　(D) Has

해석 완성한 후/ 그 초벌 논평 기사를/ 그 연구에 대한/ 분석가는 제출하였다./ 그 초안을/ 그녀의 상관에게/ 피드백을 받기 위해

해설 콤마 뒤 쪽에 주어 + 동사가 나오고 있는데, 만약 (A), (C), (D)를 넣게 되면, 동사가 2개인데 이 동사들을 연결해 줄 수 있는 접속사나 관계사가 필요한데 없으므로 답이 될 수 없다. 그런데 Having completed는 완료분사구문으로 부사구이므로 동사가 아니다. 따라서 문장을 성립시킬 수 있다. 원래 문장은 After he had completed the~ 이었는데 he를 없애고 시제가 한 시제 차이가 나기 때문에 having completed로 바꾼 것이다. Having이 정답이다.

185

Brian decided not to go out with his friends, _____ the movie they selected on the previous weekend.
(A) having seen (B) sees
(C) seeing (D) being seen

해석 Brian은 결정했다./ 나가지 않기로/ 그의 친구들과 함께/ 왜냐하면 보았기 때문에/ 그 영화를/ 그들이 선택한/ 그 전 주말에
해설 빈 칸 앞에 주어 + 동사가 나와 있다. 접속사나 관계사가 없는데 다시 빈 칸에 동사가 들어갈 수는 없다. 따라서 동사인 (B)는 제외된다. 결론부터 말하면 빈 칸 뒤쪽이 분사구문이다. 부사절이 콤마 뒤에 있었는데, 그 부사절을 분사구문을 써서 부사구로 바꾼 문장이다. 친구들이 그 전 주말에 선택한 영화를 이미 보았기 때문에 가지 않기로 결정한 것이므로 원래 콤마 뒤쪽 문장은 because he had seen the movie ~ 였다. 그런데, he를 생략하고 had seen이 주절의 동사 decided보다 한 시제 빠르기 때문에 having seen으로 바꾼 것이다. 이렇게 부사절이 주절보다 뒤에 나올 경우 분사구문이 주절보다 뒤에 나타날 수도 있다. 답은 having seen이다.

 _____ cleverly, the 3D game will be very popular.
A) Market (B) Marketed
(C) Marketing (D) Markets

해석 마케팅 된다면/ 영리하게/ 그 3D 게임은 매우 인기 있게 될 것이다.
해설 분사구문이다. 그런데 분사구문은 Marketing이나 Having marketed의 형태를 취해야하는데, 원래 부사절의 동사가 수동태일 경우 Being marketed나 Having been marketed가 될 수 있는데, 이 때, Being과 Having been은 생략되고 p.p만 남을 수도 있다. 그런데 p.p만 남는다는 것은 원래 부사절이 수동태였다는 것을 암시하므로 위와 같은 문제를 풀 때는 주절의 주어를 빈 칸 앞에 살려 해석을 하여, 생략된 주어와 분사가 해석상 능동의 관계면 현재분사를 수동의 관계면 과거분사를 답으로 찾는다. 지금의 경우 3D 게임을 빈 칸 앞에 살려 해석해 보면, 게임이 마케팅 되는 것이므로 Marketed가 답이 된다.

 As _____, S + V~
(A) indication (B) indicated

해설 As를 전치사라고 생각하여 명사인 indication을 답하면 안 된다. 정답은 indicated이다.
※ as + p.p가 올 수 있다
as indicated : 암시된 바와 같이   as agreed : 동의된 바와 같이
as predicted : 예측된 바와 같이   as discussed : 토론된 바와 같이
as mentioned : 언급된 바와 같이   as expected : 예상된 바와 같이

_____ the 3D game cleverly, the manager will be promoted soon.
(A) Market (B) Marketed (C) Marketing (D) Markets

해석 마케팅 한다면/ 그 3D 게임을/ 영리하게/ 그 매니저는 승진될 것이다./ 곧
해설 빈 칸 앞에 생략된 주어를 살리면, the manager인데 매니저가 게임을 마케팅하므로 능동형이 되어야 한다.

 _____ a degree in accounting, Ms. Sakai is considered one of the top candidates for the management position.
(A) Having earned (B) Earned
(C) Being earned (D) Earn

해석 받았기 때문에/ 학위를/ 회계학에 대한/ Ms. Sakai는 여겨진다./ 최고의 후보자들 중 한명이라고/ 그 관리직에 대한
해설 생략된 주어인 Sakai를 빈 칸 앞에 살리면 이 사람이 학위를 받은 것이므로 능동형이 되어야 하고 학위를 받은 것이 최고의 후보자들 중 한 명이라고 여겨지는 것보다 한 시제 앞선 사실이므로 완료분사구문이 되어야 한다. Having earned가 답이다.

 After _____ informed of the planned federal increase of minimum wage, Pentech Inc. dismissed 40 percent of their entire workforce without notice or compensation.
(A) been (B) was (C) being (D) were

해석 알게 된 후/ 계획된 연방의 인상에 대해/ 최소 임금의/ Pentech Inc.사는 해고했다./ 40퍼센트를/ 그들 전체 노동력의/ 통지나 보상 없이
해설 원래 문장은 After Pentech Inc. was informed of~ 였는데, 주어를 생략하고 동사 was를 being으로 바꾼 분사구문에서 부사절 접속사를 생략하지 않고 그대로 둔 경우이다. After being informed of~ 에서 being을 생략하면 After informed가 될 수도 있고 After마저 생략하면 문두에 Informed만 남을 수도 있다. 정답은 being이다.

Visitors are asked to turn off their electronic devices when ____ the laboratory.
(A) enters (B) entering (C) enter (D) entered

해석 방문자들은/ 요구 받는다./ 끌 것을/ 그들의 전자 장치들을/ 들어갈 때/ 그 실험실에
해설 분사구문에서 부사절 접속사를 생략하지 않는 경우도 있다. Visitors를 빈 칸 앞에 살리면 방문자들이 능동적으로 들어가는 것이기 때문에 (B) entering이 답이다.

예제 When _____ as to whether he was planning to work for the competition, Mr. Gomez said he would always be loyal to Samson Electronics.
(A) questioned (B) question
(C) questioning (D) questions

해석 질문을 받았을 때/ 그가 일할 계획이 있는지 없는지에 대해/ 그 경연 대회를 위한/ Mr. Gomez는 말했다./ 그는 늘 충성할 것이라고/ Samson Electronics 회사에
해설 Mr. Gomez가 질문을 하는 것이 아니라 질문을 받았을 때가 의미상 적절하다. 수동의 의미이므로 과거분사 questioned가 답이다.

ex. Before _____ the contract, _____ sure that you read it carefully.
(A) signed   (A) make
(B) signing   (B) making

해석 서명하기 전에/ 그 계약서에/ 확실히 하라./ 당신이 그것을 신중하게 읽는 것을
해설 빈 칸은 명령문이다. 동사원형이 와야 하므로 make가 답이다. 명령문의 주어는 you인데, you를 빈 칸 앞에 살려서 해석해 보면 당신이 서명하는 것이므로 능동의 의미이다. 따라서 현재분사 signing이 답이다. 또 다른 문제 풀이로는 동명사 편에서 보았듯이 before를 전치사로 보면 전치사와 관사 사이는 무조건 ~ing가 답이다.

ex. When _____ for a transfer, _____ your current situation fully.
(A) applied   (A) explaining
(B) applying   (B) explain

해석 전근을 신청할 때, 설명하라./ 당신의 현재의 상황을 완전히
해설 주절이 명령문이다. 동사원형인 explain이 와야 한다. 명령문의 주어는 you인데, you를 빈 칸 앞에 살려 해석해 보면 당신이 전근을 신청하는 것이므로 능동의 의미이다. 현재분사 applying이 답이다.

예제 After _____ considering the operations, the director has decided to end the laboratory's partnership with Valentine Corporation. (2014년 4월 정기토익 기출 응용문제)
(A) care (B) caring
(C) careful (D) carefully

해석 신중하게 고려해본 후/ 운영을/ 그 이사는 결정했다./ 끝낼 것을/ 그 연구실의 제휴관계를 Valentine Corporation과의
해설 considering을 분사로 보면, 준동사를 수식할 수 있는 것은 부사이다. 따라서 carefully가 정답이다.

예제 Mr. Jiyong must turn in his temporary security badge ____ leaving the office building.
(2014년 4월 기출 응용문제)

(A) before　　　(B) to　　　(C) than　　　(D) among

해석 Mr. Jiyong은 제출해야 한다./ 그의 임시 보안 배지를/ 사무실을 떠나기 전에
해설 원래 문장은 S + V~~ before he leaves the~ 였는데, he를 생략하고 before leaving의 분사구문을 만든 것이다. 그런데, 이 분사구문은 주절 뒤에 나온 경우이다.

　ex. When <u>interviewed</u>, you must do your best.
　　= You must do your best when <u>interviewd</u>.

해석 인터뷰를 받을 때, 당신은 최선을 다해야 한다.

예제 Sporty Tech's latest running shoe earned positive reviews _____ tested by a group of athletes.
(2014년 5월 정기토익 기출 응용문제)

(A) are　　　(B) this　　　(C) from　　　(D) when

해석 Sporty Tech's의 최근 러닝 슈즈는 받았다./ 긍정적인 평을/ 테스트를 받았을 때/ 한 단체 운동선수들에 의해
해설 분사구문이 주절의 뒤에 나타난 경우이다. 그런데 여기서 빈 칸 앞에 reviews를 복수주어로 생각하고 뒤에 tested를 과거분사로 보고 be + p.p. + by에서 are를 답이라고 고르는 실수를 할 수 있으니 주의해야 한다.
주어인 running shoe를 빈칸 앞에 살려보면 신발이 테스트하는 것이 아니라 테스트 되는 것이므로 과거분사 tested가 왔고 그 부분의 원 문장은 when it was tested에서 it을 생략한 후 was를 being으로 바꾸어 when being tested by에서 being을 생략하고 when tested by가 된 것이다.

연속동작　　　　= and it generated anger from dissatisfied voters.

　　The law was passed, _____ anger from dissatisfied voters.
　　　　　(A) generating
　　　　　(B) generated

해석 그 법률은 통과되었다./ 노여움을 낳으면서 불만족한 투표자들의
해설 분사구문은 부사절을 부사구로 바꾼 것, 그러나 연속동작은 and + s + v에서 and와 s는 생략하고 v만 ~ing로 바꾼 형태이다. '~하면서' 로 해석함.
　완전한 문장　타동사
[S1 + V1 + O1 ~],　<u>ing</u> + 목적어(명사, 대명사, 명사절…)

Stormy weather in New Delhi led to power outages last Sunday, _____ some residents without electricity.

(A) will leave (B) leaving
(C) have left (D) leaves

해석 폭풍우가 치는 날씨는/ New Delhi의/ 이어졌다./ 정전으로/ 지난 일요일/ 남겨 두면서/ 주민들을/ 전기가 없는 상태로

해설 빈 칸 앞에 완전한 문장이 왔고, 빈 칸 뒤에 목적어가 있으므로 현재분사가 답이다. 또 다르게 생각하면, 빈 칸 앞에 주어 + 동사가 나왔는데 접속사나 관계사도 없는 상황에서 또 동사가 와서는 안 된다. 선택지 가운데 동사 아닌 것을 고르면 (B) leaving이 답이다.

 The 5 star hotel provides personal service and careful attention to detail, _____ that you have a relaxing and comfortable stay.

(A) be ensured (B) ensure
(C) ensures (D) ensuring

해석 그 5성 호텔은 제공 한다./ 개인적인 서비스와 세심한 관심을/ 보장하면서/ 당신이 느긋하고 편안한 숙박을 할 수 있도록

해설 빈 칸 앞쪽이 완전한 문장이 왔고, 빈 칸 뒤에 that절이 명사절로 목적어로 나오고 있기 때문에 현재분사가 답이다. 마찬가지로 이미 주어와 동사가 나왔는데, 접속사나 관계사의 연결 없이 다시 동사가 오면 안 된다. 동사가 아닌 것은 ensuring이다.

 _____ by the product demonstration last month, the operations manager has finally decided to order several of Handimaid's appliances.

(A) Impressed (B) Impressive
(C) impressing (D) impression

해석 그 제품 시연회에 의해 감명을 받았기 때문에/ 그 운영 매니저는 마침내 결정했다./ 주문하기로 몇 개를/ Handimaid사의 가전제품들 중

해설 콤마 뒤 쪽의 주어 manager를 빈 칸 앞에 살려보면, 매니저가 감명을 받은 것이기 때문에 Impressed가 되어야 한다.

cf. Surprised by~, s + v~ ~에 놀라서, s는 v하다.

동시에 일어나는 상황: ~ 하면서, ~한(인) 가운데, ~한 상황에서, ~한(인) 채로
(묘사적인 표현)

with + 목적어 + 현재분사
       과거분사

ex. Mrs. Baker walked by with the application forms falling out of the file case.
Baker여사는 걸어서 지나갔다./ 지원 양식지들을 떨어뜨리면서/ 그 서류 케이스로부터

예제 _____ only two weeks left until the shopping mall's grand opening, the owner of the building must decide which employee he wants to hire for the food court.
(A) About   (B) In   (C) On   (D) With

해석 단지 2주가 남은 상황에서/ 그 쇼핑몰의 그랜드 오프닝까지/ 그 건물의 소유주는 결정해야 한다./ 어느 직원을/ 그가 원하는지 하는 것을/ 고용하는 것을/ 그 푸드코트를 위해
해설 with + 목적어 + 과거분사의 형태를 가졌다. 동시에 일어나는 상황, 표사적인 표현을 나타낸다.
'단지 두주가 남아있는 상황에서 '로 해석된다. 정답은 with이다.

8. 현재분사와 과거분사의 자주 출제되는 표현들

one of the leading manufacturers 선두 제조업체들 중 하나	promising project 유망한 프로젝트
existing staff 기존의 직원	lasting impression 지속되는 인상
remaining inventory 남아있는 재고	rewarding discussion 보람 있는 논의
challenging issues 어려운 문제들	growing economy 성장하는 경제
broken machine 고장 난 기계	complicated manual 복잡한 안내서
limited item 한정된 품목	attached letter 첨부된 편지
distinguished career 뛰어난 경력	four years of dedicated service 4년간의 헌신적인 근무
experienced travellers 경험 많은 여행자들	enclosed statement 동봉된 명세서
accomplished singer 기량이 뛰어난 가수	repeated dismissal 되풀이 되는 거절

All apartments at Norgate Residence have private patios and _____ parking spaces.

(2013년 3월 정기토익 기출 응용문제)

(A) loosened (B) reserved
(C) delivered (D) trained

해석 모든 아파트는 Norgate Residence에 있는/ 가지고 있다./ 개인 테라스와 예비 된 주차공간을

해설 예약된/ 예비된 주차 공간이라는 표현은 reserved parking spaces이다. 또, designated parking spaces라고 하면 '지정된 주차 공간' 이라는 의미로도 쓰인다.

 This offer is only available for a _____ time.

(A) skilled (B) unauthorized
(C) limited (D) discounted

해석 이 제안은 단지 유효하다./ 제한된 시간 동안만

해설 제한된 시간 동안이라는 표현의 limited가 답이다. skilled는 숙련된 인데 보통 사람을 수식한다. unauthorized는 공인되지 않은, discounted는 할인된 인데 모두 문맥에 어울리지 않는다.

PART 4

품사

CHAPER 15	전치사
CHAPER 16	명사
CHAPER 17	형용사
CHAPER 18	부사
CHAPER 19	대명사

15 전치사

전치사 극히 드문 예외를 제외하면, 반드시 뒤에 전치사의 목적어가 나와야 한다.

            (부사)
전 치 사 + (한 정 사) + (수 식 어) + (수 식 어) + 전치사의 목적어: 전치사구
　　　　① 관　사　　　형 용 사　　　형 용 사　　　명　사
　　　　② 소유격　　　현재분사　　　현재분사　　　대 명 사
　　　　③ 수량형용사　과거분사　　　과거분사　　　동 명 사
　　　　④ 지시형용사　명　사　　　　명　사　　　　명 사 절

　　　　　　　　　　　　　　　　　　　　　　　　　명사　　그날 이전의 3주
전치사구: 형용사구: 앞의 명사나 대명사를 수식함.　ex. three weeks *prior to* the date.

　　　　　부사구: 형용사, 부사, 동사를 수식함.　　　ex. He exercises in the evening.
　　　　　　　　　　　　　　　　　　　　　　　　　　　동사

전치사는 전치사의 목적어가 나오는 곳까지 영향을 미치며 해석은 가장 나중에 한다.

1. 주요 전치사

1) in

시간	1. 월, 연도, 계절, 세기 　in January　in 1994　in summer　in 21th century 　in the morning　in the afternoon　in the evening 2. (~기간) 후에, (~기간이) 지나서, (~기간) 만에, ~안에 　in three minutes: 3분 후에, 3분 지나서 (시간의 경과, 소요를 나타냄.)
장소	1. 비교적 넓은 장소 　in America　in Korea　in town　in the area 　in the region 2. (벽으로 둘러싸인, 또는 어떤 일을 하는) 공간 내의 장소, 또는 어떤 환경. 　in the meeting room, in the kitchen, in the lobby 　in the enclosed envelope 동봉된 봉투 안에
소속, 분야, 직업	in the film industry　　　in economics　　　in the textile industry 　영화 산업에서　　　　　경제학에서　　　　　섬유 산업에서

※ in은 위의 쓰임 이외에 다음과 같은 표현에도 쓴다.
  ex. in green 초록색의 (색깔 앞에)
      in a recent report 최근 보고서에서 (책이나 자료 앞에)

※ this, that, last, every 등이 시간 앞에 쓰이면 전치사 in, at, on 등을 쓰지 않는다.
  ex. in this afternoon (X)   this afternoon (O)
      in last week (X)   last week (O)
  cf. in the last five weeks (O)
      for   past   (O)
      over   (O)

 The Johnsville Visitor Center will be the first new development on the city's historic waterfront _____ more than 70 years. (2014년 5월 정기토익 기출 응용문제)

(A) up   (B) until   (C) over   (D) in

해석 Johnsville Visitor Center는 첫 번째 개발이 될 것이다./ 그 도시의 역사적인 수변 부지에/ 70년 이상 만에

해설 (B) until은 뒤에 시점 명사가 오는 전치사이므로 적절치 않다. more than 70 years는 70년 이상이라는 기간의 표현이기 때문이다. up도 기간 표현과 어울리지 않는다. over은 전치사로는 '~기간에 걸쳐서'라고 해석이 되며, 부사로는 '~이상'(=more than)의 의미로 쓴다. in은 전치사로 뒤에 기간 표현이 올 경우 '~내에, ~후에, ~이 지나서, ~만에' 등의 의미로 사용될 수 있다. 예를 들어 in the last/ past 30 years (지난 30년 만에)와 같은 표현이 있다. 지금 문제에서는 70년 이상 만에 첫 번째 개발로 해석되어 in이 답이 된다.

 Modern Teen Apparel plans to open 25 new stores across the country ___ the next six months. (2013년 3월 정기토익 기출 응용문제)

(A) out   (B) over   (C) from   (D) to

해석 Modern Teen Apparel사는 계획하고 있다./ 오픈할 것을/ 25개의 새로운 상점들을/ 전국에/ 향후 6개월간에 걸쳐

해설 이 문제는 위에서 본, 2014년 5월 정기토익 문제와 유사하지만 정답은 다르다. 내용으로 볼 때 향후 6개월간에 걸쳐서라고 해석이 되기 때문에 (B) over가 되고 이 때 over는 전치사이다. over는 '지난 ~간에 걸쳐서'라는 표현으로도 사용되는데 이때는 보통 over the last/ past 30 years와 같은 표현으로 쓴다.

※ in과 관련된 관용표현

in addition to + 명사/ ~ing ~에 덧붙여[이외에도], ~에 더하여		in advance 미리, 사전에
in detail 상세히, 자세히	in comparison with ~와 비교하여	in particular 특별히
in conclusion 결론적으로	in terms of ~의 측면에서(보면)	in general 일반적으로, 주로
succeed in ~에 성공하다	in time 제시간에	interest in ~에 대한 관심
in exchange for ~와 교환으로	rise in ~에 있어서의 증가	in time for ~에 때맞추어

If Mr. Nakata takes Flight 231, he will arrive in time _____ the convention on Monday morning.

(2014년 5월 정기토익 기출 응용문제)

(A) there (B) soon
(C) while (D) for

해석 만약 Nakata가 탄다면/ 231 비행기를/ 그는 도착할 것이다./ 때맞추어/ 그 회의에/ 월요일 아침
해설 ~에 때맞추어의 표현은 in time for + 명사이다.

expertise in A: A에 있어서의 전문지식(기술)

in the foreseeble future 예측 가능한 미래에(가까운 미래에)
 = near

relevant information 관련된 정보
       receipt 관련된 영수증

experience in a relevant field 관련된 분야에서의 경험
in the field of A: A의 분야에서
  = area
  = arena

2) at

시간(시각)	at 7p.m. at dawn at noon at the end of the year
	새벽에 연말에
장소(지점)	at the doorway at the intersection at the party at the hotel
	출입구에서 교차로에서

※ promptly at 2 o' clock: 2시 정각에
 = precisely
 = at 2 o' clock sharp

 He lives _____ the intersection.

(A) in   (B) down   (C) near   (D) from

해석 그는 산다./ 그 교차로 근처에
해설 위의 표에서 intersection(교차로) 앞에 올 수 있는 전치사는 at이다. 그런데, 선택지에 at이 없다. 이런 문제는 융통성을 발휘할 필요가 있는데, 그는 그 교차로 '근처에' 산다라고 하는 것이 의미적으로 가장 적절하다. near가 정답이다.

※ at과 관련된 관용표현

at least 적어도, 최소한	at the latest 늦어도	at the earliest 빨라야, 빨라도
at all times 항상	at times 때때로, 이따금 (=sometimes) ※ sometime: 언젠가	at all costs 어떻게 해서라도
at random 무작위로	at the rate of ~의 비율(요금)으로	at (the) most[best] 기껏해야, 고작
at the moment 현재	at once 즉시, 당장, 동시에(한꺼번에)	

```
                    (D) whole
                    (C) all
                    (B) total
                    (A) entire
       ex. _____  _____  _____ : 항상, 늘         ※ 늘 그렇듯이, 평상시와 같이
            (A) at         (A) time                              as usual
            (B) in         (B) times                             as always
            (C) with       (C) timely
            (D) on         (D) timing
```

① at은 비율, 비용, 요금, 속도 등을 목적어로 가진다.

at the rate of 5%　　5퍼센트의 비율로
at a low price　　　 저렴한 가격으로
at no additional charge　추가 요금 없이
at owner's expense　소유주의 비용으로
at high speed　　　 빠른 속도로

The property was valued _____ $200,000,000.

(A) at　　　　(B) on　　　　(C) in　　　　(D) with

해석 그 건물은 가치 평가 되었다./ 200,000,000달러의 가격으로
해설 빈 칸 뒤에 가격이 나오므로 가격 앞의 전치사는 at이 된다.

② 회사명 앞에도 at을 쓴다.

예제 _____ KGN Motor Company, we are dedicated to providing our customers with the best products, prices and service. (정기토익)

(A) On (B) At (C) Of (D) To

해석 KGN사에서/ 우리는 전념하고 있다./ 제공하는 것에/ 우리 고객들에게/ 최고의 제품과 가격, 그리고 서비스를

해설 회사명 앞에는 전치사 at을 쓴다.

3) on

시간	특정일, 요일, 날짜, 특정일의 아침, 점심…. on Christmas Eve, on Wednesday, on July 12 on a cold morning, on weekends
장소	(접촉면) 위에 on the table, on the chair, on the wall 일직선상의 지점 on Han's street, on the third floor, on the website

ex. Press the button _____ your left and release.
(A) on (B) by (C) with (D) for 왼쪽(편)이라고 할 때는 on을 쓴다.

ex. You can see a tall building _____ your right.
(A) in (B) for (C) at (D) on 오른쪽(편)이라고 할 때도 on을 쓴다.

※ on과 관련된 관용표현

on schedule 예정(일정)대로　　on behalf of ~을 대신하여　　on the rise 증가 추세에 있는

depend[rely, count] on ~에 의존하다　emphasis on ~에 대한 강조　discount on ~에 대한 할인

spend 시간/ 돈 ~ing ~하는데 시간/ 돈을 쓰다　　　　　　　　　　on one's way to ~로 가는 도중에

　　　　　　on + 명사

on foot 걸어서　　　　　　on display 전시 중인　　　　on sale 할인(판매) 중인

have an effect on ~에 효과를 나타내다　　　　　　　　　go on (a) strike 파업하다

on[upon] request[demand] 요청 즉시, 신청/ 요구하면　　on[upon] arrival 도착 즉시

on a regular basis = at regular intervals 정기적으로　　on a weekly basis 매주, 주 단위로
　　= regularly

예제 Interest charges are always clearly indicated _____ Ryan Bank monthly statements.

(2014년 5월 정기토익 기출 응용문제)

(A) on (B) next (C) about (D) to

해석 이자 부과 금액은/ 늘 분명하게 표시된다./ Ryan Bank의 월간 명세서에
해설 명세서 위에 표시가 되는 것이므로 on이 정답이다.

예제 New aprons will be distributed to all personnel at Bumbina Cafe _____ May 5.

(2014년 5월 정기토익 기출 응용문제)

(A) to (B) at (C) in (D) on

해석 새 앞치마가 배포될 것이다./ 모든 직원들에게/ Bumbina Cafe에서/ 5월 5일에
해설 날짜 앞에는 on을 쓴다. 만약 '~__ May' 였다면 월 앞이니까 in이 정답이다.

예제 QR Tours offers the cheapest vacation packages _____ Montreal.

해석 QR Tours사는 제공한다./ 가장 저렴한 휴가 패키지를/ 몬트리올에서
해설 도시명인 Montreal앞에는 전치사 in이 와야 한다.

2. 시점 전치사와 기간 전치사

1) 시점 전치사
from ~부터   since ~이래로   until ~ 까지
by ~까지   before ~ 전에   prior to ~전에

※ since: 뒤에 과거시점이 오며, 보통 현재완료 시제와 함께 사용됨.
　　ex. I haven't seen the manager since yesterday.

예제 There will be a fifteen-minute intermission _____ the second act of the play.

(2013년 3월 정기토익 기출 응용문제)

(A) along (B) except (C) between (D) before

해석 있을 것이다./ 15분간의 중간 휴식이/ 그 연극의 두 번째 막 전에
해설 의미상 '~전에' 라는 전치사가 와야 한다. 따라서 before가 정답이다.

Please read the instructions _____ start to finish before attempting to replace the ink cartridge.
(A) of   (B) by   (C) during   (D) from

해석 읽으시오./ 그 지시 사항을/ 처음부터 끝까지/ 시도하기 전에 교체하는 것을/ 그 잉크 카트리지를
해설 처음부터 끝까지라는 표현은 from start to finish이다. from은 '~로부터', 또는 '~에서' 라는 뜻으로 출처, 또는 시발점 등을 나타내는 전치사이다. be removed from ~로부터 제거되다. be obtained from ~에서 얻다.

2) 기간 전치사

for ~동안   during ~동안   over ~(기간)에 걸쳐
within ~이내에   throughout ~내내

※ after: 동작의 완료를 나타냄.
after의 경우 뒤에 시점 표현도 올 수 있고 기간 표현도 올 수 있다.
ex. after its publication 출판 후에   after the long weekend 긴 주말을 보낸 후에
ex. after 2p.m. 두 시 이후에   after four months of research 네 달 동안의 연구 후에

 We have worked on the project _____ three months.
(A) for   (B) since

해석 우리는 일해오고 있다./ 그 프로젝트에 대해/ 삼 개월 동안
해설 for는 뒤에 기간이 올 수 있지만, since는 시점의 표현이 온다. 따라서 답은 for가 된다.

3) 시점 전치사와 기간 전치사의 선택

You must submit the report _____ the end of the month.
(A) by   (B) within

해석 당신은 제출해야 한다./ 그 보고서를/ 이달 말 까지
해설 시간을 표현할 때 by는 뒤에 시점명사가 오는 전치사이지만 within은 기간명사가 오는 전치사이다. 이달 말은 시점이므로 by가 답이 된다.

4) by와 until의 구분

by: 일회적, 완료적 개념(특정 시점까지의 동작의 완료를 의미).
finish, complete, end 등과 자주 사용됨.

until: 상태의 지속(특정시점까지의 동작이나 상태의 계속을 의미).
continue, last, keep, wait, stay 등과 자주 사용됨.
s + v~ <u>by</u> the end of the month (O)
s + v~ <u>until</u> the end of the month (O)
둘 다 맞는 표현이다. 앞부분의 내용이 일회적, 완료적 개념이면 by를 쓰고, 앞부분의 내용이 상태의 지속을 나타내면 until이 답이다.

 The feasibility study of the new advertising campaign will be concluded _____ the end of this week.

(A) for　　　　　(B) within　　　　　(C) until　　　　　(D) by

해석 그 타당성 조사가/ 그 새로운 광고 캠페인에 대한/ 끝날 것이다./ 이번 주 말까지
해설 ~까지 끝난다는 것은 일회적이면서 완료적인 개념이다. 따라서 by가 되어야 한다.

5) for와 during의 구분

for: 기간을 묻는 How long에 대한 대답으로 보통 뒤에 숫자 표현이 따라 나와서 '얼마나 오랫동안' 어떤 일이 계속 되었는지를 나타낸다.
ex. for two years 2년 동안　for the last ten months 지난 10개월 동안　for decades 수십 년 간
cf. for a limited time 제한된 시간 동안: for 뒤에는 보통 숫자 표현이 따라오지만 항상 그러한 것은 아니다. for 는 숫자 표현이 없어도 얼마나 오래 계속 되는지를 나타내면 된다.

during: 시점을 묻는 When에 대한 대답으로 언제 그 일이 일어났었는지를 나타내고 보통 뒤에 숫자 표현이 올 수 없다.
ex. during the meeting 회의 동안　during the vacation 휴가 동안

 You may be required to work overtime _____ particularly busy period, and this time is unpaid.

(A) during　　　　　(B) regarding　　　　　(C) into　　　　　(D) under

201

해석 당신은 요구받을 수 있다./ 초과근무를/ 특히 바쁜 기간 동안은 /그리고 이 시간은 무급이다.
해설 얼마나 오랫동안 그 일이 계속되었는지를 나타내는 것이 아니라 그 일이 언제 일어나는지에 초점을 맞추었기 때문에 during이 답이 된다.

3. 위치관련 전치사

1) 위치 전치사

(1) between/ among ~사이에서

between: ~사이에(서) (2사이)
between A and B: between Korea and Japan
　　　　　　　　between Daegu and Busan　cf. <u>from</u> Daegu <u>to</u> Busan
　　　　　　　　between 4 p.m. and 6 p.m.
between + 복수명사: between the two companies.

※ between은 보통 둘 사이의 직접적인 이해관계라든지 거리나 시간 등의 사이에 쓴다.
　among: 셋 이상 사이(~의 무리들 중에서, 여럿 사이에 있는, 여럿 중 하나이다).

 Mr. Moon is _____ the few scientists who have been honored by both Emerson Society and Newton Science committee.

(A) from　　　　(B) about　　　　(C) as　　　　(D) among

해석 Mr. Moon은 몇 안 되는 과학자들 사이에 있다./ 영예를 얻은(상을 받은)/ Emerson Society and Newton Science 위원회에 의해
해설 Mr. Moon이 몇 안 되는 과학자들 사이에 있다는 것은 그러한 과학자들 중 한 명이다라는 뜻이다. among이 답이다.

(2) within (~공간) 이내에
　within은 (~공간) 이내에라는 의미 이외에도 다양한 쓰임이 있다.

　within
　① 시간: (~기간) 이내에
　　　ex. _____ one month　　_____ 30 days　　_____ the next two weeks
　　　　(A) before　　　　(A) before　　　　(A) before
　　　　(B) within　　　　(B) within　　　　(B) within
　　　one month, 30 days, the next two weeks 모두, 기간의 표현이므로 within이 답이다.

② 공간: (~거리)이내에
    ex. within a radius of:　　　　　~의 반경 이내에
       within walking distance of:　　~에서 걸어서 갈 수 있는 거리 이내에
       within an hour drive:　　　　한 시간 운전거리 이내에 있는

③ ~조직 내의, ~조직 내부에서
    ex. within the organization　　그 조직 내부에서
       within the department　　　그 부서 내부에서
       from within the company　　회사 내부로부터

④ 기타 표현
    ex. within the article　　within the contract　　within the airport　　within the budget
       그 기사 내에서　　　　그 계약서 내에서　　　그 공항 내부에서　　　예산 내에서

예제 The innovative Web site allows a traveler to search and find the locations of interest that lie _____ a thirty-mile radius of the city.
(A) among　　(B) within　　(C) into　　(D) through

해석 그 혁신적인 웹사이트는 가능하게 해준다./ 여행객이 탐색하고 찾는 것을 관심 있는 지역을/ 놓여있는/ 30마일 반경 이내에/ 그 도시의
해설 '~의 반경 이내에 있는'의 표현은 within a~ radius of~ 이다.

예제 Barcelona is absolutely one of the largest cities in the European Union by population _____ the city limits.
(A) as　　(B) into　　(C) against　　(D) within

해석 Barcelona는 절대적으로 하나이다. 가장 큰 도시들 중의/ EU에서/ 인구로 보면/ 그 도시 경계 내에 있는
해설 '도시 경계 내에 있는'의 표현은 within the city limits이다.

---

(3) beside/ next to ~옆에

(4) behind ~뒤에
    behind the schedule 예정보다 늦게　　※ 예정대로 on schedule
                                        예정보다 일찍 ahead of schedule

(5) above/ over ~위에

(6) below/ under ~아래에/ ~하에

    below average: 평균 이하   above average: 평균 이상   on average: 평균적으로
        (= normal)   (= normal)

※ be back to normal: ~ 이 정상화 되다.

 All store managers will work directly ____ the guidance of the regional manager.

  (A) there   (B) open   (C) under   (D) away

해석 모든 상점 매니저들은 일할 것이다./ 직접 지도하에서/ 지역 매니저의
해설 ~의 지도하에서' 라는 관용 표현은 under the guidance of이다.

(7) near ~가까이

    The office near the front desk is~ 그 프론트 데스크 근처에 있는 그 사무실은~: 전치사
    The office is near the front desk. 그 사무실은 프론트 데스크 근처에 있다: 전치사
    The building is near from here.: 그 건물은 이곳에서 가깝다: 형용사
    ※ in the near future: 형용사: 가까운 미래에: 형용사(시간적으로 가까운)
    cf. in the _____ town of Hamilton: 해밀턴 인근의 마을에: 형용사(공간적으로 가까운)
        (A) near   (B) <u>nearby</u>   (nearby) 가 정답
    on one of the farms nearby: 근처에 그 농장들 중 하나에서: 부사

(8) around ~주위에

2) 위치 전치사 숙어표현

around the world 전 세계에   around the corner 길모퉁이에
under discussion 토론(논의) 중인   under current contract 현 계약 하에서
under close supervision 엄격한 감독 하에서   under investigation 조사 중인
under construction 공사 중인   under development 개발 중인
under consideration 고려 중인   under way 진행 중인
under the condition that ~라는 조건하에   under warranty 보증기간 내에 있는
have the edge over ~보다 비교 우위를 가지다.(edge = advantage)

4. 방향을 나타내는 전치사

1) 방향 전치사

(1) to ~로, ~쪽으로

(2) from ~에서, ~로부터, 때, 순서 등의 기점을 나타냄.
ex. from 6 P.M. to 8 P.M.
from now on   four weeks from today   four weeks from now

(3) across ~를 가로질러
ex. across the nation 그 나라 전역에 걸쳐   across the harbor 그 항구를 가로질러
across the bridge 그 다리를 건너   across the country 그 나라 전역에 걸쳐
across the US 미국 전역에 걸쳐

(4) along ~를 따라서(측면, 연안 등을 따라서)
ex. along the south coast 남쪽해안을 따라

(5) through
① ~을 통과하여

The highway that will run _____ the mountains, might cause serious damage to wildlife and the ecosystem.
(A) through   (B) during   (C) out   (D) against

해석 그 고속도로는/ 산을 통과하여 놓이게 될/ 야기 할지도 모른다./ 심한 손상을/ 야생과 생태계에
해설 '~을 통과하여' 라는 의미의 전치사는 through이다.

② (~ 방법, 수단 등을)통하여
ex. through the use of internet   인터넷의 사용을 통해
through local suppliers   지역의 공급업체를 통해

(6) toward
① ~쪽으로, ~을 향하여   ex. walk toward the wall 벽 쪽으로 걷다.

② ~을 위하여, ~을 목적으로
ex. Both sides appear to work together toward an agreement.
양측은 보인다./ 일하고 있는 것처럼/ 합의를 이루기 위하여

The money collected will be put toward repairing the church roof.
그 돈은/ 모금된/ 쓰여 질 것이다./ 위하여/ 수리하는 것을 / 그 교회 지붕을

③ ~경에, ~ 무렵에
    ex. toward the end of July   7월 말 경에(무렵에)
         toward the end of negotiation   그 협상이 끝나갈 무렵에

예제 **Chief Executive Bill Harris said sales started off the month on a good note, but deteriorated _____ the end of the month.**
(A) toward   (B) above   (C) against   (D) regarding

해석 최고 경영자인 Bill Harris는 말했다./ 판매가 시작되었다고/ 이달에/ 좋게/ 그러나 악화되었다고 이달 말 경에
해설 이달 말 '경에 또는 무렵에' 라는 의미로 쓸 수 있는 것은 toward이다.

(7) for ~을 향해
    ex. the train for Seoul 서울행 기차

(8) into ~안으로

예제 **Flight schedules will change as Aero airline and Bristol airline are gradually integrated _____ a single airline company.**
(A) of   (B) until   (C) into   (D) on

해석 비행 일정은 변경 될 것이다./ Aero항공사와 Bristol항공사가 점차적으로 통합됨에 따라/ 단일 항공사로
해설 integrate A into B는 'A를 B로 통합하다.' 라는 의미인데 수동태가 되면 A be integrated into B의 형태가 된다. 따라서 정답은 into이다.

(9) out of ~밖으로, 정상에서 벗어나 있는, ~이 부족한 모자라는

능동태: S + keep + A + out of reach of B: A를 B의 손이 닿지 않는 곳에 두다.
                약품/제품   아이들

수동태: A + be kept out of reach of B: A는 B의 손이 닿지 않는 곳에 보관되다.
        약품/제품   아이들

2) 방향 전치사 숙어 표현

from one's view point ~의 관점에서 보아
to a great extent 상당한 정도까지
along the side of ~의 측면을 따라
out of stock 재고가 없는
out of room 공간이 부족한
out of paper 종이가 다 떨어진
out of print 절판된

to one's satisfaction ~에게 만족스럽도록

out of order 고장 난
out of control 통제 불가능한
out of business 폐한
out of the office 출장 중인

5. 이유, 양보, 목적의 전치사

1) 이유의 전치사

~ 때문에

because	because of
as + S + V	due to + 명사/ 대명사
since	owing to
부사절접속사	on account of
	전 치 사

 Jason Kim could not attend the forum we organized _____ one of his colleagues who had been working on an urgent project got sick and he had to fill in for him.

(A) through　　　(B) because　　　(C) including　　　(D) only

해석 Jason Kim은 참석할 수 없었다./ 그 포럼에/ 우리가 준비한/ 왜냐하면 그의 동료들 중 한명이/ 일을 하고 있었던/ 긴급한 프로젝트에 대해/ 병이 나서/ 그래서 그가 그의 자리를 대신해야 했기 때문에

해설 빈 칸 뒤에는 s + v 가 나오고 있다. 접속사나 관계사 자리인데 선택지 가운데 접속사인 것은 (B) because 밖에 없다. (A)는 전치사, (C)는 동명사 또는 분사 그리고 (D)는 부사이다.

2) 양보의 전치사

~ 에도 불구하고

though	despite
although + S + V	in spite of + 명사/대명사/동명사
even though	with all
even if	전 치 사
부사절 접속사	

2) 목적의 전치사

for ~을 위해서, ~을 위한

 The tickets ___ Mr. Nomura's concert in Osaka sold out almost immediately after they went on sale.　　　　　　　　　　　　　　(2014년 5월 정기토익 기출 응용문제)

(A) in　　　　　　(B) on　　　　　　(C) at　　　　　　(D) for

해석 티켓들은/ Mr. Nomura의 콘서트를 위한/ 오사카에서의/ 팔렸다./ 거의/ 판매에 들어간 직후
해설 '~을 위한'의 의미를 가지는 전치사는 for이다.

6. 제외, 부가의 전치사

1) ~을 제외하고

　　except (for) + 명사/ 대명사　　　except (that) + S + V
　　전치사　　　　　　　　　　　　부사절 접속사
　　= aside from
　　= apart from

2) in addition to + 명사/ 대명사/ 동명사: ~에 더해서
　　= besides + 명사/ 대명사/ 동명사
　　= apart from

　cf. in order to + 동·원
　　　so as to + 동·원

　※ to는 전치사 to와 to부정사의 to가 있는데 전치사 to 뒤에는 명사나 대명사 또는 동명사가 오고,
　　to부정사의 to 뒤에는 동사원형이 온다.

 _____ paying no shipping fees, club members will receive a refund of 20 percent off the total amount of their purchases when they order four or more pairs of shoes.　　　　　　　　　　　　　　(2013년 3월 정기토익 기출 응용문제)

(A) In case of　　　(B) At least　　　(C) In addition to　　　(D) In order to

해석 지불하지 않는 것에 더하여/ 어떠한 배송비도/ 클럽 회원들은 받을 것이다./ 환불을/ 20%를/ 총 양에서/ 그들 구매의/ 그들이 주문하면/ 네 켤레 또는 더 많은 신발들을
해설 빈 칸 뒤에 동명사가 나오므로 전치사가 들어갈 자리이다. (B)는 부사, (D)는 in order to 동·원이어야 하므로 답이 될 수 없다. (A) in case of는 '만약 ~ 의 경우에 대비하여'라는 의미의 전치사이지만 보통 뒤에 명사가 오고 이 문제에는 해석상 어울리지 않는다. 정답은 In addition to이다.

7. 전치사 of

1) A of B: B의 A
   의

   the departure of the ship: 그 배의 출발
       A   B
   : A 가 의미상 동사, B 가 의미상 주어인 관계

   the shipment of flower: 꽃의 배송
       A   B
   : A 가 의미상 동사, B 가 의미상 목적어인 관계

   a balance of 300 dollars: 300 달러의 잔액
      A   B
   : A 와 B 가 동격인 관계

   the end of the month: 이달의 말
      A   B
   : A 가 B 에 포함이 되는 관계

   ~의
   a balance of 300 dollars
   잔액, 잔고

   outstanding balance
   = unpaid (미결제 된)
   outstanding service
   = excellent (우수한, 탁월한)

예제 Harrison pursued the dream _____ owning a business and learned about everything from business insurance to accounting.
(A) on　　　　(B) of　　　　(C) to　　　　(D) with

해석 Harrison은 추구했다./ 그 꿈을/ 사업체를 소유하는/ 그리고 배웠다./ 모든 것에 대해/ 기업 보험에서 회계까지를
해설 the dream = owning a business로 둘의 관계가 동격일 때 of를 쓴다.

2) ~중, ~중에서

예제 _____ the 75 applicants for the position of shipping manager, only five will be contacted for interviews.
(A) Of　　　　(B) At　　　　(C) In　　　　(D) During

해석 그 75명의 지원자들 중에서/ 그 직책에 대한/ 배송 매니저의/ 단지 5명만이 연락을 받게 될 것이다./ 인터뷰를 위해
해설 전치사 of는 '~중에서, ~가운데의' 라는 의미로 쓴다.

8. '~에 관하여, ~에 관한'의 의미로 사용되는 전치사

1) ~에 관하여, ~에 관한의 의미의 전치사

about	on	over	as to
concerning	regarding	pertaining to	pertinent to
with regard to	in regard to	with respect to	as for
with reference to	in reference to		

 The budget committee will give an answer _____ our project proposal by the end of this week.　　※ regarding = concerning
(A) following　　　　　　　　(B) concerning
(C) including　　　　　　　　(D) barring

해석 그 예산 위원회는 줄 것이다./ 대답을/ 우리의 프로젝트 제안에 관한/ 이번 주 말까지
해설 ~에 관한의 의미를 가지는 전치사는 concerning이다. 또는 regarding이 될 수도 있다.
following은 '~에 이어, 또는 ~후에' 로 전치사이다. 또, following이 '다음의' 라고 해석되면 형용사로 쓰인다.
including은 '~을 포함하여' 그리고 barring은 가정법을 대신할 수 있는 표현으로 '~이 없다면', 혹은 '~이 없었다면' 으로 해석된다.

2) ~에 관하여(대하여), ~에 관한(대한)의 예
　　ex. discussion <u>on</u> A: A에 관한 토론
　　　　seminar <u>on</u> A: A에 관한 세미나
　　　　subject <u>on</u> A: A에 관한 주제
　　　　dispute <u>over</u> A: A에 관한 논쟁

9. 기타 전치사

1) 기타 전치사

(1) throughout

① (시간적인 개념): ~내내
　ex. throughout the day 하루 종일　　throughout the <u>remainder</u> of the week 그 주의 남은 기간 내내
　　　throughout his life 그의 생애 내내　　　　　　　　　(= rest)

② (공간적인 개념): ~곳곳에, ~전역에 걸쳐
ex. throughout Europe 유럽 전역에   throughout the country 그 나라 전역에 걸쳐
   throughout the region 그 지역 전역에
   throughout the computer lab 그 컴퓨터실 곳곳에   throughout his novel 그의 소설 전반에 걸쳐서
   throughout the plant 그 공장 전역에   throughout the city 도시 전역에

(2) by (수단, 방법 등에)의해, ~에 의해
   (be 동사) + p.p. + by의 표현으로 자주 출제됨.

(3) with ~와 함께

(4) without ~없이, ~하지 않고
   without + 명사 또는 ~ing

   This safety guide describes important techniques for lifting heavy items _____ injuring one's back.   (2014년 5월 정기토익 기출 응용문제)
   (A) though   (B) except   (C) unless   (D) without

   해석 이 안전 책자는 설명한다./ 중요한 기술들을/ 들어 올리는 것을 위한/ 무거운 물건들을/ 사람의 등에 상처를 주지 않고
   해설 '~하지 않고' 라는 뜻의 전치사는 without이다.

(5) beyond: ① ~의 범위, 한계 등을 벗어나는, 넘어서는
           ② ~ 이상인, ~보다 뛰어난
       beyond North America   북미를 넘어
       beyond Korea   한국을 넘어   beyond best   최고를 넘어
       beyond his supervisor's expectation   그의 상관의 기대를 넘어

   Its functions go beyond _____ is necessary for a 2G cell phone.
   (A) that   (B) what   (C) which   (D) whether

   해석 그것의 기능은 넘어간다./ 필요한 것을/ 2G 휴대폰에
   해설 beyond가 전치사이고 전치사의 목적어가 필요하다. 그런데 명사, 대명사가 아니라 명사절이 목적어로 왔다. 선택지는 모두 명사절 접속사인데, 빈 칸 뒤쪽이 불완전한 문장이 오고 있다. 명사절 접속사로 쓰일 때 (A)와 (D)는 완전한 문장이 온다. 불완전한 문장이 오는 것은 (B)와 (C)인데 which는 선택 사항이 문장에 나타나야 한다. 정답은 what이다.

예제 Private Cloud is the most expensive type of cloud computing solution, and is therefore _____ the means of many small businesses.
(A) except (B) between (C) beyond (D) during

해석 Private Cloud는/ 가장 비싼 타입의 클라우드 컴퓨터 솔루션이며/ 그래서 많은 작은 사업체들의/ 수입을 넘어간다.
해설 '~의 한계나 범위 등을 초과하는' 이라는 의미의 전치사는 (C) beyond이다.

(6) like ~처럼

예제 _____ other members of the kitchen staff, pastry chef Enrique Boris has worked at Alfredo's Hotel for many years. (2014년 5월 정기토익 기출 응용문제)
(A) For example (B) Like
(C) Altogether (D) Similarly

해석 다른 주방 직원들처럼 제빵사 Enrique Boris는 일했었다./ Alfredo's Hotel에서 수년간
해설 빈 칸은 전치사가 와야 할 자리이다. (A), (C) 그리고 (D)는 모두 부사인데, 부사가 빈칸에 오게 되면 other members가 주어가 되는데, 뒤에 pastry chef로 주어가 또 나오므로 문장이 성립되지 않는다. 그래서 빈 칸은 other members라는 명사를 목적어로 묶어 줄 수 있는 전치사가 와야 할 자리이다. 정답은 like이다.

예제 The Triple Chocolate Cake is so moist that it's more _____ a very light brownie than a cake.
(A) about (B) similar (C) near (D) like

해석 그 Triple Chocolate Cake는 너무 촉촉해서 그 결과 그것은/ 매우 가벼운 브라우니 같다./ 케이크라기보다는
해설 It is like sth이라고 하면 '~같다' 라는 표현이 되는데 거기에 more이 들어가서 강조의 표현으로 쓰였다.

(7) unlike ~와 달리

예제 _____ Lux Deux cookware, Warren cookware is dishwasher safe and can be used in microwave.
(A) Without (B) Still (C) For (D) Unlike

> **해석** Lux Deux 주방기구와 달리, Warren 주방기구는 식기세척기에 안전하며, 그리고 사용될 수 있다./ 전자레인지에서도
> **해설** '~와 달리, 다르게' 라는 의미의 전치사는 Unlike이다.

(8) against ~에 반대하여, ~에 기대어

(9) as ~로서(자격)
    ex. work as a lawyer 변호사로서 일하다.
        work as his agent 그의 대리인으로서 일하다

(10) following ~에 이어, ~후에
    ex. following the meeting 그 회의 후에

 Dresthen Power Tools has stopped production of its battery-operated drill _____ the poor sales.
(A) concerning   (B) excluding   (C) following   (D) failing

> **해석** Dresthen Power Tools사는 중단했다./ 생산을/ 그것의 배터리로 작동되는 드릴의/ 저조한 판매 후에
> **해설** 해석상 '~후에' 라는 의미의 전치사를 찾아야 한다. 정답은 following이다. 대신 after가 답이 될 수도 있다.

(11) plus ~에 더하여

2) 기타 전치사 숙어표현

    beyond repair 수리 불가능한   against the law 불법인
    through cooperation 협력을 통해   with the aim of ~을 목적으로
    with the exception of ~은 예외로 하고   with no exception 예외 없이
    by hand 손으로, 직접   by the hour 시간당
    by car 자동차로   by means of ~에 의하여, ~으로
    by telephone 전화로   by ~ing ~함으로써
    upon[on] delivery 배달 즉시   upon request 요구 즉시
    upon[on] arrival 도착 즉시   upon receipt 수령 즉시
    from now (today) 지금(오늘)으로부터

Employees at Tennison Labs must wear all the protective gear shown on the poster at the lab entrance, _____ safety regulations.
(A) extending (B) provided that
(C) In keeping with (D) by means of

해석 직원들은 Tennison Labs의/ 착용해야만 한다./ 모든 보호용 장비를/ 나와 있는/ 포스터에/ 연구실 입구에 있는/ 안정 규정을 지켜

해설 빈 칸 뒤쪽이 절(s + v~)이 아니므로 접속사인 (B) provided that은 답이 될 수 없다. 전치사가 들어갈 자리인데, (C)와 (D)가 전치사이다. (D)는 '(~방법, 수단)에 의해' 라고 해석되므로 문맥에 어울리지 않는다. '~을 지켜, 따라' 라고 해석될 수 있는 표현은 (C) In keeping with이다.

10. 명사, 형용사, 동사와 함께 어울리는 전치사의 표현

① 두 단어 이상으로 이루어진 전치사

as of + 시간 ~부로, ~(시점)을 기하여
in place of ~대신에
in charge of ~을 담당하는, 책임지는
instead of ~대신에
in violation of ~을 위반하여
in compliance with ~을 준수하여

by means of (방법, 수단 등에)의해
contrary to ~와 반대로
in respect of ~에 관해
in honor of ~을 기념하여
in conjunction with ~와 함께, 같이
in observance of ~을 준수하여

cf. be _____ with
(A) compliance (X)
(B) compliant (O)

on behalf of ~를 대신하여
regardless of ~에 상관없이
in favor of ~를 찬성하여
as a result of ~의 결과로서
in terms of ~면에서는, ~에 관하여
in accordance with ~(규정, 규칙 등에) 따라서
in line with ~와 함께, ~와 일치하여
in keeping with ~와 일치(조화)하여, 어울려, ~에 따라서, ~을 지켜
ex. The curtain is in keeping with the room 그 커튼은 조화가 잘 된다./ 그 방과
   in keeping with regulations 규칙에 따라서

thanks to ~덕분에
up to + 숫자 ~까지
related to ~와 관련하여
according to ~에 의하면
in light of ~에 비추어 보아, ~를 고려하여
for free (=free of charge)무료로

in keeping with modern needs 현대의 요구에 맞도록
in recognition of ~(공로 등)을 인정하여
in front of ~앞에
in cooperation with ~와 협력하여

in celebration of ~를 축하하여

in response to ~에 대한 응답(반응)으로

② 명사 + 전치사

access to ~로의 접근
an advocate for(of) ~에 대한 옹호자
demand for ~에 대한 요구(수요)
lack of ~의 부족
problem with ~의 문제
respect for ~에 대한 존경
increase[rise] in ~의 증가
a solution to ~에 대한 해결책
attention to ~대한 관심
alternative to ~에 대한 대안
experience in ~에 대한 경험
information about[on] ~에 관한 정보
question about/ concerning/ regarding ~에 관한 질문
effect(impact, influence) on ~에 대한 영향

exposure to ~에의 노출
cause/ reason for ~에 대한 원인, 이유
concern about[over, on] ~에 대한 우려
permission from ~로부터의 허락
dispute over ~에 대한 분쟁
emphasis on ~에 대한 강조
decrease[decline] in ~의 감소
request for ~에 대한 요청
answer to ~에 대한 답변
reaction to ~에 대한 반응
interest in ~에 대한 관심

③ be 동사 + 형용사/ 분사 + 전치사

be eligible for ~에 대한 자격이 있다
cf. be eligible to + 동·원 ~을 할 자격이 있다
be consistent with ~와 일치하다
be known for ~로 유명하다
be famous for ~로 유명하다
be engaged in ~에 참여하다
be interested in ~에 관심이 있다
be involved in ~에 관여되다
be filled with ~로 가득 차다
be associated with ~와 관련 있다
be exposed to ~에 노출되다
be different from ~와 다르다
be absent from ~에 결석하다

be concerned about ~에 대해 걱정하다
be attached to ~에 첨부되다
be entitled to ~할 자격이 있다
be noted for ~로 유명하다
be directed to ~에게 보내지다
be composed of ~로 구성되다
be made of ~로 만들어지다
be full of ~로 가득 차다
be based on ~에 근거하다
be responsible for ~에 책임을 맡다
be related to ~와 관련되어 있다
be similar to ~와 비슷하다
be equivalent to ~와 동일하다

be identical to ~와 동일하다
be comparable to ~와 비교할 만하다, 엇비슷하다
be compatible with ~와 호환 가능하다(조화를 이루다, 양립하다)
be pessimistic[optimistic] about ~에 대해 비관적/ 낙관적이다
be worried[concerned] about ~를 걱정하다

be replaced with ~로 대체되다
be named after ~의 이름을 따르다

④ '동사 + 전치사'의 표현
account for 1. 설명하다, 2. (비율 등을)차지하다, 3. (사람, 사물 등의 소재나 행방을)파악하다
※ 3번의 뜻으로 쓰일 때는 보통 be accounted for의 수동태가 온다.

depend on(=rely on, =count on) ~에 의존하다
adhere to ~을 고수하다, ~을 준수하다
comply with ~을 준수하다
consist of ~로 구성되다
refer to 참조하다 (=consult)
consult + 사람: 상담하다

contribute to ~에 기여(공헌)하다
wait for ~을 기다리다
keep track of ~을 추적하여 계속 알고 있다
※ keep track of (O)   keep tracking of (X)

consult + 사물: 참조하다
ex. Please consult his e-mail.
         (=refer to)

worry about ~에 대해 걱정하다
specialize in ~을 전문으로 하다
participate in ~에 참석하다
enroll in ~에 등록하다
interfere with ~을 방해하다
agree with[to, on] ~에 동의하다
apply to ~에 적용되다
apply는 apply A to B로 쓸 수 있다.
A를 B에 적용하다, 붙이다, 바르다
collaborate with[on] 공동 작업을 하다

benefit from ~로부터 이익을 얻다
apply for ~에 지원하다
dream of[about] ~을 꿈꾸다
belong to ~에 속하다
concentrate[focus] on 집중하다
reply to ~에 반응하다
refrain from ~를 삼가다

⑤ 동사 + A + 전치사 + B
associate A with B A를 B와 연관 짓다
direct A to B A를 B로 보내다
substitute A for B B대신 A를 쓰다
add A to B A를 B에 더하다
reimburse A for B A에게 B에 대해 상환하다

congratulate A on B A에게 B를 축하하다
return A to B A를 B로 돌려보내다
replace A with B A를 B로 대체하다
attribute A to B A를 B의 탓으로 돌리다
impose A on B A를 B에 부과하다

compare A with B A를 B와 비교하다
provide A with B A에게 B를 제공하다
prohibit A from B A가 B하는 것을 막다
employ A as B A를 B로 고용하다
exchange A for B A를 B로 바꾸다
tell[disginguish] A from B A와 B를 구분하다
integrate A into B A를 B로 통합하다

acquaint A with B A를 B에 대해 알게 하다
equip A with B A에게 B를 갖추게 하다
prevent A from B A가 B를 못하게 하다
transfer A to B A를 B로 옮기다, 전근 보내다
substitute A for B B대신 A를 쓰다
divide A into B A를 B로 나누다

예제 Jane wanted to exchange his old car _____ a new one but was not sure which model or size to choose.
(A) as (B) for (C) by (D) into

해석 Jane은 원했다./ 바꿀 것을/ 그의 오래된 차를/ 새 것으로/ 그러나 확신할 수 없었다./ 어떤 모델과 크기를 선택할지는
해설 exchange A for B는 'A를 B로 교환하다.' 라는 표현이다.

예제 Because of unexpectedly high _____ for our model M bicycle, we must quickly expand production by hiring additional workers. (2014년 4월 정기토익 기출 응용문제)
(A) occurrence (B) percentage
(C) demand (D) population

해석 예상치 못하게 높은 수요 때문에/ 우리 M 자전거에 대한/ 우리는 빨리 확대해야 한다./ 생산을/ 고용함으로써/ 추가적인 직원들을
해설 ~에 대한 수요는 'demand for A' 로 표현한다.

예제 In _____ to complaints from customers, Mainland Outfitters has revised its policy on accepting returned merchandise.
(A) responding (B) respond
(C) response (D) responded

해석 반응으로/ 불평에 대한/ 고객들로부터의/ Mainland Outfitters사는 개정했다./ 그것의 정책을/ 반품된 상품을 접수하는 과정을
해설 전치사 + 명사 + 전치사의 표현으로 명사인 response가 답이다.

예제 By _____ in global markets, Wales has seen substantial flows of inward investment.
(A) participation
(B) participating
(C) participated
(D) participate

해석 참여함으로써/ 국제 시장에/ Wales는 보았다./ 상당한 흐름을/ 내부로의 투자에 대한
해설 By + ~ing: ~함으로써

예제 The sharp _____ in the price of natural gas has encouraged companies of all sizes to figure out new ways of using it.
(A) decline
(B) outpouring
(C) overhead
(D) appraisal

해석 급격한 감소는/ 가격에 있어서의/ 천연가스에 대한/ 권고 해왔다./ 회사들이/ 모든 크기의/ 그것을 이용하는 새로운 방법들을 알아내도록
해설 decline in은 '~에 있어서의 감소' 라고 해석된다.

16 명사

명사는 문장에서 주어, 보어, 목적어의 역할을 한다. 보어에는 주격보어와 목적보어가 있고, 목적어에는 타동사의 목적어와 전치사의 목적어가 있다.

1. 명사의 자리

명사는 다음과 같은 자리에 온다.
주어 자리
주격보어 자리
목적보어 자리
타동사의 목적어 자리
전치사의 목적어 자리
전치사의 목적어 자리에 대해서는 이미 동명사 편에서 보았었다.

```
                      (부사)
(전치사) + (한정사) + (수식어) + (수식어) + 전치사의 목적어
         ① 관사       형용사      형용사      명사
         ② 소유격     현재분사    현재분사    대명사
         ③ 수량형용사  과거분사    과거분사    동명사
         ④ 지시형용사  명사        명사        명사절
```

 Some fixed costs such as advertising and promotional expenses are incurred at the _____ of a company's management.

(A) discrete (B) discretely
(C) discretionary (D) discretion

해석 일부 고정 비용은/ 광고와 홍보 비용 같은/ 발생 된다./ 자유재량으로/ 회사 경영진의
해설 관사와 전치사 사이는 보통 명사가 온다. 명사는 discretion이다.
at the discretion of는 '~의 자유재량으로' 라는 의미의 표현이다.

예제 Due to the increasing _____ of its on-site computer service, Alitech Pro must hire additional staff.

(2014년 5월 정기토익 기출 응용문제)

(A) popular (B) popularly
(C) popularity (D) popularize

해석 증가하고 있는 인기 때문에/ 그 현장 컴퓨터 서비스에 대한/ Alitech Pro사는 고용해야 한다./ 추가적인 직원들을

해설 관사 + 현재분사 + 명사의 형태이다. 현재분사가 형용사처럼 뒤에 나오는 명사를 수식하여 답은 popularity이다.

예제 Some _____ for agricultural subsidies were approved by the Department of Finance.

(A) requested (B) requests
(C) requesting (D) request

해석 몇몇 요청들은/ 농업 보조금을 위한/ 승인이 되었다./ 재무부에 의해

해설 빈 칸은 were의 주어 자리이다. were가 나온 것은 주어가 복수명사라는 것이다. 복수명사는 (B)가 답이다.

예제 The launch party for Carciofi Manufacturing's new line of gourmet food items was a surprising _____.

(A) successes (B) successful
(C) success (D) succeed

해석 그 런칭 파티는/ Carciofi Manufacturing사의/ 새로운 고급요리들에 대한/ 놀라운 성공이었다.

해설 a + surprising + ___ 으로 왔다. a sleeping boy의 boy 자리이다. 즉, 현재분사의 수식을 받는 명사가 들어갈 자리이며 부정관사 a가 앞에 있으므로 가산 단수명사인 success가 답이다.

예제 The supervisor considers Tom a hardworking _____.

(A) employee (B) employment
(C) employing (D) employed

해석 그 상관은 여긴다./ Tom이/ 열심히 일하는 직원이라고

해설 부정관사 a가 앞에 나왔으므로 가산단수명사가 답이다. (B) employment는 채용, 고용이라는 의미의 불가산명사이므로 부정관사 a가 앞에 올 수 없다. (A) 가 정답.

예제 A 1000-vehicle parking _____ will be built for the Hotel Saint Lewis at 555 West Washington Street.
(A) structures (B) structurally
(C) structure (D) structural

해석 차량 1000대를 수용할 수 있는 주차 건물이/ 지어질 것이다./ Hotel Saint Lewis에/ 555번지 West Washington Street에 있는

해설 빈 칸이 주어 자리이므로 명사인 (A)와 (C)가 답이 될 수 있는데, 숫자 1000이 있기 때문에 복수라고 생각할 수 있지만, 앞에 부정관사 A가 있으므로 단수 취급 된다. 그래서 단수명사인 structure가 답이다.

예제 As in the past, only the most talented will find regular _____.
(A) employee (B) employment
(C) employing (D) employed

해석 과거에도 그랬던 것처럼/ 단지 가장 재능 있는 사람들만이 정규직을 얻게 될 것이다.

해설 재능 있는 사람들이 정규직을 찾는 것이지, 정규직 직원을 찾는 것이 아니다. 그리고 employee가 답이 되기 위해서는 employee는 가산명사이고 뒤에 s가 붙어있지 않기 때문에 단수형으로 써주어야 한다. 즉 a regular employee가 되어야 한다.

예제 Northeast Airlines has suffered _____ in profit in the previous year because of severe competition among the rival companies.
(A) lose (B) lost
(C) losses (D) losing

해석 Northeast Airlines사는 겪었다./ 손실을/ 수익에 있어서의/ 지난해에/ 심한 경쟁 때문에/ 경쟁 회사들 사이에서

해설 has suffered 뒤에 목적어가 필요한데 목적어가 될 수 있는 것은 손실이라는 의미의 명사인 losses이다.

예제 The seminar in June will feature ideas and trends of _____ working in the interior design industry.
(A) professions (B) professionals
(C) professed (D) professionally

해석 그 세미나는/ 6월의/ 특징으로 할 것이다./ 아이디어와 트렌드를/ 전문가들의/ 일하고 있는/ 인테리어 디자인 업계에서

해설 전치사 of의 목적어가 필요한 자리로 명사가 와야 한다. 명사는 (A), (B)이다. (A)는 직업, (B)에서

professional은 형용사로 쓰이면 '전문적인, 전문직의' 라는 의미가 있고, 명사로 사용되면 '전문가, 혹은 전문직업인' 이라는 뜻으로 가산명사이다. 만약 professional이 답이 되려면 professional 앞에 부정관사 a가 오든지 아니면 복수형이 되어야 한다. 부정관사가 없으므로 복수형이 답이 된다. 정답은 professionals이다.

예제 **Recyclable materials, such as paper and plastic, should be left in the bins near the copy room for _____.**

(A) remover (B) removing
(C) removal (D) removes

해석 재생 가능한 물질들은/ 종이와 플라스틱과 같은/ 두어져야 한다./ 그 통 안에/ 복사실 근처에 있는/ 제거를 위하여

해설 해석상 제거라는 말이 들어가야 하므로 removal이 답이 된다. remover는 제거하는 사람 혹은 이삿짐 운송업자의 의미로 사람을 의미하는 가산명사이므로 단수형으로 사용될 때는 앞에 부정관사 a가 와야 한다. removing은 뒤에 목적어가 없는데 굳이 명사 대신 동명사를 쓸 이유가 없다. 정답은 removal이다.

예제 **I hope that Ms. Rogerio is recognized for her exceptional _____.**

(2014년 4월 정기토익 기출 응용문제)

(A) efforts (B) effortful
(C) effortless (D) effortfully

해석 나는 희망한다./ Ms. Rogerio가 인정을(표창을) 받을 것을/ 그녀의 훌륭한(남다른) 노력에 대해
해설 형용사 exceptional 뒤에는 명사가 와야 하는데 명사는 (A) efforts가 답이다.

예제 **Progress reports are provided on a weekly _____ to Montegue Construction's commercial clients.**

(2014년 5월 정기토익 기출 응용문제)

(A) basis (B) based
(C) basing (D) base

해석 경과 보고서는 제공 된다./ 주단위로/ Montegue Construction의 상업상의 고객들에게
해설 on a weekly basis 주 단위로, 주마다   on a regular basis = regularly 정기적으로
　　　 on a daily basis 날마다   　　　　　　on an individual basis 개별적으로, 개인적으로
　　　 on a monthly basis 월 단위로

2. 가산명사와 불가산명사

가산명사
셀 수 있는 명사
명사 앞에 다른 한정사가 없을 때
단수에는 a/ an을 붙임
복수에는 ~(e)s를 붙임
many students
　　가산복수명사

불가산명사
셀 수 없는 명사
명사 앞에 다른 한정사가 없을 때
단수/ 복수의 구분이 없으므로
a/ an을 붙일 수 없고, ~(e)s도 붙일 수 없음
much information
　　불가산명사

※ 정관사 the는 가산명사의 단수와 복수, 불가산명사 모두의 앞에 올 수 있다.

※ 출제되었던 혼동하기 쉬운 가산명사와 불가산명사의 표현과 문제들

예제　_____ a purchase: 구매하다.

'구매하다' 라는 표현은 make a purchase이다. 그런데 purchase앞에 a가 있다는 것은 purchase가 가산명사로 사용되어 구매 한 건으로 이해되었다는 것이다. purchase는 구매라는 추상명사로 사용되면 불가산명사로 쓰일 수도 있다.

예제　~ per _____. 구매 건 당

(A) purchase　　(B) purchases

per는 부정관사 a와 같다. 따라서 단수형인 purchase가 답이다.

예제　conduct a _____ 조사를 시행하다.

(A) survey
(B) research

조사하다' 라는 표현은 conduct a survey이다. research는 불가산명사로 앞에 a가 올 수 없다.

cf.
place an order　주문하다　　'주문하다' 의 표현은 place an order이다.
receive a discount　　　　　discount는 대표적인 가산명사이다.

예제　**Many of the policy holders of National Insurance receive ten percent _____ for cars or houses covered in their contracts.**

(A) discount　　　　　　　　　　　(B) discounts
(C) discounting　　　　　　　　　 (D) discounted

223

해석 많은 사람들이/ 보험증권 소지자들 중의/ 국가보험의/ 받는다./ 10 퍼센트 할인을/ 차량이나 집에 대하여/ 그들의 계약서에서 보장 되는

해설 discount는 가산명사인데, 앞에 a가 없으므로 복수형으로 써 주어야 한다. discounts가 답이다.

예제 without written _____ 서면 동의 없이

(A) consent
(B) consents

해설 consent는 대표적인 불가산명사이므로 관사 a도 붙일 수 없고 복수형으로 쓸 수도 없다.
동의(consent), 승인(approval), 충고(advice)와 같은 명사들은 불가산명사라서 복수형으로 쓰이지 않는다.

예제 The tourist's still awaiting _____ by the government.

(A) approval
(B) approvals

해설 승인이라는 단어도 대표적인 불가산명사이다. 복수형으로 쓰지 않는다. ※ compliment 칭찬: 가산명사

예제 weather _____

(A) condition   (B) conditions

해설 conditions:
① 사람의 일상생활에 직접적인 영향을 줄 수 있는 물리적, 환경적 제반 여건이나 조건들.
　　ex. living conditions/ working conditions/ traffic conditions/ economic conditions….
② 날씨 관련 표현
　　ex. winter conditions/ sunny conditions/ icy conditions/ blizzard conditions

condition: (몸/ 기계 등의 상태)
　　　　ex. a used car in good condition　　좋은 상태의 중고 자동차
　　　　　　items in original condition　　원상태인 품목들

예제 상업적인 목적을 위하여　　　　　　　　더 많은 세부사항을 알기 위하여

for commercial _____　　　　　for more _____

(A) purpose　　　　　　　　　　　　　(A) detail
(B) purposes　　　　　　　　　　　　 (B) details

해설 purpose가 '목적'이라고 해석 될 때, 그리고 detail이 '세부 사항'이라고 해석 될 때, 가산명사이다. 앞에 a가 없으므로 둘 다 복수형으로 써야 한다.

on purpose   in detail
ex. in greater _____ 아주 자세히(상세히)
   (A) detail   (B) details

purpose가 on purpose (고의로), detail이 in detail (자세히, 상세히)로 쓰일 때는 불가산명사이다. 따라서 부정관사도 없고 뒤에 -s도 붙지 않는다. in greater detail이 맞는 표현이다.

예제 _____ for the project   그 프로젝트를 위한 자금

(A) fund
(B) funds

해설 자금은 가산명사로 취급된다. 빈 칸 앞에 부정관사가 없기 때문에 복수형으로 써 주어야 한다.

※ advertising/ advertisement: 동명사 참조

예제

a parking _____   a gift _____

   (A) permit   (A) certificate
   (B) permission   (B) certification

해설 permit: *동사*. 허락하다
           permit ~ing
           permit A to 동·원
     명사. 가산명사. 허가증

certificate: 명사. 가산명사. 인증서, 증명서
certification: 명사. *불가산명사*. 인증, 증명

permission: *명사*. 불가산명사. 허가
앞에 부정관사가 있으므로 가산명사인
permit이 답이다.
주차허가증

앞에 부정관사가 있으므로 가산명사인
certificate이 답이다.
상품권

professional : 명사. 가산명사. 전문가,
          형용사. 전문적인, 전문직의

예제 a seminar for dental _____

(A) professional   (B) profession
(C) professionals   (D) professionalism

해설 dental(치과의)이라는 형용사 뒤에 빈칸이 있기 때문에 빈 칸은 명사가 들어 가야할 자리이다. 명사는 선택지 모두 가능한데 해석상 치과 전문의들을 위한 세미나이다. (B)는 직업, (D)는 직업 정신, 전문가 정신이다.
(A)와 (C) 중에서 정답을 골라야 하는데 professional은 명사로 전문가인데 가산명사이다. 앞에 부정관사 a가 없으므로 복수형인 (C) professionals가 답이 된다.

cf. I was so impressed by the _____ of your cabin crew.
 (A) professional   (B) profession
 (C) professionals   (D) professionalism

해설 나는 매우 감동을 받았다./ 직업정신에 의해/ 당신 승무원들의. 정답은 professionalism

cf. new _____ to teaching languages.
 (A) approach   (B) approaches

해설 approach는 가산명사이다. 그런데 앞에 부정관사 a가 없기 때문에 복수형인 approaches를 써야 한다. access는 불가산명사이다.

예제 This evening the assistant chef will supervise the dinner service in Mr. Macrowasa's _____.   (2013년 3월 정기토익 기출 응용문제)
(A) absent   (B) absences   (C) absence   (D) absented

해설 오늘 저녁 주방장 보조원이/ 감독할 것이다./ 저녁식사 서비스를/ Mr. Macrowasa의 부재로
해설 absence는 부재 또는 결석, 결근의 의미인데 대표적인 불가산명사이다. 따라서 absence 앞에는 an이 올 수도 없고, 복수형으로 s가 붙을 수도 없다. 정답은 absence이다.

예제 Company-provided computers are to be used strictly for work-related _____ only. (2014년 4월 정기토익 기출 응용문제)
(A) tasking   (B) tasks   (C) tasked   (D) task

해설 회사에 의해 제공되는 컴퓨터들은/ 사용되어져야 한다./ 엄격하게/ 일과 관련된 업무들만을 위해서
해설 task 임무, 업무는 가산명사이다. 부정관사 a가 없는데 앞에 한정사도 없으므로 복수명사가 와야 한다. 정답은 (B) tasks이다.

예제 Jin-Hoo Moon has done outstanding _____ on the redesign of the corporate Web site. (2014년 5월 정기토익 기출 응용문제)
(A) career   (B) work   (C) task   (D) picture

해설 문진호 씨는 했다./ 훌륭한 작업을/ 재 디자인에 있어/ 그 회사의 웹 사이트의
해설 빈 칸 앞에 관사도 한정사도 없다. (A) career와 (C) task와 (D) picture는 가산명사이다. 부정관사가 없기 때문에 복수형으로 사용되어야 한다. 그러나 work는 가산명사일 때는 작품, 불가산명사일 때는 일, 작업의 의미로 사용된다. 그리고 has done의 do와 어울리는 명사도 work이다.

※ a few/ few vs. a little/ little

	수의 개념	양의 개념
긍정의 의미	a few 몇몇의 + 가산복수명사	a little 약간의 + 불가산명사
부정의 의미	few 거의 없는 + 가산복수명사	little 거의 없는 + 불가산명사

ex. *Few foods* are as versatile as cheese. 치즈만큼 그렇게 다용도인 음식도 없다.

versatile: ① (사물이) 다용도인, 다목적인
　　　　　ex. versatile furniture
　　　　② (사람이) 다재다능한, 일을 쉽게 빨리 배우는

 Several major airlines are planning to upgrade their fleets over the next ＿＿＿＿＿ years.

(2014년 5월 정기토익 기출 응용문제)

(A) of　　　　　(B) few　　　　　(C) some　　　　　(D) within

해석 몇몇 주요 항공사들은 계획하고 있다./ 업그레이드 하는 것을/ 그들의 총 항공기 대수를/ 향후 몇 년간에 걸쳐

해설 위에서 few는 부정적인 의미를 나타낸다고 했지만 이 경우 앞에 정관사 the가 있기 때문에 a를 쓰지 않은 것이다. the next some과 같은 표현은 없다. of와 within은 전치사인데 빈 칸은 years라는 명사를 수식해 줄 수 있는 형용사가 와야 한다. 향후 몇 년간에 걸쳐서라는 의미로 over the next few years가 맞는 표현이다. 정답은 few이다.

 ＿＿＿＿＿ products returned to the shop after purchase must be checked for flaws or alterations before being put back on the shelf.

(A) An　　　　　(B) There is　　　　　(C) Any　　　　　(D) In that

해석 어떠한 상품들이라도/ 반품된/ 상점으로/ 구매 후/ 체크되어야 한다./ 결함이 있는지 또는 변형한 것이 있는지/ 다시 올려 지기 전에/ 선반 위에

해설 (B) There is가 오려면 뒤에 단수주어가 와야 한다. 그런데 복수주어인 products가 왔으므로 정답이 아니다.

(D) In that은 부사절 접속사이므로 In that s1 + v1~, s2 + v2~ 의 형태가 되어야하는데 문제는 그렇지 않다.

(A) An이 오려면 뒤에 단수명사가 와야 한다. 정답은 Any인데, Any는 뒤에 가산 단수명사, 복수명사 그리고 불가산명사 모두 올 수 있다. 그리고 any가 보통 부정문과 함께 쓰이지만, 예외적으로 '어떤 ~도 ~하다.' 로 해석 될 때는 긍정문에 쓰일 수도 있다.

cf. Any equipment removed from the class must be signed for.
어떤 장비라도/ 제거된/ 그 교실로부터/ 서명이 되어야 한다.

Any entries submitted without the required documents listed in the contest rules will automatically be disqualified.
어떠한 출품 작품들이라도/ 제출된 요구되는 문서 없이/ 콘테스트 룰에 열거된/ 자동적으로 자격을 상실하게 될 것이다.

3. 주요 사람명사와 사물명사 그리고 추상명사

해석을 통해 적절한 명사를 찾아낸다. 그런데 아래의 단어들 중 사람명사는 보통 가산명사이다.

| participant 참석자 | participation 참석 | founder 설립자 | foundation 설립 |
| applicant 지원자 | application 지원 | | |

resident 주민	residence 거주(지), 주택	critic 비평가	criticism 비평
provider 제공자	provision 제공, 조항	supplier 공급자	supplies 비품
manufacturer 제조업자	manufacture 제조	deliverer 배달업자	delivery 배달
enthusiast 열광자	enthusiasm 열정	leader 지도자	leadership 지도력
inspector 검사자	inspection 검사	investor 투자자	investment 투자
distributor 분배자	distribution 분배	analyst 분석가	analysis 분석
developer 개발자	development 개발	exhibitor 전시자	exhibition 전시
expert 전문가	expertise 전문지식	grower 재배자	growth 성장
instructor 강사	instruction 지시	reviewer 비평가	review 비평, 평론
viewer 관람객	view 시각, 관점	correspondent 특파원	correspondence 서신
assistant 조수, 보조	assistance 참석	interpreter 통역가	interpretation 통역

| planner 기획자 | plan 계획 | accountant 회계사 | accounting 회계(학), 회계부 |
| | planning 기획 | account 계좌, 계정 | |

| competitor 경쟁자 | competition 경쟁, 경연대회 | | |
| | competitiveness 경쟁력 | | |

| employer 고용주, 사장 | employment 채용, 고용 | | |
| employee 피고용주, 직원 | | | |

| journalist 기자 | journal 잡지 | attendee 참석자 | attendance 참석 |
| | journalism 언론 | attendant 수행원 | |

professional 전문가　　profession 직업
　　　　　　　　　　professionalism 직업 정신, 전문가 정신

producer 생산자　　　produce 농산물
　　　　　　　　　　production 생산
　　　　　　　　　　product 제품
　　　　　　　　　　productivity 생산성

 _____ of Brammar's Baked Goods will be receiving bonuses next month.

(2014년 5월 정기토익 기출 응용문제)

(A) Employed　　　　　　　　(B) Employment
(C) Employees　　　　　　　　(D) Employs

해석 직원들은/ Brammar's Baked Goods의/ 받게 될 것이다./ 보너스를/ 다음달에

해설 빈 칸은 명사 자리이다. 명사는 (B) Employment와 (C) Employees인데 (B)는 고용, 채용의 의미이고 (C)는 직원들이란 뜻이다. 보너스를 받는 것은 사람이므로 Employees가 답이 된다.
이와 같은 문제는 해석이 중요하다. 토익은 최근 점점 더 정확한 해석을 요구하는 문제가 많아지고 있다. 정확한 토익 영문법에 대한 이해와 많은 문장에 대한 해석 연습이 필요한 시점이다. 더 이상 찍기, 이거 나오면 이것만 답, 이런 수업과 교재들에 현혹되지 않기를 바란다.

The marketing department had to ask for _____ from the R&D department for the recent advertising campaign.

(A) assist　　　　　　　　　　(B) assistant
(C) assistance　　　　　　　　(D) assisted

해석 마케팅 부서는 요청해야만 한다./ 도움을/ R&D 부서로부터/ 최근의 광고 캠페인에 대한

해설 전치사 for 뒤에 전치사의 목적어가 와야 하는데 명사인 (B) assistant와 (C) assistance가 가능하다. 그런데 해석을 해보면 도움을 요청하는 것이지 조수를 요청하는 것은 아니다. 그리고 assistant가 답이 되기 위해서는 이 단어는 사람명사로서 가산명사이기 때문에 앞에 다른 한정사가 없을 경우 부정관사 an이 오든지 아니면 복수형이 되어야 한다. 따라서 정답은 assistance이다.

 If Peterson is not in when you call, ask to speak to his _____, Dona Kessinger.

(A) assist　　　　　　　　　　(B) assistant
(C) assisting　　　　　　　　　(D) assistance

해석 만약 Peterson이 안에 없으면/ 당신이 전화할 때,/ 요청하시오./ 통화할 것을/ 그의 비서인/ Dona Kessinger와

해설 그의 비서에게 말을 하는 것이므로 '조수, 비서'의 뜻을 가진 assistant가 답이다. assistance는 도움이라는 의미로 문맥과 맞지 않다. assistant가 사람명사로 가산명사이므로 복수형이 아니면 앞에 부정관사 an이 있어야 하지만 소유격이 앞에 있을 경우는 부정관사를 쓰지 않는다.

4. 복합명사: 두 개 이상의 명사가 어우러져 하나의 명사처럼 쓰이는 경우

복합명사는 두 개 이상의 명사가 나열되어 하나의 의미를 만드는 말이다. 복합명사의 명사 자리에 다른 형용사나 분사 등은 올 수 없다. 예를 들면 계좌번호는 account number이지 accounting number나 accounted number가 아니라는 것이다. 그렇게 알고 있어야 시험에서 통한다.

office supplies 사무용품	account number 계좌번호
application form 신청서, 지원서	production facility 생산시설
factory safety 공장 안전	safety procedure 안전절차
savings account 저축계좌	benefits package 복리후생
safety inspection 안전검사	sales representative 영업사원
assembly line 조립라인	confirmation number 확인번호
customer satisfaction 고객만족	repair work 복구공사, 수리작업
contract negotiation 계약 협상	sales increase 판매 증가
profit losses 수익 감소	shipping charge 운송비
retirement celebration 퇴임 축하연	retail sales 소매 판매
performance evaluation 성과평가	training class 교육과정
review	course
feasibility study 타당성 연구(조사)	session

 Amy Cho's Web site provides consumers with review and price _____ of electronic devices currently on the market.
(A) comparisons   (B) compare
(C) have compared   (D) compares

해석 Amy Cho's 웹 사이트는 제공한다./ 소비자들에게/ 상품평과 가격 비교를/ 전자 제품들에 대한/ 현재/ 시장에 나와 있는

해설 동사는 provides이다. 이 문장에서의 and는 절과 절을 연결시키는 것이 아니고 단어와 단어를 연결하고 있기 때문에 동사의 개수에 영향을 주지 못한다. 다른 접속사나 관계사가 없는 가운데 또 동사가 나와서는 안 된다. (B), (C), (D)가 모두 동사이다. 동사가 아닌 것은 comparisons 밖에 없는데, price comparisons라는 복합명사로 사용되었다.

또 다르게 생각해 보면 with가 전치사이므로 그 뒤에 나오는 review는 명사이다.
  'review(명사) and _____' 의 형태이므로 and 뒤에도 명사가 와야 한다. 복합명사로 price comparisons가 와야 한다. 정답은 comparisons이다.

예제 Each transaction in excess of $20,000 dollars has to be first authorized by the director of _____.

(A) accounting (B) accountant
(C) account (D) accounted

해석 각 거래는/ 초과하는/ 20,000달러를/ 먼저 승인을 받아야 한다./ 부장에 의해/ 회계부서의
해설 회계(학), 회계부서의 의미로는 accounting이 답이 된다. 명사화된 동명사이다.

예제 The product _____ service personalizes a customer's shopping experience through web sites and mobile devices.

(A) recommend (B) recommendable
(C) recommends (D) recommendation

해석 그 제품 추천 서비스는/ 개인화 한다./ 한 고객의 쇼핑 경험을/ 웹 사이트와 무선 단말기를 통해
해설 제품 추천 서비스라는 표현으로 복합명사가 답이 된다. 명사가 세 개 연속 나열 된 복합명사이다.

예제 Next month, the staff _____ will take place at 1 : 00 P.M. in the Oak Conference Room. (2014년 4월 정기토익 기출 응용문제)

(A) assembly (B) assemble
(C) assembles (D) assembled

해석 다음 달/ 직원회의가 개최될 것이다./ 오후 1시에/ Oak Conference Room에서
해설 직원회의라는 의미의 복합명사는 staff assembly이다. assembly는 모임, 회합이라는 뜻이 있으며, 조립이라는 의미로도 사용된다.

예제 Mr. Neska received the Su - Wan Son _____ for his research in molecular biology. (2014년 5월 정기토익 기출 응용문제)

(A) question (B) award
(C) science (D) participant

231

해석 Mr. Neska는 받았다. Su - Wan Son 상을/ 그의 연구에 대하여/ 분자 생물학에 대한
해설 Nobel Prize처럼 앞에 고유명사가 나오고 그 사람의 이름을 딴 상을 나타내는 표현이다. 앞은 고유명사 그리고 뒤에 보통명사가 이어져 나와 마치 하나의 복합명사처럼 쓰였다.

 The Bremen Waterfall is one of the most featured tourist _____ in that country.

(A) attracting (B) attractions
(C) attractive (D) attracts

해석 Bremen Waterfall은 하나이다./ 가장 특색 있는 관광 명소들 중의/ 그 나라의
해설 특색 있는 관광 명소들이라는 표현은 featured tourist attractions이다. 이 문제의 또 다른 힌트는 one of the 복수명사에서 복수명사를 찾아도 답은 attractions가 된다.

※ 막연한 수의 표현과 구체적인 수의 표현

막연한 수의 표현	구체적인 수의 표현
단위명사의 복수형 + of + 복수명사	숫자 + 단위명사의 단수형 + 복수명사
ex. 수천 명의 학생들	ex. 삼천 명의 학생들
thousands of students	three thousand students

5. 비슷하게 생겼지만 의미가 다른 명사들

media coverage (방송의) 보도(범위)   cover 표지
insurance coverage (보험의) 보상(범위)   covering 덮개
identification 신분증명(서)   identity 정체성
percent 퍼센트   percentage 비율, 비중
remainder 나머지(=rest)   remains 유물
sense 감각   sensation 감동, 흥분
business sense (사업감각)
objective 명. 목표 형. 객관적인   objection 반대
                                           object 물체, 사물
                                           objectivity 객관성

17 형용사

1. 형용사는 해석이 '~ㄴ, ~의, ~할, 이~, 저~, 그~'등으로 해석됨.
형용사는 명사나 대명사를 앞이나 뒤에서 수식하거나 주격보어나 목적보어의 역할을 한다.

2. 형용사는 대개 '-able, -al, -ible, -ic, -ous, -y'등으로 끝이 나지만 예외적인 경우도 있다.

cf. scientific: 과학적인   international: 국제적인   digestive: 소화의
     critic: 비평가   approval: 승인   objective: 객관적인
                                                          목표

예제 Our latest wholesale catalog of _____ fashion accessories is attached to this e-mail. (2014년 4월 정기토익 기출 응용문제)
(A) distinctly   (B) distinctively
(C) distinction   (D) distinctive

해석 우리의 도매 카탈로그는/ 특징적인 패션 액세서리들에 대한/ 첨부되어 있다./ 이 이메일에
해설 '전치사 + _____ + 명사' 의 빈 칸에는 해석에 따라 형용사, 현재분사, 과거분사, 명사, 한정사, 동명사 등 여러 가지가 올수 있다. 그러나 명사 바로 앞에 부사는 올 수 없으므로 (A)와 (B)는 답이 아니다. (C) distinction이 오면 '명사 + 명사' 의 복합명사가 되는데 '특징패션' 이라는 복합명사는 없다. 명사 앞에 형용사가 와서 명사를 수식할 수 있으므로 distinctive가 답이다.

예제 The company's home page has been updated with the names of regional sales staff and their _____ areas of responsibility. (2014년 5월 정기토익 기출 응용문제)
(A) geographies   (B) geographically
(C) geographic   (D) geography

해석 그 회사의 홈페이지는 업데이트 되었다./ 이름들과 함께/ 지역 영업사원들의 그리고 그들의 지리적 영역의/ 책임을 지고 있는
해설 their + ____ + areas에서 소유격과 명사 사이에는 형용사가 와야 하므로 정답은 geographic이다.

예제 QR Tours offers the most _____ vacation packages in Montreal.

(2014년 5월 정기토익 기출 응용문제)

(A) affording (B) affordable
(C) affordably (D) afford

해석 QR Tours사는 제공 한다./ 가장 저렴한 휴가 패키지를/ 몬트리올에서
해설 vacation packages는 명사 + 명사로 복합명사인데 명사를 수식할 수 있는 것은 형용사이므로 정답은 affordable이다.

예제 The Mall will take every action _____ to ensure the safety of the customers.

(A) possibility (B) possible
(C) possibilities (D) possibly

해석 그 몰은 모든 조치를 취한다./ 가능한 한/ 보장하기 위해서/ 고객들의 안전을
해설 보통 형용사는 앞에서 뒤로 명사를 수식한다. 그러나 예외적으로 그 어미가 ~ible이나 ~able로 끝나는 경우에는 뒤에서 앞으로 명사를 수식하는 경우도 있다. 이러한 단어들은 물론 앞에서 뒤로 명사를 꾸밀 수도 있다.

예제 The Regional Roadway Service advises drivers to be _____ during wet road conditions.

(A) caution (B) cautiously
(C) cautious (D) cautions

해석 지역 철도 서비스는 권고 한다./ 운전자들에게/ 주의할 것을/ 젖은 노면 상황 동안에는
해설 to be에서 be는 2형식 동사인데 2형식 동사 뒤에는 보어가 와야 한다. 보어가 될 수 있는 것은 여러 가지가 있지만 여기서는 be동사 + 형용사의 표현으로 '주의하다' 라는 의미가 되는 cautious가 답이다.

※ exercise _____ .

(A) cautiously (B) caution

'주의하다' 라는 표현으로는 exercise caution이라는 표현을 쓰는데, 이 때 exercise는 '운동하다' 의 의미가 아니라 '사용하다' 의 뜻으로 쓰여 use로 바꾸어 쓸 수 있다. 주의력을 쓴다는 것은 주의하다, 조심하다의 의미이다. 그리고 이 때 exercise는 타동사로 사용된 것이므로 뒤에 명사 목적어가 와야 한다.

예제 Changes to the magazine's publication schedule are made only when the managing director deems it _____.

(2014년 5월 정기토익 119번의 응용문제)

(A) necessities (B) necessarily
(C) necessity (D) necessary

해석 변경사항들은/ 그 잡지의 출판 계획에 대한/ 이루어질 수 있다./ 단지 상무이사가 여길 때에만/ 그것이 필요하다고

해설 deem은 5형식 동사로 주로 쓰이는데 consider(~라고 여기다)의 의미를 가진다. it이 목적어이고 빈 칸이 목적보어 자리인데 '그것이 필요한 상태라고 여기다'라고 해석이 되므로 목적어의 상태를 보충 설명해주는 목적보어로 형용사인 necessary가 답이 된다. 부사는 보어가 될 수 없다.

3. 보통 '형용사 + ly'는 부사이다. 그러나 예외적으로 '명사 + ly'는 형용사가 된다

ex. friendly 친근한(=kind)   weekly 주간의
     lovely 사랑스러운   costly(=expensive)   timely 시기적절한

cf. in a <u>friendly</u> fashion 친절하게   in a <u>timely</u> fashion 시기적절하게

The first step is to sort what you have in an _____ fashion.

(정기토익)

(A) orderly   (B) optimistic
(C) apparent   (D) passionate

해석 그 첫 단계는/ 분류하는 것이다./ 당신이 가지고 있는 것을/ 질서 정연하게

해설 관사(an) + ____ + 명사에는 보통 형용사가 온다. 그래서 (A)는 -ly로 끝났기 때문에 부사라고 생각하여 오답이라고 생각하고 나머지 선택지 가운데 답을 찾으려고 할 수도 있는데 여기서 orderly는 ly로 끝났지만 명사 + ly로 끝났기 때문에 형용사가 된다. orderly는 '질서 정연한'이라는 의미를 갖는 형용사이다.

They took a _____ stroll along the river bank.

(정기토익 기출문제)

(A) leisured   (B) leisuring
(C) leisures   (D) leisurely

해석 그들은 한가로운 산책을 했다./ 그 강둑을 따라

해설 명사 앞이므로 형용사가 들어가야 할 자리이다. lesiurely는 명사 + ly로 형용사이다. 의미는 '여유로운, 한가로운'이다.

4. 수량 표현의 형용사

① 가산명사와 불가산명사 앞에 오는 수량 표현

a/an
each
one + 가산단수명사 + 단수동사
every
another
a single

(a) few
fewer
both
many
several + 가산복수명사 + 복수동사
various
numerous = many
a variety of
a couple of
a number of

one of the + 가산복수명사 + 단수동사
each of the + 가산복수명사 + 단수동사

※ every of the + ~는 없는 표현이다.
every는 형용사로만 쓰이고
대명사 자리에는 올 수 없다.

(a) few of the
both of the + 가산복수명사 + 복수동사
many of the
several of the

(a) little
less
much   + 불가산명사 + 단수동사
a great deal of
a large amount of

(a) little of the
much of the   + 불가산명사 + 단수동사

no
all
more
most   가산복수명사 + 복수동사
some   +
any   불가산명사 + 단수동사
lots of
a lot of
plenty of
other

※ any는 뒤에 가산단수명사가 오는 경우도 있다.

all of the
some of the + 가산복수명사 + 복수동사
most of the + 불가산명사 + 단수동사
a lot of the
lots of the

none of the + 가산복수명사 + 복수/ 단수동사 (O)
              단체(familiy 등) + 복수 /단수동사 (O)

none of the + 불가산명사 + 단수동사 (O)
'no of the~' 라는 표현은 없다.

예제 A _____ the information appeared to be missing from the report at first, but it was quickly identified.
(A) few (B) little
(C) few of (D) little of

해설 information이 양의 개념을 나타내므로 few나 few of와는 어울리지 않는다. a little이 오려면 뒤에 the가 없어야 한다. a little information이라고 해야 옳은 표현이다. a little + of + the + 불가산명사로 a little이 답이다.
수량표현 + of + the

예제 _____ staff members are required to submit their account information to the receptionist.
(A) Whichever (B) Each
(C) All (D) Every

해석 모든 직원들은 요구 받는다./ 제출할 것을/ 그들의 계좌 정보를/ 접수원에게
해설 문장의 동사가 한 개 밖에 없기 때문에 접속사인 Whichever는 답이 될 수 없다. Each나 Every는 뒤에 가산단수명사가 와야 하므로 답이 될 수 없다. 가산복수명사를 수식할 수 있는 것은 All이다.

예제 _____ business owner knows how important it is to attract and retain competent staff. (2014년 5월 정기토익 기출 응용문제)
(A) Most (B) Every
(C) Many (D) All

해석 모든 사업체 소유주는 안다./ 얼마나 중요한지 하는 것을/ 유치하고 유지하는 것이/ 유능한 직원들을
해설 business owner는 가산단수명사이다. Most, Many, All 뒤에는 가산복수명사가 와야 한다. Every는 뒤에 가산단수명사가 온다.

예제 We have only 10 minutes in Question Time _____ three weeks to discuss issues of great importance about overseas aid.
(A) some (B) several
(C) most (D) every

해석 우리는 가진다./ 단지 10분을/ 질문 시간에/ 매 삼 주마다/ 토론하기 위해/ 중요한 문제들을/ 해외 원조에 대한
해설 빈 칸 뒤에 three weeks로 복수명사가 왔다. 해석상 매 3주마다가 되는데, every 뒤에 가산단수명사가 와야 하지만 예외적으로 three weeks처럼 한 단위로 보아야 하는 표현에서는 비록 복수형이라도 every가 올 수 있다.

예제 Of the 500 applicants who applied last month, _____ had more credentials than Denis.
(A) each
(B) just
(C) both
(D) few

해석 500명의 지원자들 중에서/ 지난달 지원했던/ 어느 누구도 Denis보다 더 뛰어난 자격을 갖춘 사람은 없었다.
해설 빈 칸은 had 앞에 있으므로 주어 자리이다. 주어가 될 수 없는 것은 부사인 just이다. each, both, few 모두 대명사로 쓰여서 빈 칸에 들어갈 수 있지만, both는 언급하는 대상이 둘이기 때문에 적절치 않고, each는 해석상 맞지 않는다. 따라서 정답은 few가 된다.

예제 _____ staff at S&P Construction can use the fitness center on the 10th floor at no charge, but they must sign an agreement by tomorrow.
(A) Every
(B) A
(C) Just
(D) All

해석 S&P 건설사의 모든 직원들은/ 사용할 수 있다./ 피트니스 센터를/ 10층에 있는/ 무료로/ 그러나 그들은 계약서에 서명해야 한다./ 내일까지
해설 staff은 뒤에 s가 붙어있지 않지만 people처럼 복수 취급한다. All people이 맞는 표현이고, Every people이라고 하지 않는다. staff도 마찬가지이다. 따라서 답은 All이 된다.
참고로 every와 함께 쓰려면 'every staff member + 단수동사'라고 표현할 수는 있다. 그리고 또 다른 힌트는 but 뒤에 they는 staff를 대신 받은 것인데, 복수로 받은 것은 staff가 복수라는 것을 알려 준다.

예제 Each of the _____ will be reviewed carefully and systematically over the next four months before making a final decision.
(A) qualification
(B) qualified
(C) qualifications
(D) qualifying

해석 각각은/ 그 자격증들의/ 검토될 것이다./ 신중히 그리고 체계적으로/ 다음 4달간에 걸쳐/ 최종 결정을 내리기 전에
해설 each of the + 가산복수명사가 와야 하므로 정답은 qualifications가 된다.

예제 Some eminent _____ say that natural ingredients are not always safer or more effective to cure diseases.
(A) chemist
(B) chemicals
(C) chemists
(D) chemistry

해석 몇몇 저명한 화학자들은 말한다./ 천연 성분이 늘 더 안전하거나 효과적인 것은 아니라고/ 질병을 치료하는데 있어서

해설 말을 하는 것은 사람이므로 (A) chemist나 (C) chemists가 답이 되는데 some은 가산명사와 어울릴 때는 보통 복수명사가 온다. 그리고 동사가 복수동사 say로 왔으므로 또한 복수명사가 답이 된다. 정답은 chemists이다. chemicals는 화학 약품이다.

② 수량표현이 대명사로 쓰일 때

```
one/ two      each      all       both       none
many          much      most      several    half        + of the + 명사
some          any       (a) few   (a) little                또는 한정사
                                                            (소유격, 지시형용사)
```

수량 표현과 명사 사이에 of가 오면, of 뒤에는 반드시 정관사 또는 소유격이나 지시형용사가 와야 한다.

cf. all the students (O)   all of students (X)   all of the students (O)
    both the students (O)   both of students (X)   both of the students (O)
    half the students (O)   half of students (X)   half of the students (O)

※ 수량표현 + the + 복수명사의 형태는 all, both, half에만 해당되며 one the students, several the students 등과 같은 표현은 없다.

 The _____ of fashion designers believe that S + V~

(A) majority   (B) most   (C) some   (D) one

해석 대부분의 패션 디자이너들은 믿는다./ S + V 라는 것을

해설 most, some, one 등은 뒤에 of가 나오면 of 뒤에 the, 소유격, 지시형용사 등이 와야 한다. 그리고 빈 칸 앞에 정관사 the도 오지 않는다. 그런데 majority는 보통 The majority of + 복수명사로 대다수의 사람들이란 의미로 쓰인다. 정답은 majority이다.

 _____ of the employees are encouraged to apply for job vacancies which would result in a promotion or transfer.

(A) Much   (B) Some   (C) Little   (D) Every

해석 그 직원들 중 몇몇은 권고 받는다./ 지원할 것을/ 공석들에/ 승진과 전근의 결과로 이어질

해설 of the 뒤의 employees가 가산명사이므로 불가산명사와 어울리는 Much, Little 등은 답이 될 수 없다. 그리고 빈 칸은 대명사 자리이므로 형용사로만 사용되는 Every도 답이 될 수 없다. 정답은 some이 된다.

③ 시험에 출제되는 비교해서 알아두어야 할 주요 형용사들

beneficial 이익이 되는   beneficent 인정이 많은
ex. be mutually _____
　　　(A) beneficial   (B) beneficent
　　　(C) benefited   (D) benefiting
'상호간에 이익이 되는' 의 뜻으로 beneficial이 답이다.

comparable: 비교할만한, 엇비슷한 (be comparable to~)
compatible: 양립 가능한, 호환 가능한 (be compatible with~)
comparative: 비교의 방법을 사용하는   ex. comparative analysis 비교 분석
　　　　　　　　　　　　　　　　　　　　comparative psychology 비교 심리학

economic: 경제의   respectable: 존경할만한
economical: 경제적인 (절약이 되는)   respective: 각각의, 각자의
　　　　　　　　　　　　　　　　　　respectful: 공손한, 예의바른

favorable: 호의적인, 유리한
favorite: (가장) 좋아하는

satisfactory: (결과, 반응 등이) 만족스러운
satisfying: (일, 서비스, 식사 등이) 사람에게 만족감을 주는
satisfied: (사람이) ~로 만족된 상태인

considerable (수나 양등이) 상당한   comprehensive 종합적인
considerate (사람이) 남을 배려하는, 생각해 주는   comprehensible 이해할 수 있는

successful 성공적인   impressive (사물이) 인상적인
successive 연속의, 연속적인   impressed (사람이) 감명을 받은
(= consecutive)

informed (사람이) 잘 알고 있는   seasonal 계절적인
informative 유익한, 정보를 제공하는 seasoned 경험이 많은, 양념이 된

profitable 수익성 있는 (=lucrative) reliable 믿을 수 있는   understanding 이해심 많은
proficient 능숙한   reliant 의존하는   understandable 이해할 수 있는

responsible 책임이 있는 (responsible for~)   sensitive 민감한, 예민한
responsive 반응하는 (responsive to~)   sensible 현명한, 분별력 있는

예제 the _____ managers because of his _____ resume.

(A) impressed   (A) impressed
(B) impressive   (B) impressive

해석 그 감동을 받은 매니저들/ 그의 인상적인 이력서에 의해
해설 'impressed + 사람' 이 와서 감동을 받은 사람의 의미가 되고 'impressive + 사물' 이 와서 감동적인 혹은 인상적인의 의미가 된다.

예제 I attended the _____ talk yesterday.

(A) informed   (B) informative

해석 나는 참석했다./ 그 유익한(정보를 제공하는) 강연에/ 어제
해설 informed는 '(사람이) ~에 대해 잘 알고 있는' 의 의미이고, informative는 '유익한, 정보를 제공하는' 의 뜻이다. 정답은 '유익한(정보를 제공하는) 강연' 이므로 informative가 답이다.

예제 You must keep your supervisor _____ about any problems.

(A) informed   (B) informative

해석 당신은 유지해야 한다./ 당신의 상관이/ 잘 알고 있도록/ 어떠한 문제에 대해서라도
해설 keep sb informed about sth   sb가 sth에 대해 잘 알고 있는 상태가 되도록 유지하다.
   keep customers satisfied with sth   고객(sb)이 sth에 대해 만족된 상태가 되도록 유지하다.

예제
remain   remain
be _____ on   =   be _____ on
(A) relied   (A) depended
(B) reliant   (B) dependent
(C) reliable   (C) dependable
(D) relying   (D) depending

'~에 의존하다.' 라는 표현은 be reliant on 또는 be dependent on을 쓰게 되는데, 이 때 be동사 뒤에 빈 칸이 있기 때문에 과거분사인 relied나 depended가 답이 될 수 있다고 착각 할 수 있다. 또한 be동사 뒤에 형용사가 보통 보어로 오기 때문에 형용사인 reliable이나 dependable이 답이라고 생각할 수 있지만 이 두 단어는 '의존하는' 의 뜻이 아니라 '믿을 수 있는' 또는 '믿을만한' 의 의미를 가지기 때문에 답이 될 수 없다.

※ dependable = reliable
  reliable: 믿을 수 있는, 믿을만한   _____ transportation 믿을만한 교통수단
  reliant: 의존하는, 의존적인   (A) reliant (B) reliable (=dependable)

예제 The information provided by a focus group often provides more _____ information than large surveys.
(A) depending (B) dependable
(C) depended (D) dependability

해석 그 정보는/ 한 초점 그룹에 의한/ 종종 제공 한다./ 더 믿을만한 정보를/ 더 큰 설문조사들 보다
해설 해석상 더 '믿을만한' 의 의미인데 dependable이 답이다. 같은 의미의 reliable이 와도 답이 될 수 있다.

④ be동사 + 형용사 + of의 표현

be _____ of   be _____ of   be _____ of
(A) appreciated   (A) critical   (A) reflected
(B) appreciative   (B) criticized   (B) reflective
~에 대해 감사하다   ~에 대해 비판적이다(하다)   ~을 반영하다

ex. I am appreciative of your help. (sb be appreciative of sth): sb가 sth에 대해 감사하다.
cf. Your help is greatly appreciated. (sth be appreciated): sth이 감사되어지다.

be _____ of   be _____ of
(A) indicated   (A) considered (B) considering
(B) indicative   (C) considerate (D) considerable: (수, 양, 정도 등이) 상당한
~을 암시하다   very careful not to make sb upset or angry (배려하는, 생각해주는)
                   ~을 배려하다, 생각해 주다

be aware of   be capable of
~에 대해 인식하다(알고 있다)   ~할 능력이 있다
                     capable은 위와 같이 be동사 뒤에 주격보어로 쓰이기도 하지만 명사 바로
                     앞에서 명사를 수식할 수도 있다.
                     ex. a capable working woman 유능한 직업여성

예제 Working in a fast-paced world, supervisors have to be _____ of adapting on the fly to changing conditions.
(A) capably   (B) capability
(C) capable   (D) capableness

해석 빠른 속도의 세계에서 일하고 있기 때문에/ 감독관들은 능력이 있어야 한다./ 적응할 수 있는/ 그때그때/ 변화하는 상황에 대해
해설 '~할 능력이 있는' 의 의미를 가지는 표현은 'be capable of' 이다.

⑤ 형용사의 관용표현

be compliant with ~을 준수하다.
(=be observant of)

be about to + 동·원 막 ~하려 하다.

be likely to + 동·원 ~할 것 같다.

be consistent with ~와 일관되다.

be responsible for ~에 대해 책임을 지다.

be skilled in/at ~을 잘하다, 능숙하다.

be available to + 동·원
　　　　　　 for + 명사
　　　　　　 to + 명사
(물건, 서비스 등이) 구할 수 있다.
(사람 등이) ~에 시간을 낼 수 있다.
　　　 ~에 대기 중이다.

be eligible to + 동·원 ~할 자격이 있다.
　　　　　　 for + 명사 ~에 대한 자격이 있다.

be willing to + 동·원 기꺼이 ~하다

be subject to + 명사
~ 받기(되기) 쉽다.
~ 받아야 한다.

 Should you be ＿＿ on these dates, please contact me directly at rmazuda@todor-global.com　　(2014년 5월 정기토익 기출 응용문제)

(A) concerned　　　　　　　　(B) inattentive
(C) interested　　　　　　　　 (D) unavailable

해석 만약 당신이 시간을 낼 수 없다면/ 이 날짜들에/ 나에게 연락하시오./ 바로/ rmazeda@todor-global.com으로

해설 available
① (사물, 서비스 등이) 이용 가능한
② (사람이) 시간을 낼 수 있는, 대기 중인
문제의 주어가 you로 사람이므로 unavailable이 들어간 이 문장은 '만약 당신이 이 날짜에 시간을 낼 수 없다면' 이라고 해석된다. 정답은 unavailable이다.

be eager to + 동·원 ~할 것을 열망, 갈망하다.

예제 Go May Scuba Equipment Company offers a one-day diving certification course for travelers eager _____ the coral reef. (2014년 4월 정기토익 기출 응용문제)

(A) explore
(B) will explore
(C) exploring
(D) to explore

해석 Go May Scuba Equipment Company는 제공한다./ 하루 다이빙 자격 코스를/ 여행객들을 위한/ 열망하는/ 탐험하는 것을/ 산호초를

해설 be eager to + 동·원의 표현은 '~할 것을 열망(갈망)하다.'는 표현인데 travelers (who are) eager to explore the coral reef에서 주격 관계대명사 + be동사인 who are가 생략되고 eager만 남은 경우이다. 따라서 정답은 to explore이다.

cf. Tickets are available _____ the box office.

해석 티켓은 구할 수 있다./ 매표소에서

해설 be available for/to + 명사의 형태를 취하지만 이 경우에는 매표소<u>에서</u>의 뜻으로 특정 장소를 의미하므로 답은 at이다.

cf. Vehicles are available ___ yellow, red and green.

해석 차량들은/ 이용 가능하다./ 노란색, 빨간색, 그리고 초록색 중에서

해설 이 문제에도 빈칸 뒤에 명사가 나오고 있는데, 특정 색깔들 중에서라고 할 때는 in이 답이 된다. 다시 말해 available 뒤에는 무조건 for나 to가 오는 것이 아니라 빈 칸 뒤의 명사에 따라 전치사가 달라질 수 있다는 점에 주의해야 한다.

18 부사

부사는 명사 이외의 모든 품사들을 수식해 줄 수 있는데, 주로 동사, 형용사(현재분사, 과거분사포함), 부사를 꾸며주는 경우가 많으며, 구나 절 그리고 문장 전체를 수식하기도 한다.
부사는 보통 '형용사 + ly'의 형태를 가지지만 ly로 끝나지 않는 부사도 있으며, ly로 끝이나더라도 '명사 + ly'는 형용사 편에서 보았던 것과 같이 형용사 역할을 하게 된다.

1. 부사의 자리

1) 부사가 동사를 수식하는 경우의 부사 자리
① 부사는 동사 + 목적어 앞이나 뒤에 오며, 동사와 목적어 사이에는 올 수 없다.
② 부사는 준동사 + 목적어 앞이나 뒤에 오며, 준동사와 목적어 사이에는 올 수 없다.
③ 부사는 자동사 + 전치사 사이에 올 수 있다.
④ 부사는 아래의 패턴 가운데나 끝에 온다.

조동사 + (부사) + 동·원 + (부사)
be동사 + (부사) + ~ing + (부사)
be동사 + (부사) + p.p. + (부사)
have + (부사) + p.p. + (부사)
has + (부사) + p.p. + (부사)
had + (부사) + p.p. + (부사)

2) 부사가 동사 이외의 것을 수식하는 경우는 수식받는 것 앞에 온다.
부사는 위치가 비교적 자유로워 품사에 관계없이 자신이 수식하는 말 앞에 올 수 있다.

The weather, even for January, was exceptionally cold.

날씨가 1월이라 하더라도/ 유난히 추웠다.

Less frequently used roads are expected to become icy.

통행이 빈번하지 않은 도로는/ 예상된다./ 얼어붙을 것으로

245

Cook until the cheese is nearly completely melted, about 4 minutes.
요리하시오./ 그 치즈가 거의 완전히 녹을 때 까지/ 약 4분간

This elevator stops only on the fifth and the tenth floors.
이 엘리베이터는 선다./ 단지 5층과 10층에서만

Only those over 70 are eligible for the special payment
단지 사람들만/ 70세 이상의/ 받을 자격이 있다./ 그 특별수당을

 The radio station came back on the air _____ after the storm.

(A) short (B) shorten
(C) shorter (D) shortly

해석 그 라디오 방송국은/ 재개하였다./ 방송을/ 그 폭풍 직후
해설 ~직후의 표현은 shortly after이다. 부사인 shortly가 수식을 받는 전치사구 바로 앞에 왔다.
shortly는 다음과 같은 경우에 온다.

1. *shortly after* (~ 직 후)
   soon *before* (~ 직 전)
   immediately
       right
       just
     promptly
     directly

2. He will join the company *shortly*.
                    (=soon) 곧
= He will soon join the company.

 The tickets for Mr. Nomura's concert in Osaka sold out almost _____ after they went on sale. (2014년 5월 정기토익 기출 응용문제)

(A) briefly (B) truly
(C) immediately (D) slightly

해석 티켓들은/ Mr. Nomura의 콘서트를 위한/ 오사카에서의/ 팔렸다./ 거의/ 판매에 들어간 직후
해설 ~직 후의 표현은 immediately after이다.
briefly 1. 간략하게: be briefly summarized 간략하게 요약되다
       2. 잠시 동안: be briefly delayed 잠시 지연되다
slightly 약간: a slightly different version 약간 다른 해석[설명]

예제 The company will _____ face a class-action lawsuit from consumers upset over how much tax they must pay.

(A) soon (B) well (C) how (D) ever

해석 그 회사는 곧 직면할 것이다./ 집단 법률 소송에/ 소비자들로부터의/ 화가 난/ 그들이 얼마나 많은 세금을 납부해야만 하는지에 대해
해설 의미적으로 '곧 ~하게 될 것이다.' 가 되므로 will soon face가 되는데 이때 soon 대신에 shortly를 써도 좋다.

3) 주어와 동사 사이, 그리고 be동사와 형용사 사이에도 부사가 온다.
또, 부사는 to + 동·원 사이에도 올 수 있다.
S + 부사 + V
S + be 동사 + 부사 + 형용사
to + 부사 + 동·원
자동사 + 부사 + 전치사   respond promptly to ~에 즉시 응답하다
                        listen carefully to ~을 주의 깊게 듣다

예제 The workers _____ reported that their medical discount cards were invalid.

(A) mistake (B) mistook (C) mistaken (D) mistakenly

해석 그 직원들은 실수로 보고하였다./ 그들의 의료 할인 카드가 유효하지 않다는 것을
해설 주어와 동사 사이에 빈 칸이 있으므로 부사가 답이다.

예제 KTY Express _____ opened three new rail lines last year.

(2014년 4월 정기토익 기출응용문제)

(A) successfully (B) successful
(C) successes   (D) success

해석 KTY Express 는 성공적으로 개통하였다./ 세 개의 철도 노선을/ 작년에
해설 주어와 동사 사이에 빈 칸이 있으므로 부사가 답이다.

예제 Mr. Lismana _____ identified the source of a problem in the production machinery.

(2014년 5월 정기토익 기출 응용문제)

(A) easily (B) easiest (C) easy (D) ease

해석 Mr. Lismana는 쉽게 확인해냈다./ 문제의 원인을/ 생산 기계류의
해설 주어와 동사 사이에 빈 칸이 있으므로 정답은 부사인 easily가 된다.

예제 Advertisers _____ evoke an emotional response in their audience.

(2014년 5월 정기토익 기출 응용문제)

(A) intentionally (B) intented
(C) intentional (D) intention

해석 광고 업주들은/ 의도적으로 떠오르게 한다./ 정서적인 반응을/ 그들 고객들에게
해설 주어와 동사 사이에 빈 칸이 있으므로 정답은 부사인 (A)가 된다.

예제 The new registration system has been _____ tested.

(A) thorough (B) thoroughness
(C) through (D) thoroughly

해석 그 새로운 등록 시스템은/ 테스트를 받았다./ 철저히
해설 been(be 동사) + p.p. 사이에는 부사가 온다. 정답은 thoroughly이다.

예제 The sales meeting will be mutually _____ to both branch managers and members of the marketing department.

(A) benefited (B) beneficially
(C) beneficial (D) benefiting

해석 그 영업회의는 상호간에 이익이 될 것이다./ 지점 매니저들과 회원들 둘 다에게/ 마케팅 부서의
해설 be 동사 + 부사 + 과거분사(p.p.)가 답으로 많이 나오지만 과거분사 대신 형용사나 현재분사도 올 수 있는데, 이 경우는 형용사로 '상호간에 이익이 되는'의 표현은 be mutually beneficial이다.

예제 Employees who are _____ late to work will have their vacation time reduced until they correct their improper behavior.

(A) habitually (B) habit
(C) habits (D) habitual

해석 직원들은/ 습관적으로 늦는/ 직장에/ 그들의 휴가 시간이 단축될 것이다./ 그들이 그들의 부적절한 행위를 시정할 때까지
해설 are late 가 'be동사 + 형용사'의 형태이므로 그 사이에는 부사가 정답이다.
be + <u>부사</u> + 형용사

예제 The program was about how to _____ clean a microwave oven with vinegar.
(A) easier (B) easy
(C) easily (D) easiest

해설 그 프로그램은/ 전자레인지를 얼마나 쉽게 청소할 수 있는지 하는 것에 관한 것이었다./ 식초로
해설 how to + ___ + clean에서 'to + ___ + 동·원' 사이에는 부사가 답이다. 정답은 easily이다.

예제 The Orion Prize honors those who have contributed _____ to the advancement of biochemistry research.
(2014년 5월 정기토익 기출 응용문제)
(A) substantially (B) substantive
(C) substantiate (D) substantial

해설 Orion Prize는 상을 준다./ 사람들에게/ 상당히 기여한/ 발전에/ 분자 생물학 연구의
해설 contribute + ____ + to는 자동사 + 전치사인데 자동사와 전치사 사이에 빈 칸이 있을 경우 부사가 정답이다.

4) 부사가 올 자리에 형용사는 올 수 없다.

Expense accounts for outdoor activities have been cut _____.
(A) substantial
(B) substantially

be 동사 + p.p. + 부사
have been cut substantially
해석상으로도 '상당한' 이 아니라 '상당히' 삭감 되었다가 된다.

일반적으로 be동사 + p.p. 다음에는 부사가 답이지만 다음과 같은 예외도 있다.

ex. be kept confidential: keep A confidential의 수동태
    be made available: make A available의 수동태
    be considered impossible: 불가능하다고 여겨지다: consider A impossible의 수동태

보통 5형식 동사의 수동태 뒤에는 목적보어가 남게 되므로 보어가 될 수 있는 것은 부사가 아니라 형용사이므로 'be + p.p. + 형용사' 가 오게 된다.

cf. be considered _____ : 신중하게 고려되다.
    (A) careful
    (B) <u>carefully</u>

해석 consider가 ~라고 여기다라고 해석이 되는 5형식 동사일 때는 be considered 뒤에 형용사가 남지만 consider가 ~를 고려하다라고 해석이 되는 3형식 동사일 때는 be considered 뒤에 부사가 남는다.

예제 Whether or not you go there is _____ up to you.
(A) entirely   (B) entire

해석 네가 거기에 갈지 말지 하는 것은/ 전적으로/ 너에게 달려있다.
해설 be동사 is의 주격 보어로 up to you가 왔는데, 그 말은 'be up to you' (~에게 달려 있다.)라는 표현으로 빈 칸이 없어도 의미적으로 문제가 없다는 것이다. 보통 be동사 뒤에 형용사 보어가 오는 경우가 많지만 항상 그러한 것은 아니며, 빈 칸 뒤에 주격보어가 있는 경우는 빈칸은 필요 없는 말이므로 부사가 답이다. 정답은 entirely이다.

예제 The museum's least profitable exhibition was also, _____, its most widely publicized.
(2014년 4월 정기토익 기출 응용문제)

(A) remark   (B) remarkable   (C) remarkably   (D) remarks

해석 그 박물관의 가장 적은 수익을 낸 전시회는/ 또한 놀랍게도/ 그 박물관의 가장 널리 홍보된 전시회였다.
해설 문제에서 ~ was also ,_____, 이므로 was의 보어로 형용사 remarkable이 왔다고 생각할 수 있지만, 사실 이 문장은 publicized 뒤에 명사인 exhibition이 생략된 문장이다. 그 이유는 최상급 다음에 올 명사가 무엇인지 명확할 경우 그 명사를 생략할 수 있기 때문인데, 결국 그 명사가 주격보어가 되기 때문에 빈칸은 없어도 되는 말이 오게 된다.
원래 문장은 '~ was also ,_____, its most widely publicized exhibition' 이었다. 빈 칸 없어도 문장은 성립한다. '또한 그것의 가장 널리 홍보되었던 전시회였다' 라고 해석이 완벽하게 된다. 따라서 빈 칸은 없어도 되는 말 즉, 부사가 들어갈 자리가 된다. was 뒤에 주격보어 exhibition이 있기 때문이다. 따라서 정답은 remarkably이다.

예제 John asked to give him five thousand in dollars, in small bills, _____ fifties and smaller.
(A) preference   (B) preferred
(C) preferable   (D) preferably

해설 John은 요청했다./ 줄 것을/ 그에게/ 5천 달러를/ 적은 액수의 지폐들로/ 가급적이면/ 50달러와 그 이하의 지폐들로

해설 in small bills, ____ fifties and smaller에서 전치사 in의 목적어로 small bills가 왔고 small bills는 fifties and smaller와 동격의 관계이다. 따라서 fifties and smaller를 없다고 보아도 무방하다. 그렇게 보면 빈 칸은 없어도 되는 자리이다. 부사인 preferably(가급적이면, 되도록이면)가 답이다.

2. 형태는 비슷하지만 의미가 다른 부사

1) 형태가 비슷하지만 의미가 다른 부사들을 주의해야 한다.

   hard: 힘들게, 열심히
   hardly: 거의 ~하지 않게

   high: (높이, 목표 등이) 높게
   highly: (위상, 평가, 금액 등이) 높게/ 매우
   ex. highly recommended 적극 권장되는
       highly qualified 고도로 자격 요건을 갖춘
       highly regarded 높이 평가되는

   late: 늦게   near: 가까이
   lately: 최근에   nearly: 거의

   most: 매우/ 가장 많이
   mostly: 대체로/ 주로(=mainly)

2) 한 단어가 형용사와 부사의 의미를 모두 가지는 경우도 있다.

   early: 이른/ 일찍   late: 늦은/ 늦게   hard: 힘든, 단단한/ 열심히, 심하게
   high: 높은/ 높게   long: 오랜/ 오래   fast: 빠른/ 빨리 far: 먼/ 멀리
   near: 가까운/ 가까이에 daily: 매일(의)

 A company can attract more highly _____ personnel if it can offer stock options, bonuses, or other incentives.

(A) potential   (B) qualified
(C) apparent   (D) processed

해설 회사는 유치할 수 있다./ 더 고도로 자격을 갖춘 직원들을/ 만약 그 회사가 스톡옵션, 보너스 그리고 장려금을 제공할 수 있다면

해설 highly qualified는 고도로 '자격 요건을 갖춘'의 표현이다.

예제 Because of the unexpected accident, he was five or six minutes _____ for the debate.
(A) lately (B) later (C) lateness (D) late

해석 예상치 못한 사고 때문에／ 그는 5, 6분 늦었다.／ 그 토론에
해설 lately는 '최근에' 라는 의미로 현재완료시제와 함께 쓰이며, lateness는 지각이라는 명사로 만약에 빈칸에 들어간다면 he = five or six minutes lateness의 관계가 되어 답이 될 수 없다. 오륙 분 늦게라는 표현은 five or six minutes late라고 쓴다. 하루나 이틀 늦게라고 하려면 one or two days late라고 할 수 있다. later는 아래와 같은 표현이므로 사용된다.
later: ① no later than 7 p.m. 7시보다 늦지 않게 (늦어도 7시까지)
② three months later 3달 후에
③ later this afternoon 오늘 오후 늦게
④ see you later 나중에 보자

예제 Any requests for adjustments to time sheets to reflect actual hours worked should be submitted to your supervisor _____. Please check your supervisor for further details on adjustments. (2014년 5월 정기토익 기출 응용문제)
(A) later (B) lately (C) lateness (D) latest

해석 어떤 요청서라도／ 조정을 위한／ 근무시간 기록표에／ 반영하기 위해／ 실제 시간을／ 일한／ 제출이 되어야 한다.／ 당신의 상관에게 나중에 체크해 보라.／ 당신의 상관에게／ 추가적인 세부사항에 대해／ 조정에 대한
해설 의미적으로 봤을 때, 나중에가 적절하다. 정답은 later이다.

예제 The long distance bill of the sales department was _____ 950 dollars this month.
(A) nearly (B) near (C) quite (D) very

해석 장거리 전화 요금은／ 영업부의／ 거의 950달러였다.／ 이번 달에
해설 보통 숫자 표현 앞에서 거의라는 의미는 nearly를 쓴다. 대신에 approximately를 쓸 때도 있다. 이 때, approximately 950 dollars라고 해야지 approximate 950 dollars라고 하지는 않는다. 그 이외에도 about이 전치사로 쓰일 때는 '~에 대해서' 이지만 부사로 사용될 때는 '대략, 약' 정도의 의미를 나타낼 때가 있다.
ex. for about thirty kilometers: 약 30킬로미터 동안

예제 Kurt Deric works _____, and his communication skills are exemplary, and I have no doubt he will be an asset to your department.
(A) hardly (B) harden (C) hard (D) hardened

해석 Kurt Deric은 일한다./ 열심히/ 그리고 그의 의사소통 기술은 모범적이며, 그래서 나는 의심의 여지가 없다./ 그가 자산이 될 것이라는 것에 대해/ 당신의 부서에
해설 work hard라고 해야 '열심히 일하다'라는 의미가 된다. works hardly라는 표현은 없으며, 굳이 '거의 일하지 않다'라는 의미로 쓰려면, hardly가 빈도부사이므로 일반동사 앞에 써서 hardly works라고 쓸 수는 있다.

The home furnishings retailer stores will reopen for business by Friday _____ the latest.
(A) up to　　　　(B) until　　　　(C) at　　　　(D) before

해석 그 가정용 가구 소매상점들은/ 다시 문을 열 것이다./ 영업을 위하여/ 금요일까지/ 늦어도
해설 '늦어도'라는 의미의 표현은 at the latest라고 한다. up to는 up to 5%처럼 최대 5%까지라는 표현으로 쓴다. 또는 '~에게 달려 있다'라는 표현으로 up to sb라는 표현으로 쓸 수 있다. 정답은 at이다.

3. 시간을 나타내는 부사

1) already/ still/ yet
   already는 '이미, 벌써'의 의미로 긍정문에 쓰인다.
   still은 '아직도, 여전히'의 뜻으로 긍정, 부정, 의문문에 모두 쓰일 수 있다.
   yet은 '아직'일 때는 부정문에, '이미, 벌써'의 의미일 때는 의문문에 쓰인다.
   부정문에서 still과 yet은 모두 '아직'을 의미하지만 still이 not 앞에 오는 반면 yet은 not 뒤에 온다.
   have yet to + 동·원: 아직 ~해야 한다. 아직 ~하지 못했다.
   (= be yet to + 동·원)

Although the construction contract should be awarded through open bids, the local government has not _____ made a plan that would allow for it.
(A) yet　　　　(B) still　　　　(C) never　　　　(D) already

해석 비록 건설 계약이/ 주어져야함에도 불구하고/ 공개 입찰을 통해/ 그 지방정부는 아직 만들어 내지 않고 있다./ 계획을/ 그것을 고려한
해설 has not이 부정문이므로 긍정문과 함께 쓰는 already는 답이 될 수 없고 not이 왔으므로 또 다른 부정어인 never도 중복해서 쓸 수 없다. yet 아니면 still인데, not 뒤에 있으므로 yet이 답이다. still이 되려면 still not이 되어야 한다.

예제 This year's Weston Book Fair was not widely publicized, but it was _____ very well attended.

(A) early　　　　(B) quite　　　　(C) still　　　　(D) more

해석 올해 Weston 책 박람회는/ 널리 홍보되지는 않았지만/ 그러나 그것은 여전히 매우 참석률이 좋았다.
해설 early very나 more very는 없는 표현이다. was quite very well하면 꽤 매우 잘이라는 표현인데, quite가 70% 정도라면 very는 90% 정도를 나타낸다. 잘하는 것도 '꽤 잘' 혹은 '매우 잘' 과 같이 따로따로 써야하지 '꽤 매우 잘' 이라고 할 수는 없다. 그래서 정답은 still very well(여전히 매우 잘)이 된다. quite를 쓰려면 very 자리에 써주어서 still quite well로 표현해야 한다.

예제 They announced that they will launch a new Web site but the exact date of unveiling it is _____ to be determined.

(A) yet　　　　(B) besides　　　　(C) rarely　　　　(D) permanently

해석 그들은 발표했다./ 그들이 출시할 것이라는 것을/ 새로운 웹 사이트를/ 그러나 그 정확한 날짜는/ 그것을 공개할/ 아직 결정되지 않았다.
해설 have yet to 동·원은 '아직 ~해야 한다.' 혹은 '아직 ~하지 못했다.' 라고 해석이 된다. 그런데 have 대신에 be동사를 쓰는 경우가 있는데, 같은 표현이다.

2) ever/ once/ ago

(1) ever: 이제까지, 지금까지
ever는 보통 의문문에서 경험의 표현을 나타낼 때 오게 되는데, 예외적으로 다음의 경우에 평서문에서도 쓸 수 있다.

㉠(의문문): ex. Have you ever been there?

㉡ (비교급과 함께)
　　ex. Our department is more _____ to _____ high quality products than *ever*.
　　　　　　　　(A) committed　(A) produce
　　　　　　　　(B) committing　(B) producing

해석 우리 부서는 더욱 전념하고 있다./ 생산하는 것에/ 고품질의 제품들을/ 이전보다도
해설 be committed to + ~ing 또는 명사이므로 (A) committed가 답이 되고 to는 전치사이므로 뒤에 동명사 producing이 온다. 그리고 비교급 than ever 의 표현으로 이제까지(지금까지)보다도 더 ~한이라는 의미가 된다.

ⓒ (최상급과 함께)
ex. Sharon Grill is *the largest* restaurant *ever* to be built in the area.
Sharon Grill은 가장 큰 레스토랑이다./ 이제까지 지어진/ 그 지역에서

ⓔ hardly ever: almost never
ex. We hardly ever go out for dinner.
우리는 좀처럼 밖에 나가지 않는다./ 저녁을 먹으러

※ hardly any + 명사: 거의 어떠한 ~도 ~아니다.
cf. The machine requires <u>hardly any</u> additional parts to function properly.

> 해석 그 기계는 필요로 하지 않는다./ 거의 어떠한 추가적인 부품들도/ 적절히 기능하기 위해
> 해설 이 문장에서 hardly가 빈도부사이므로 일반동사의 앞자리에 와야 한다고 생각하여 잘못된 문장이라고 생각할 수 있지만, 보통 빈도부사의 위치가 일반동사 앞이지만, hardly any는 관용적인 표현이기 때문에 이 경우는 hardly가 반드시 requires 앞에 오지 않아도 맞는 문장이다.

ⓓ ever since~: ~이래로 지금까지

(2) once

㉠ 부사절접속사: 일단 ~하면
<u>Once s1 + v1~</u> , s2 + v2~
s1 + v1~ <u>once s2 + v2~</u>

㉡ 부사: 한 번, 한 때
ex. once a month/ once again 한 달에 한 번/ 다시 한 번
ex. The museum, <u>once</u> one of the most popular places to visit in the region is, <u>now</u> a parking lot.
그 박물관은/ 한 때/ 가장 인기 있는 장소들 중 하나였는데/ 지금은 주차장이다.

 Asmile Van Dutch, _____ a popular music artist in the 1980s, now manages a successful business called Neo-International.
(A) once   (B) often   (C) soon   (D) still

> 해석 Asmile Van Duch는/ 한 때 인기 있는 음악가였는데/ 1980년대에/ 지금은 관리하고 있다./ 성공적인 사업체를/ Neo-International 이라고 불리는
> 해설 '한 때'의 의미를 가지는 것은 once이다.

The computer system upgrade is complete and employees may _____ use their online calendar. (2013년 3월 정기토익 기출 변형문제)
(A) fast (B) now (C) once (D) very

해석 컴퓨터 시스템 업그레이드가 끝났고 직원들은 이제 사용할 수 있다./ 그들의 온라인 캘린더를
해설 조동사와 동사원형 사이에 빈 칸이 있기 때문에 부사가 들어가야 할 자리인데 모두 부사로 쓰일 수 있기 때문에 해석을 해 보면, '업그레이드가 끝나서 그래서 이제 직원들은 이용할 수 있다.' 가 되어 정답은 (D) now가 된다.

 Formerly a graphic artist, Ms. Ross _____ divides her time between painting and teaching art. (2014년 4월 정기토익 기출응용문제)
(A) forward (B) soon (C) far (D) now

해석 이전에 그래픽 아티스트였던, Ms. Ross는 지금은 나눈다./ 그녀의 시간을/ 그림을 그리는 것과 미술을 가르치는 것 사이에서
해설 문두에 Formerly라는 부사가 나오고 있다. '이전에 그래픽 아티스트였던 사람이 지금은 ~한다.'의 의미가 되어야 하므로 정답은 (D) now가 된다. soon은 보통 미래 시제와 잘 어울리는데, 만약 will divide이었다면 정답은 soon이 된다. soon이 없다면 같은 의미인 shortly(곧)도 답이 될 수 있다.

4. 빈도부사

① 빈도부사는 어떤 일이 얼마나 자주 일어나는지를 나타내는 부사를 말하는데, 빈도부사는 보통 조동사나 be동사 뒤 또는 일반동사 앞에 오게 된다.(조비뒤일앞)
빈도부사에는 다음과 같은 것들이 있다.

always   often   frequently   usually   sometimes
hardly/ rarely/ scarcely/ barely   once   never

※ always는 문장 맨 앞이나 문장 맨 뒤에 올 수 없다.

② hardly/ rarely/ scarcely/ barely 등의 부사는 부정의 의미가 있기 때문에, not과 같은 또 다른 부정어와 함께 쓸 수 없으며, 이러한 부정부사가 강조를 위하여 문장의 맨 앞으로 나갈 경우 주어와 동사의 도치가 일어난다.

Thanks to the skill of the experts, the repairs to the wall are _____ visible to the eye.

(A) hard   (B) harder   (C) hardly   (D) hardest

해석 전문가들의 기술 덕분에/ 벽에 대한 그 수리는/ 거의 보이지 않는다./ 육안으로
해설 해석상 거의 '~하지 않다'로 부정의 의미를 가지고 있으며, be동사 뒤에 부사로 hardly가 왔다.

 _____ had Mr. Raven been more excited than when he visited Japan for the first time.

(A) After   (B) Only   (C) Never   (D) Already

해석 결코 없었다./ Mr. Raven이 더 흥분한 적은/ 그가 일본을 방문했을 때 보다/ 처음으로
해설 빈 칸 뒤에 had Mr. Raven been의 형태로 주어 + 동사가 동사 + 주어의 형태로 도치가 되어있다. 이렇게 될 수 있는 것은 부정부사가 앞으로 나간 경우에 가능하다. 물론 only + 부사, 부사구 또는 부사절이 문장 앞으로 나가면 도치가 되는 경우가 있지만 only만 문두에 있다면 도치가 일어나지는 않는다. 정답은 never이다.

5. so, such, very, too

so와 such는 둘 다 '너무, 매우'의 의미를 가지는데, 보통 so 뒤에는 형용사나 부사가 오고 명사는 오지 않는다. such 뒤에는 반드시 명사가 와야 한다.

결과의 부사절: 너무 ~해서 그 결과 ~하다.

<u>so</u> + <u>형/부</u> + <u>that</u> + <u>s + v~</u>
너무   ~해서   그 결과   ~하다.
매우

= <u>such</u> + (a) + 형 + 명사 + <u>that</u> + <u>s + v~</u>
너무   ~해서   그 결과   ~하다.
매우

She is <u>very</u> smart. (O)

She is <u>very</u> smart that she can solve it. (X)

위의 결과를 나타내는 부사절은 공식과 같이 그 순서를 외워둔다. 그리고 very는 so와 같이 '매우, 너무'의 뜻이 있지만, 뒤에 that절이 따라올 때는 공식처럼 so + 형용사/ 부사 + that + s + v 의 표현을 써야한다. 이 때, so 대신에 very를 쓰면 틀린 문장이다.

cf. so many students/ so much money
so 뒤에는 명사가 오지 않는다고 했지만 예외적으로 수나 양을 나타내는 형용사인 many나 much와 함께 쓰는 경우, so 뒤에 명사가 따라 나오는 경우도 있다.

   He is _____ a wise man that everybody looks up to him.
(A) such   (B) so

해석 그는 그렇게 현명한 사람이어서/ 그 결과 모든 사람들이 그를 존경한다.
해설 such a 형용사 명사 that s + v 의 형태로 답은 such가 된다.

   For long-lasting energy you need complex carbohydrates, _____ beans, brown rice, and sweet potatoes.
(A) such as   (B) in addition
(C) because   (D) although

해석 오래 지속되는 에너지를 위하여/ 당신은 복합 탄수화물을 필요로 한다./ 콩, 현미 그리고 고구마와 같은
해설 such는 such as로 '~와 같은'의 표현으로도 쓰인다. 이 표현은 아래의 변형된 형태로도 답으로 출제되었다.
such as A, B and C   such 명사 as A, B and C   ex. such items as A, B and C
such as this 이와 같은   such as you 여러분과 같은

6. too much와 much too

too much + 불가산명사: too much money
too many + 가산복수명사: too many books

        (현·분, 과·분)
much too + 형용사/ 부사 + (for + 의미상의 주어) + (to + 동·원)
 (=far)

너무 '형용사 또는 부사' 해서 의미상의 주어는 to 동·원 할 수 없다. 혹은 의미상의 주어가 to 동·원하기에는 너무 '형용사 또는 부사' 하다라고 해석한다. 이 때, much대신 far를 쓸 수도 있다. too는 보통 부정적인 의미를 표현할 때 쓴다. 그리고 too는 문장 끝에 와서 '또한, 역시' 라는 의미로 쓰이기도 한다.

The scheduling programs available at our company are _____ too advanced for the beginners to use.

(A) well   (B) quite   (C) far   (D) pretty

해석 그 일정 프로그램들은/ 이용 가능한/ 우리 회사에서/ 너무 고사양이라서/ 초보자들은 사용할 수 없다.
해설 (현·분, 과·분)
much too + 형용사/부사 + (for + 의미상의 주어) + (to + 동·원)의 표현에서 much 대신 far가 답으로 온 경우이다. (=far)

7. 강조부사 just/ only/ well/ even/ quite

① just, right

just enough: 겨우(단지) ~하기에 충분할 정도로만

ex. In that case, add just enough water to cover the peas.
그 경우에는/ 단지 충분할 정도로만 물을 넣으세요./ 콩이 물에 잠길 만큼만

just는 현재완료나 과거형 동사를 꾸며 '막, 방금' 의 의미로도 쓰인다.

ex. The company has just announced its 29million purchase of Hyatt Hotel.
그 회사는 막 발표했다./ 그것의 2천 9백만 달러짜리 매입을/ 하얏트 호텔의

  Dolton Electronics Corporation _____ named Mr. Gerrero Whitmore vice president of the international division.

(A) so   (B) much   (C) as   (D) just

해석 Dolton Electronics Corporation은/ 이제 막/ 임명했다./ Mr. Gerrero Whitmore를/ 부사장으로/ 그 국제부서의
해설 과거 또는 현재완료시제와 함께 사용하여 '이제 막' 이란 의미로 쓰이는 부사는 just이다.

② only, just는 전치사구나 명사(구)를 강조할 수 있다.

ex. only on CNN   단지 CNN에서만
Only those with boarding passes are admitted.
단지 사람들만이/ 탑승권을 가진/ 허락 되어 진다./ 입장이

ex. It is just a coincidence that the two events have happened at the same time.
단지 우연의 일치이다./ 그 두 사건이 발생했던 것은/ 동시에

③ well은 '훨씬' 이라는 뜻으로 전치사구를 강조한다.

ex. well over average   평균 훨씬 이상
※ well은 잘 이라는 의미로도 쓰인다.
He did it very well
be well attended: 참석이 잘 되어졌다.(=참석률이 좋았다.)

④ even은 '~까지도' 라는 의미로 단어나 구를 앞에서 강조하며 최상급과 함께 오기도 한다.

ex. Even the prominent professor couldn't understand it.
심지어 그 저명한 교수까지도 그것을 이해할 수 없었다.

The store even provide additional 15 percent discounts for every new customer.
그 상점은 심지어 제공하기까지 한다./ 15퍼센트 할인을/ 모든 신규 고객에게

They could not answer even the easiest written questions.
그들은 답할 수 없었다./ 심지어 가장 쉬운 서면 질문에 대해서도

※ even은 비교급 수식 부사로도 쓴다.
훨씬 더 ~한
even + ~er
훨씬   more~

⑤ quite + a/an + (형용사) + 명사
ex. quite a great success   꽤 엄청난 성공

8. 기타 부사

① also/ too/ as well/ either (또한)
also는 문장 끝에 올 수 없다. 반면에 too, as well, either는 또한, 역시라는 의미로 쓰이게 되면 문장 끝에 온다. either은 부정문을 언급하고 또 다른 부정문을 덧붙일 때 문장 맨 끝에 쓰게 된다.

② since/ thereafter
since는 보통 부사절 접속사이거나 전치사로 쓰이지만 드물게 have since p.p. 혹은 has since p.p.의 형태로 부사 자리에 올 수도 있다.
thereafter는 보통 shortly thereafter의 형태로 '그 이후 바로' 라는 의미로 쓴다.

③ forward/ backward
ahead/ behind

forward나 backward는 방향성을 나타내고, ahead나 behind는 상태적인 개념 혹은 시간적인 개념을 표현한다.

ex. behind schedule 예정보다 늦게

9. 비교급 수식부사

비교급(~er, more + 형용사/ 부사의 원급)을 수식해주는 부사가 있는데 해석은 '훨씬' 으로 한다.

훨씬
much
even   비교급
still   + ~ er
far   more
a lot   더 ~한
by far

 After acquiring Brown Oil, Great Gas is _____ larger than Briston Oil Corporation, which is one of the most well known oil industries internationally.

(A) most   (B) too   (C) even   (D) so

해석 인수한 후/ Brown Oil을/ Great Gas사는/ 훨씬 더 커졌다./ Briston Oil사 보다/ 그런데 <u>그 회사는</u> 오일 업계에서 세계적으로 가장 잘 알려진 회사들 중 하나이다.   (Briston Oil)

해설 larger라는 비교급 앞에 빈 칸이 있으므로 비교급 수식 부사인 (C) even이 답이 된다.
또한, much, still, far, a lot, by far와 같은 또 다른 비교급 수식부사도 정답이 될 수 있다.

19 대명사

앞에 나온 명사를 대신해서 쓰는 것이 대명사이다.
대명사는 주격, 소유격, 목적격이 있다.
주격은 주어 자리에, 소유격은 명사 앞에, 목적격은 타동사나 전치사의 목적어 자리에 온다.

대명사는 인칭대명사, 재귀대명사, 지시대명사, 부정대명사가 있다.

1. 인칭대명사의 종류

수	인칭/성		인칭 대명사			소유대명사	재귀대명사
			주격 (~은,는,이,가)	소유격 (~의)	목적격 (~을, 를)		
단수	1인칭		I	my	me	mine	myself
	2인칭		you	your	you	yours	yourself
	3인칭	남성	he	his	him	his	himself
		여성	she	her	her	hers	herself
		중성	it	its	it	없음	itself
복수	1인칭		we	our	us	ours	ourselves
	2인칭		you	your	you	yours	yourselves
	3인칭		they	their	them	theirs	themselves

주격은 주어 자리에 쓴다.
소유격은 형용사처럼 명사 앞에 쓰며 '~의'로 해석된다.
목적격은 타동사의 목적어, 또는 전치사의 목적어로 쓰인다.

예제 As an employer, _____ are not permitted to ask questions about a person's age and marital status.

(A) your   (B) yours   (C) you   (D) yourself

해석 고용주로서/ 당신은 질문하는 것이 허락되지 않는다./ 한 개인의 나이와 결혼 여부에 대하여
해설 빈 칸은 동사 are 앞에 있으므로 주격이 와야 하는데, 2인칭의 주격은 you이다.

Mr. Wilson works with _____ .

(A) me (B) my (C) myself (D) I

해석 윌슨 씨는 일한다./ 나와 함께
해설 with는 전치사인데, 전치사의 목적어가 필요하다. 전치사의 목적어는 목적격이 와야 하므로 답은 me이다. 물론, 재귀대명사 myself도 전치사의 목적어 자리에 올수는 있지만 재귀대명사는 주어의 행위가 주어 자신에게 미칠 때 보통 사용되므로 이 문제에서는 답이 될 수 없다.

 I am satisfied with _____ job.

(A) me (B) my (C) myself (D) I

해석 나는 만족 한다./ 나의 일에
해설 빈 칸은 전치사 with 뒤에 왔기 때문에 전치사의 목적어가 필요하므로 me라고 생각할 수 있지만, 이 문제에서 전치사의 최종 목적어는 명사인 job이 된다. 그리고 명사 앞에서 바로 명사를 수식해 줄 수 있는 것은 소유격 my이다. 전치사 + 소유격 + 명사의 순서로 온 것이다.

 Please do not hesitate to contact us with any questions associated with _____ Winipeg accounts.

(2014년 4월 정기토익 기출 응용문제)

(A) you (B) your (C) yours (D) yourselves

해석 망설이지 마시오./ 연락하는 것을/ 우리에게/ 어떤 질문에 대해서라도/ 관련된/ 당신의 Winipeg 계정들에 대해서
해설 전치사 with 뒤에서 명사를 수식할 수 있는 대명사의 격은 소유격이다. 따라서 your가 답이 된다.

If you are wondering about the functions of the buttons on the center, please consult _____ owner's manual.

owner's manual 사용자 안내서

(A) your (B) yourselves (C) you (D) yours

해석 만약 당신이 궁금해 하고 있다면/ 기능에 대하여/ 중앙에 있는 버튼의 / 참조하시오./ 당신의 사용자 안내서를
해설 consult는 뒤에 사람이 목적어로 오면 '상담하다' 라고 해석하고, 사물이 목적어로 오면 '참조하다' 의 의미이다.
당신의 사용자 안내서라고 해석이 되어 답은 소유격 your가 된다. 이 때, 빈 칸 뒤에 owner's라는 소유격이 왔기 때문에 빈 칸은 소유격이 될 수 없다고 생각할 수 있지만 지금의 경우에는 owner's manual을 '사용자 안내서' 라는 하나의 명사 표현으로 보고 앞에 소유격을 답으로 찾아야 한다.

예제 Please find _____ latest invoice for office cleaning service enclosed.

(2014년 5월 정기토익 기출 응용문제)

(A) yourself　　　(B) you　　　(C) yours　　　(D) your

해석 찾아 보세요./ 당신의 최근의 송장을/ 사무실 청소 서비스에 대한/ 동봉된
해설 _____ + 형용사 + 명사에서 빈 칸은 소유격이 올 자리이므로 정답은 your가 된다.

예제 If you experience any problems with the Web site, you may contact _____ at any of the following telephone numbers or send an e-mail to our secretary.

(A) we　　　(B) us　　　(C) our　　　(D) ours

해석 만약 당신이 어떤 문제를 겪고 있다면/ 그 웹 사이트에 대해/ 당신은 연락할 수 있다./ 우리에게/ 아래의 어떤 전화번호로든지/ 또는 이메일을 보낼 수 있다./ 우리의 비서에게
해설 contact는 3형식 타동사인데 목적어가 필요하다. 목적격이 될 수 있는 것은 (B) us와 (C) ours인데, 해석상 우리에게 연락하는 것이 맞으므로 정답은 us이다. ours는 '우리의 것' 이라고 해석되므로 어색하다.

예제 The anonymous message you received yesterday was what _____ sent to you.

(A) my　　　(B) me　　　(C) mine　　　(D) I

해석 그 익명의 메시지는/ 당신이 어제 받은/ 내가 보낸 것이다./ 당신에게
해설 빈칸 뒤의 sent가 동사이고, sent to you 부분이 당신에게 보냈다라고 해석 되므로 빈칸은 '누가' 보냈는지를 의미하는 표현이 와야 하는데, 즉 주격이 와야 한다. 내가 보낸 것이므로 답은 'I' 가 된다.

예제 You should receive the brochure by tomorrow and review _____ thoroughly.

(A) themselves　　　(B) itself　　　(C) it　　　(D) them

해석 당신은 받게 될 것이다./ 그 소책자를/ 내일까지/ 그리고 당신은/ 검토해야 한다./ 그것을/ 철저히
해설 and 뒤의 review는 review 바로 앞에 주어인 you가 생략되어 있기 때문에 동사이다. 일반적으로 s1 + v1 ~ and/ but s2 + v2에서 s1과 s2가 같을 때, s2는 생략 가능하다. 동사 review가 3형식 타동사이므로 목적어가 필요하다. the brochure를 목적어로 받을 수 있는 것은 it이다.

2. 소유대명사

소유대명사는 소유격 + 명사를 대신하는 말로 문장의 주어, 보어, 목적어 자리에 온다.

My reference book is about flowers, but _____ is about vegetables.

(A) she   (B) her   (C) hers   (D) herself

해석 나의 참고서는/ 꽃에 관한 것이지만,/ 그녀의 것은/ 야채에 관한 것이다.

해설
but 뒤의 빈 칸은 주어가 들어가야 할 자리이다. 주어가 될 수 있는 것은 (A) she와 (C) hers인데, 만약 she가 들어가게 된다면 '그녀가 야채에 대한 것이다.' 가 되어 해석이 어색하다. but뒤에는 her reference book이 오는 것이 의미적으로 맞다. '그녀의 참고서가 야채에 대한 것이다.' 라고 해석하는 것이 옳다. 그런데 영어는 같은 표현이 반복되어 쓰이는 것을 피하고 싶어 하기 때문에 소유격 + 명사의 형태를 소유대명사로 쓸 수 있다. 그래서 '그녀의 것' 이라고 해석되는 hers가 답이 된다.

이중소유격: 관사 + 명사 + of + 소유대명사

 He is a colleague of _____.

(A) she   (B) her   (C) hers   (D) herself

해석 그는 그녀의 동료 중 하나이다.
cf. He is a friend of mine.
해설 전치사 of의 목적어가 될 수 있는 것은 her 또는 herself 그리고 소유대명사인 hers이다. 그런데 cf.에서 보는 것처럼 a friend of mine은 '나의 친구 중 한 친구' 정도의 의미로 자주 사용되는 이중소유격의 표현이다. 예제 문제도 '관사 + 명사 + of + 소유대명사' 의 표현인 a colleague of 소유대명사로서 답은 hers이다.

3. 재귀대명사

재귀대명사는 그 어미가 '~ self' 또는 '~ selves' 로 끝나는 것으로 아래의 세 가지 용법으로 사용된다.

1) 재귀적 용법: 목적어가 주어와 같은 사람이나 사물을 지칭할 때 타동사나 전치사의 목적어 자리에 재귀대명사를 쓴다.(생략 불가)

ex) Alice killed her.   엘리스는 그녀를 죽였다.(Alice ≠ her)
     Alice killed herself.   엘리스는 그녀 자신을 죽였다.(Alice = her)

     Alice talked to her.   엘리스는 그녀에게 말했다.(Alice ≠ her)
     Alice talked to herself. 엘리스는 그녀 자신에게 말했다.(Alice = her)

예제 The trip to the island made _____ interested in the tourism industry.
(A) her   (B) herself

해석 그 섬으로의 여행은/ 그녀가 관심을 가지도록 했다./ 관광산업에 대해
해설 주어는 the trip이고 빈 칸은 목적어 자리이다. 그런데 'the trip = 그녀'의 관계가 성립하지 않으므로, 재귀대명사를 쓸 수 없다. 위에서 말한 것처럼 재귀대명사는 주어의 행위가 주어 자신에게 영향을 미칠 때 쓴다. 해석으로 보면, 그 여행이 그녀(her)로 하여금 관광산업에 관심을 갖도록 한 것이지, 그 여행이 그녀 자신(herself)으로 하여금 관광산업에 관심을 갖도록 한 것은 아니다. 따라서 정답은 단순 목적격인 her가 된다.

예제 Contrary to most stereotypes, businessmen characterize _____ as more cautious than the general population.
(A) them   (B) itself   (C) themselves   (D) yourself

해석 대조적으로/ 대부분의 고정관념과는/ 대부분의 사업가들은/ 특징짓는다./ 자신들을/ 더 신중하다고/ 일반 대중들보다
해설 빈칸은 동사 characterize의 목적어 자리이며, 문맥상 주어인 사업가들이 그들 자신들을 더욱 신중한 사람이라 규정짓는다라고 해석하는 것이 적절하므로, 즉 주어의 행위나 생각이 주어 자신에게 영향을 미친것이므로 목적어가 들어갈 자리에는 단순 목적어가 아니라 재귀대명사가 와야 한다. 따라서 정답은 (C) themselves가 된다.
다시 한 번 더 강조하면
재귀대명사는 '주어의 행위가 주어 자신에게 영향을 미치는 경우'에 쓰게 된다.

예제 This email is being sent because we haven't heard from _____ yet, but it's not too late to join the club.   (2013년 3월 정기토익 기출 응용문제)
(A) yourself   (B) yours   (C) you   (D) your

해석 이 이메일은 보내지고 있다./ 우리가 듣지 못했기 때문에 당신으로부터 아직/ 그러나 그렇게 늦지는 않았다./ 그 클럽에 들어가는 것이
해설 우리가 당신으로부터 소식을 듣지 못한 것이지 당신 자신으로부터 듣지 못한 것은 아니므로 단순 목적격인 you가 답이다.

2) 강조적 용법: 주어나 목적어를 단순 강조함.

'몸소, 스스로, 직접, 그 자체로' 등으로 해석함.(생략 가능)
ex) He finished the report himself.   그는 직접 그 보고서를 완성했다.

Mr. Lee himself finished the report. Mr. Lee는 직접 그 보고서를 완성했다.
She loved the book itself. 그녀는 그 책을 그 자체로 좋아했다.

예제 I have not been able to examine the proposal _____ although it has been on my desk for the last three days.

(A) me			(B) myself			(C) mine			(D) my

해석 나는 검토해 볼 수 없었다./ 그 제안서를/ 내가 직접/ 비록 그것이 있었지만/ 내 책상위에/ 지난 삼일 동안
해설 빈칸 앞 쪽은 완전한 문장이 왔다. 즉, 빠진 필수문장 요소가 없다는 말이다. 빈칸이 없어도 문장 성립에는 아무런 지장이 없다. 따라서 생략해도 아무 문제가 없는 재귀대명사의 강조적 용법으로 myself가 답이 된다.

예제 The manager asked Doherty Parker to help _____ with a new project so that he could finish it by the end of the month.

(A) his			(B) him			(C) he			(D) himself

해석 그 매니저는 요청했다./ Doherty Parker에게/ 도와 줄 것을/ 그를/ 새로운 프로젝트에 대해/ 그가 끝마칠 수 있도록/ 그것을/ 이달 말까지
해설 ask A to + 동·원에서 A가 목적어 to + 동·원이 목적보어인데 목적어와 목적보어는 의미상(해석상) 주어와 주격보어와의 관계와 같다. Doherty Parker가 그 매니저를 돕는 것이므로 Doherty Parker와 매니저는 같은 사람이 아니다. 따라서 (B) him이 답이 된다. 재귀대명사는 자신의 행위가 자기 자신에게 미칠 때 쓴다.

예제 Mr. Valdraz developed the architectural plans for the Unoki Firm's office suite _____, since the client required a complex design. (2014년 5월 정기토익 기출 응용문제)

(A) his			(B) him			(C) himself			(D) he

해석 발데스 씨는 만들었다./ 그 건축 설계도를/ Unoki Firm의 사무실 스위트에 대한/ 직접/ 왜냐하면/ 그 고객이 요구했기 때문에/ 복잡한 디자인을
해설 빈 칸 없이도 앞 문장은 성립한다. 따라서 주어를 강조하는 강조적 용법의 재귀대명사 himself가 답이다.

3) 관용적 표현
   by oneself (=alone =on one's own) 홀로, 혼자 힘으로
   for oneself 혼자 힘으로		of itself 저절로
   for itself 그 자체로, 본질적으로

   참고
   one's(소유격) + own + 명사: 자기 자신의~	ex. his own car 그의 자신의 자동차

They built the house on _____.
(A) them (B) themselves (C) their (D) their own

해석 그들은 그 집을 지었다./ 그들만의 힘으로
해설 홀로, 혼자 힘으로라는 표현은 on one's(소유격) own이다. 그런데 만약 빈 칸 앞에 전치사가 on이 아니라 by였다면 답은 by oneself의 표현에 따라 themselves가 된다.

참고
of one's own: ~자신의 소유인
ex. He has a house of his own 그는 그 자신 소유의 집을 갖고 있다.

 Kelly got the job by _____ despite rumors that she has acquaintances in high levels.
(A) her (B) she (C) herself (D) hers

해석 Kelly는 일자리를 얻었다./ 그녀 혼자만의 힘으로/ 소문에도 불구하고/ 그녀가 고위층에 지인들이 있다는
해설 혼자만의 힘으로라는 표현은 on one's own이다. 이와 같은 표현이 by oneself이므로 답은 herself가 된다.

 A new study suggests that parents who are musicians often encourage _____ children to play a musical instrument.   (2013년 3월 정기토익 기출 응용문제)
(A) themselves (B) their own
(C) theirs (D) them

해석 새로운 연구는 암시 한다./ 음악가인 부모들은/ 종종 권유한다는 것을/ 자녀들이 연주할 것을/ 한 가지 악기를
해설 encourage의 목적어로 명사 children이 왔는데 이 명사를 수식할 수 있는 대명사는 소유격이다. 강조를 위해 own(자신의)이라는 표현이 덧붙여 표현되었다. 'their own + 명사' 는 '그들 자신의 명사' 라고 해석된다.

4. 지시대명사/ 지시형용사

1) 지시대명사 that과 those는 앞에 나온 명사를 대신해서 사용한다.
앞에 나온 명사가 단수이면 that으로 복수이면 those로 받는다.

예제 Food prices in general rose nearly 18 percent, with the price of fish going up by 20 percent and _____ of meat by 6.2 percent.
(A) this   (B) that   (C) these   (D) those

해석 식품가격이/ 일반적으로/ 올랐다./ 거의 18%/ 생선의 가격이 인상되고 있는 가운데/ 20%까지/ 그리고 고기의 가격이/ 6.2%까지

해설 빈 칸은 고기의 '가격'을 대신 받는 말이 와야 하는데, 앞에 나오는 the price를 대신 받는 말은, the price가 단수 이므로 that이다.

예제 This company's appliances can be distinguished from _____ of another company because of the special logo on them.
(A) this   (B) them   (C) that   (D) those

해석 이 회사의 가전제품들은 구분이 될 수 있다./ 다른 회사들의 가전제품들과/ 그 제품 위의 특별한 로고 때문에

해설 앞에 나온 appliances는 복수인데 이 복수명사를 대신 받을 수 있는 것은 those이다.

2) those는 '~하는 사람들'이란 의미로도 쓰인다.

예제 Those _____ for this illegal behavior will be severely punished.
(A) responsibility   (B) responsibilities
(C) responsibly   (D) responsible

해석 사람들은/ 책임이 있는/ 이런 불법적인 행위에 대해/ 심하게 벌을 받을 것이다.

해설 '~하는 사람들'이라는 표현으로 those who + 동사가 있다. 그런데 responsible은 be responsible for의 형태로 많이 쓰이게 되는데 원래의 문장은 Those who are responsible for~ 에서 주격관계대명사와 be동사는 생략이 가능하므로 who are가 생략되고 responsible for만 남게 된 것이다. 정답은 responsible이다.

그 이외에도 those는 '~하는 사람들'이라는 의미로 다음과 같은 패턴으로 사용된다.
  ex. Those interested in the project are required to attend the meeting.
      Those hoping to participate in the project are required to attend the meeting.
      Those in charge of the project are required to attend the meeting.
      Those with boarding passes should proceed to Gate 27.

예제 _____ interested in the project are required to attend the meeting.
(A) They (B) Whoever
(C) Anyone (D) Those

해석 사람들은/ 관심이 있는/ 그 프로젝트에/ 요구 받는다./ 참석할 것을/ 그 회의에
해설 '~하는 사람들' 이라는 표현인 'Those who + v ~' 와 유사한 표현으로 '~하는 어떤 누구라도' 라는 표현인 'Anyone who + v ~' 가 있다. 그런데 이 때 Those와 Anyone을 고르는 문제가 있는데, who가 선행사와 수가 일치해야하므로
Those who 뒤의 모양은 Those (who + 복수동사) ~ 복수동사가 되어야하고
　　　　　　　　　　 s2　　s1　 v1　　　 v2
Anyone who 뒤의 모양은 Anyone (who + 단수동사) ~ 단수동사가 되어야 한다.
　　　　　　　　　　　 s2　　 s1　 v1　　　 v2
이 때, who 뒤의 v1이 be동사라면 'who + be 동사' 는 생략 가능하다. 문제의 원래 문장은 Those who are interested in the project are required to attend the meeting이다. 이때, who are가 생략되고 Those interested in ~ are required가 된 것이다. 복수동사인 are가 보이므로 Anyone이 아니라 Those가 답이 된다.

예제 _____ hoping to participate in the project is required to attend the meeting.
(A) They (B) Whoever
(C) Anyone (D) Those

해석 어떤 누구라도/ 희망하는 참석하는 것을/ 그 프로젝트에/ 요구받는다./ 그 회의에 참석할 것을
해설 뒤에 동사가 is로 왔기 때문에 단수대명사인 Anyone이 답이 된다. Whoever가 답이 되기 위해서는 Whoever hopes to participate in~ is required~ 의 모양이 되어야한다.

예제 _____ in charge of the project are required to attend the meeting.
(A) They (B) Whoever
(C) Anyone (D) Those

해석 사람들은/ 책임이 있는/ 이 프로젝트에/ 요구받는다./ 참석할 것을/ 이 회의에
해설 뒤에 동사가 복수동사가 왔으므로 Those가 답인데, Those는 전치사구의 수식을 받을 수도 있다.

예제 For those _____ to participate in this year's exhibition, an application form has been made available online to facilitate quick registration.
(A) hope (B) hoped
(C) hopes (D) hoping

해설 사람들을 위해/ 희망하는/ 참석하는 것을/ 올해의 전시회에/ 지원서는 구할 수 있다./ 온라인상으로/ 용이하게 하기 위해/ 빠른 등록을

해설 원래 문장은 For those who are hoping to participate in~ , s + v~ 에서 who are가 생략되고 hoping만 남은 것이다. 또 다른 풀이를 해 본다면, 빈칸은 동사 자리가 아니다. 왜냐하면 뒤에 동사 has been made가 나오고 있기 때문이다. 따라서 동사인 (A)와 (C)는 답이 될 수 없고, 참석하는 것을 희망하는 사람이지 희망되는 사람이 아니다. 즉, 수식받는 대명사와 수식하는 분사가 능동의 관계이므로 능동의 의미인 현재분사 hoping이 답이 된다. 또 다르게는 빈칸이 뒤에서 앞으로 대명사를 수식하고 있는데, 이때 hope는 뒤에 to부정사를 목적어로 가질 수 있는 3형식 타동사이다. 타동사의 분사형태가 뒤에서 앞으로 명사나 대명사를 수식할 때, 목적어가 있는 경우에는 현재분사의 형태로 수식하고 목적어가 없는 경우에는 과거분사(p.p.)의 형태로 수식한다. 뒤에 목적어로 to participate가 나오고 있으므로 현재분사형인 hoping이 those를 수식해야 한다. 정답은 hoping이다.

예제 _____ who believe the growth of the solar-power industry will continue to increase are advocating investments in solar-panel-manufacturing companies

(2014년 5월 정기토익 기출 응용문제)

(A) Ours (B) Them
(C) Those (D) Their

해설 사람들은/ 믿는/ 성장을/ 태양열 에너지 산업이 증가를 계속할 것을/ 옹호하고 있다./ 투자를/ 태양열판 제조 회사들에 대한

해설 ~하는 사람들이라는 표현은 those who + v~ 이다. 따라서 답은 Those이다.

예제 In order to ensure all affected managers are informed of the changes, _____ involved in tracking employee time and attendance will need to participate in one of our training sessions.

(2014년 5월 정기토익 기출 응용문제)

(A) that (B) those
(C) them (D) this

해설 확실히 하기 위해서/ 모든 해당 매니저들이 알고 있도록 하는 것을/ 그 변화에 대해/ 사람들은/ 관련이 있는/ 직원들의 시간과 출석을 감독하는 것에/ 참가해야 한다./ 하나에/ 우리의 교육들 중에서

해설 원래는 those who are involved in~ 에서 who are가 생략되고 those involved in~ 만 남은 것이다. 이 때 those는 '~하는 사람들' 이란 의미로 사용된다. 정답은 those이다.

5. 부정대명사/ 부정형용사

1) one은 정해지지 않은 단수가산명사를 대신한다.

ex. I sold my old desk and bought a new _____.
(A) that
(B) one

해석 나는 팔았다./ 나의 오래된 책상을/ 그리고 샀다./ 새 것을
해설 앞에 나온 명사를 대신 받을 때, 그 명사가 단수면 that으로 복수면 those로 받는다고 했는데 지금은 desk가 단수명사인데 that으로 받지 않고 one으로 받고 있다. 그 이유는 that은 형용사나 분사의 직접수식을 받을 수 없기 때문이다. 다시 말해, a new that이라는 표현은 없다. 그러나 one은 형용사의 직접수식을 받을 수 있는 대명사이다. 따라서 정답은 one이다.

예제 **Since Goldblum Camping Supply's revenue comes increasingly from online sources, the decision to close certain store locations is a natural _____.**

(2014년 4월 정기토익 기출 응용문제)

(A) another   (B) most   (C) one   (D) either

해석 Goldblum Camping Supply의 수입은 오기 때문에/ 점차적으로/ 온라인 소스로부터/ 그 결정은/ 문을 닫으려고 하는/ 특정 매장들을/ 자연스러운 것이다.
해설 새로운 것이라는 표현이 a new one이다. 마찬가지로 생각한다면 '자연스런 것'에 해당되는 표현은 a natural one이다.

2) another는 '이미 언급된 것 이외의 또 다른 하나'의 의미로 대명사와 형용사로 쓰인다.

대명사(단수) + 단수동사
= <u>Another</u> is from Korea.
One of the employees is from Japan. <u>Another employee</u> is from Korea.
형용사 + 단수명사 + 단수동사

3) other/ others는 '이미 언급한 것 이외의 것들 중 몇몇'이라는 의미로 쓰인다.

대명사(복수) + 복수동사
= Others are from Korea.
One of the employees is from Japan. Other employees are from Korea.
형용사 + 복수명사 + 복수동사

cf. **We can get _____ information from the reference book.**
(A) another
(B) other

해석 우리는 얻을 수 있다./ 다른 정보를/ 그 참고서로부터
해설 another는 뒤에 가산단수명사가 오고 other는 가산복수명사 또는 불가산명사가 온다.

another + 단수명사 + 단수동사
(=another)

other + 복수명사 + 복수동사
(=others)

other + 불가산명사 + 단수동사

※ another는 형용사와 대명사로 쓰일 수 있지만, other는 형용사로만 쓰이므로 반드시 뒤에 명사가 와야 한다.
'예외적으로 비교급 + than + any + other + 단수명사' 의 표현도 있다.

4) the other(s)는 '정해진 것 중 남은 것 전부'를 의미한다.

대명사(단수) + 단수동사
= The other is yours.
I have three dolls. Two are mine. The other doll is yours.
형용사 + 단수명사 + 단수동사

대명사(복수) + 복수동사
= The others are yours.
I have three dolls. One is mine. The other dolls are yours.
형용사 + 복수명사 + 복수동사

※ '서로서로' 를 의미하는 관용표현으로 each other, one another가 있다.
이 때, each other와 one another는 대명사이다. 그리고 each other는 other가 형용사이므로, 뒤에 명사가 와야 할 것 같지만, each other는 대명사이므로 뒤에 명사가 오지 않는다.

 The contractor purchased most of its necessities from a single supplier, but _____ were ordered from special vendors.
(A) other   (B) others   (C) the other   (D) both

해석 그 하청업체는/ 구매했다./ 그것의 필수품들 중 대부분을/ 하나의 공급업체로부터/ 그러나 다른 것들은 특별한 판매상들로부터 주문되었다.
해설 빈 칸은 주어가 와야 할 자리이다. 명사나 대명사가 와야 하는데, (A)는 형용사이므로 답이 될 수 없다. (C) the other는 대명사이므로 답이 될 수 있지만 단수 취급되므로 were가 아니라 was가 와야 한다. (D) both는 형용사와 대명사로 모두 사용될 수 있지만 언급할 수 있는 대상이 2개일 때 쓴다. 그런데 이미 앞에 대부분의 필수품들이라는 말이 나왔기 때문에 '둘 다' 라고 쓸 수 없다. 답은 others로 '다른 것들은' 이 되는데 대명사로 복수 취급되는 표현이다.

They decided to work _____ each other. (정기토익)

(A) collaborating (B) jointly
(C) together (D) alongside

해석 그들은 결정했다./ 일 할 것을/ 함께/ 서로서로
해설 '서로서로 함께 일하다.' 라는 의미이므로 work together each other라고 할 수 있을 것 같지만, work가 자동사이고 each other가 대명사이므로 그 사이에는 전치사가 필요하다. 왜냐하면 자동사인 work는 대명사를 목적어로 가질 수 없기 때문이다. together는 전치사가 아니라 부사이므로 답이 될 수 없다. (A)는 동명사 아니면 현재분사이므로 답이 될 수 없고, (B)는 부사이다. together가 답이 되기 위해서는 together with가 되어야 한다. alongside는 전치사로 together with(~와 함께)의 의미로 사용되고, 또 다른 의미로는 next to(~옆에)의 뜻으로도 사용된다. 따라서 정답은 전치사인 alongside이다.
ex. The police car pulled over <u>alongside</u> us. 경찰차가 우리 옆에 섰다.
　　　　　　　　　　　　　(=next to)

 During the orientation for new probationary employees, it was discovered that two of the workers already knew each _____.

(A) ones (B) other
(C) another (D) others

해석 그 오리엔테이션 동안에/ 신입 수습사원들을 위한/ 밝혀졌다./ 그 직원들 중 둘이 이미 서로서로 아는 사이라는 것이
해설 둘 사이의 서로서로는 each other이다. 이 때, other는 형용사이므로 뒤에 반드시 명사가 와야 된다고 했는데, each other가 되면 대명사로 쓰여 other 뒤에는 명사가 오지 않아도 된다. ※ 셋 사이의 서로서로는 one another이다.

 Although the computer programmers generally work alone, weekly staff meetings provide the chance to collaborate with _____.

(A) other (B) each other
(C) another (D) altogether

해석 비록 컴퓨터 프로그래머들은 일반적으로 혼자 일함에도 불구하고/ 주간 직원회의는 제공한다./ 기회를/ 서로서로 협력할 수 있는
해설 전치사 with 뒤에 빈 칸이 있기 때문에 대명사가 와야 할 자리이다. (A) other는 형용사로 반드시 뒤에 명사가 와야 하고 (C) another는 형용사와 대명사로 모두 사용되는데 여러 개를 언급하고 또 다른 어떤 하나를 언급할 때 쓰므로 적절치 않다. (D) altogether는 부사이다. 뜻은 완전히(completely)이다.
물론 each other도 other로 끝나기 때문에 형용사라고 생각할 수 있지만 each other는 형용사가 아니라 서로서로라는 의미의 대명사이다. 따라서 전치사 with의 목적어 자리에 들어갈 수 있다. 답은 each other이다.

5) 부정대명사/ 부정형용사 some/ any, no/ none, most/ almost, anything/ something

① some은 '몇몇의, 약간의' 라는 의미의 대명사와 형용사로 주로 긍정문에 쓰이고, any는 '몇몇의, 조금의' 라는 의미의 대명사와 형용사로 주로 부정문, 의문문, 조건문에 쓰인다.
   ※ any가 긍정문에 쓰이면 '어떤 ~라도' 라는 의미를 갖게 된다.
   ex. Any employees who fail to pass the exam will be laid off.

② no는 형용사로 뒤에 반드시 명사가 와야 하고, none은 대명사로 혼자 명사 자리에 온다.
   There are _____ left.
   (A) no   (B) none   (C) never   (D) not
   '남은 어떤 것도 없다.' 라는 의미인데 There is/are + 주어가 와야 한다. 빈 칸이 주어 자리인데, 대명사가 들어갈 자리이다. (A)는 형용사, (C)와 (D)는 부사이다. 대명사는 (B) none이다.

예제 _____ of the stores were open.
(A) None   (B) No   (C) Not   (D) Never

해석 그 상점들 중 어떤 것도 문을 열지 않았다.
해설 빈 칸은 주어가 와야 할 자리이다. 대명사가 답이 되는데 대명사는 None이다.

예제 Ms. Kwan has confirmed that she returned _____ to Fairy Weddings' rental facility following the reception. (2014년 5월 정기토익 기출 응용문제)
(A) either   (B) anything   (C) everything   (D) which

해석 Ms. Kwan은 확인했다./ 그녀는 반품했다라고/ 모든 것을/ Fairy Weddings의 임대 시설에/ 그 환영식 후에
해설 '반품했다' 의 목적어가 될 수 있는 것은 (B) anything과 (C) everything이다. anything이 답이 될 수 없는 이유는 anything은 부정문과 어울린다. 따라서 문제가 'she didn't return ____' 이었다면 anything이 답이다. 정답은 everything이다.

예제 He has worked as a studio musician and songwriter for _____ of the biggest names in the music business, including Sylil Dewy, Armandio Cordero, and the band Koocoburra Kings. (2014년 5월 정기토익 기출 응용문제)
(A) much   (B) some   (C) few   (D) one

해석 그는 일했었다./ 실내 음악가이자 작곡가로서/ 몇몇을 위하여/ 가장 큰 이름들 중/ 음악 업계에서/ 포함하여/ Sylil Dewy, Armandio Cordero, 그리고 the band Koocoburra Kings와 같은

해설 few of the~, some of the~, one of the~ 가 모두 가능한 표현인데 including 뒤쪽을 보면 가수들의 이름과 밴드 이름이 몇 개 나오고 있다. 따라서 some이 답이 된다.

③ most는 '대부분(의)' 라는 의미의 대명사와 형용사로 쓰이고, almost는 '거의' 라는 의미로 부사로 쓰인다.

most people （O）	the most people （X）
	most of people （X）
most of the people （O）	the most of people （X）
	the most of the people （X）
	almost people （X）
almost all (of) the people （O）	almost of people （X）

most는 '대부분(의)' 로 해석될 때는 정관사 the를 앞에 붙이지 않는다. most 앞에 the가 오는 경우는 'the most beautiful' 의 경우에서처럼 최상급으로 '가장 ~한' 이라고 해석될 때이다.

 _____ of the employees in the store faulted themselves for not accurately recording the inventory supplies left.

(A) One　　　　(B) No　　　　(C) Some　　　　(D) Any

해설 그 상점에 있는 직원들 중 몇몇은/ 그들 자신들을 책했다./ 남겨진 재고품에 대한 기록을 정확하게 하지 않은 것에 대해서

해설 문제의 동사는 faulted이고 주어는 빈 칸이다. 빈 칸이 주어이므로 주어 자격이 있는 것이 들어가야 하는데, 즉 명사나 대명사가 답이 된다. 그런데 no는 형용사로 뒤에 반드시 명사가 와야 한다. (A) one은 뒤에 themselves가 있으므로 답이 될 수 없다. one이 답이 되려면, 단수이므로 himself나 herself가 와야 한다. (C) Some 아니면 (D) Any가 답이 되는데, Any는 보통 부정문과 함께 어울린다. 동사인 faulted는 긍정문으로 나와 있다. 따라서 Some이 답이 된다. 그런데 주의할 것은 for not accurately recording~ 에서 부정어 not이 나온 것을 보고 부정문이므로 Any가 답이라고 생각하면 안 된다. 이 때 not은 문장의 동사를 부정하는 것이 아니라 전치사 for의 목적어인 동명사 recording을 부정하고 있기 때문이다. 문장 전체를 놓고 보았을 때는 긍정문이다. 따라서 Some이 답이 된다.

 The project supervisory committee received fifty proposals, _____ of which were related to the renovation of the building.

(A) most　　　　(B) almost　　　　(C) any　　　　(D) the most

해설 그 프로젝트 감독 위원회는 받았다./ 50개의 제안서들을/ 그런데 그 제안서들 중 대부분은 그 건물의 개조공사와 관련된 것들이었다.

해설 fifty proposals가 사물 선행사이므로 관계대명사 which가 왔고, 그 뒤에 동사 were의 주어가 필요한 자리인데 빈 칸이 바로 주어 자리이다. 주어가 되려면, 대명사가 와야 하는데 almost는 부사이고 the most는 the most + 2음절 이상의 형용사가 와서 '가장 ~한' 으로 최상급을 나타내는 표현이다. 선택지 가운데 대명사는 most 아니면 any이다.
그런데, any는 부정어와 함께 어울리므로 답이 될 수 없다. most가 답이 된다.
참고로 빈 칸 앞에 and가 있다면 of which가 아니라 of them이 되어야 한다. 그 이유는 접속사 기능을 하는 and가 왔으므로 빈칸에 또 접속사 역할을 할 수 있는 which가 와서는 안 된다. which는 관계대명사이므로 'and + them' 으로 바꾸어 쓸 수 있다. 이 때, and가 앞으로 나가고 of 뒤에 them이 남은 것이다.

6. 명사-대명사 일치

1) 대명사는 명사와 수 일치되어야 한다. 즉 단수명사는 단수대명사로, 복수명사는 복수대명사로 받아야 한다.

2) 대명사는 명사와 성/ 인칭이 일치되어야 한다.

Please be sure to review the application before you submit _____ to the Human Resources Department.
(A) it   (B) them   (C) him   (D) us

해석 꼭 검토하시오./ 그 지원서를/ 당신이 제출하기 전에/ 그것을/ 인사부에
해설 제출하는 것은 the application인데 단수이며 submit의 목적어 자리이므로 정답은 it이 된다.

Mr. Novel is concerned that the recreational goods _____ ordered will not arrive in time for the scheduled party.
(A) he   (B) that   (C) are   (D) until

해석 노벨 씨는 걱정하고 있다./ 그 오락 용품들이/ 그가 주문했던/ 도착하지 않으면 어쩌나하고/ 때맞추어/ 그 예정된 파티에
해설 Mr. Novel을 남성명사로 받아야하고, 해석상 '그가 주문했던 오락용품들' 이 되어야하므로 he가 답이 된다.
the recreational goods와 빈 칸 사이에 목적격 관계대명사 that이 생략된 것이다.
that이 답이 되기 위해서는 that were ordered가 되어야 한다. 이 내용과 관련해서는 관계대명사 편에서 좀 더 자세히 다루도록 하겠다.

PART 5

특수구문

CHAPER 20	비교
CHAPER 21	병치
CHAPER 22	도치
CHAPER 23	가정법

20 비교

비교 구문은 둘 이상의 대상을 수량이나 성질 면에서 비교하는 구문이며, 비교 대상의 수와 비교 방법에 따라 세 가지 구문으로 나뉜다.

원급 구문: 두 대상이 동등함을 나타내는 비교 구문
    ex. Jane is as old as jena.: Jane은 Jena만큼 그렇게 늙었다.(나이가 들었다.) 동갑이다.

비교급 구문: 두 대상 중 어느 하나가 우월함을 나타내는 비교 구문
    ex. Jane is older than Jena: Jane은 Jena보다 더 늙었다.(나이가 들었다.)

최상급 구문
    ex. Jane is the oldest in the class: Jane은 그 학급에서 가장 많이 늙었다.(나이가 들었다.)

형용사나 부사의 원급, 비교급, 최상급은 다음과 같은 형태를 가진다.

형용사나 부사가 1음절 단어이거나, '-er, -y, -ow, -some' 로 끝나는 2음절 단어일 때는 다음과 같은 형태를 가진다.

원급(형용사나 부사의 일반형태)	비교급	최상급
tall	taller	the tallest
clever	cleverer	the cleverest

형용사나 부사가 '-able, -ful, -ous, -ive' 등으로 끝나는 2음절 단어이거나, 3음절 이상의 단어일 때는 다음과 같은 형태를 가진다.

원급(형용사나 부사의 일반형태)	비교급	최상급
useful	more useful	the most useful
convenient	more convenient	the most convenient

어떤 형용사와 부사는 '-er/ -est'를 쓰지 않고 고유의 비교급/ 최상급 형태를 가진다.

원급(형용사나 부사의 일반형태)	비교급	최상급
good/ well	better	best
bad/ badly	worse	worst
many/ much	more	most
little	less	least

원급 구문

'~만큼 ~한'이라는 의미로 두 대상의 동등함을 나타내는 원급표현은
'as + 형용사/ 부사 + as'를 쓴다.
　　　　　　　(원급)

　　그렇게 ~한　　　~만큼
　　as 형용사/ 부사 as
　　　　　(원급)
　　　~er, more (x)
　　　~est, most~ (x)
　　　　명사 (x)

이 때, 원급 자리에 비교급이나, 최상급 그리고 명사만 하나가 나오는 경우는 없다.
원급과 관련된 문제는 보통 as와 as사이에 형용사가 오는지 부사가 오는지를 묻는 문제가 되는데 아래의 방법으로 문제를 풀 수 있다.

1.　　　2형식동사
　　　S + V + SC + as 부사 as~
　　　　　　　형용사
　　　　　　현재분사(~ing)
　　　　　　과거분사(p.p.)
　　　　　　　명사

 The order was shipped as _____ as possible to the customer.

(A) quick　　　(B) quickly　　　(C) quicker　　　(D) quickest

해석 그 주문은 배송되었다./ 가능한 한 그렇게 빨리/ 그 고객에게
해설 was shipped가 be동사 + 과거분사(p.p.)의 형태로 '배송되었다'로 해석되어 문장이 완전하게

끝났으므로 빈 칸은 필요 없는 말이므로 (B) quickly가 답이다. 2형식 동사(be동사) 뒤에 주격보어로 과거분사 shipped(p.p.)가 온 것이다. 해석상으로도 '가능한 것만큼 빠른 배송되다가 아니라 가능한 것만큼 빨리 배송되다.' 로 즉 부사가 맞다.

2형식동사
S + V + as <u>형용사</u> as~
　　　　　　　SC

His report is as _____ as hers.

(A) comprehensive　　　　　　　(B) comprehensively
(C) comprehensiveness　　　　　(D) more comprehensive

해석 그의 보고서는 그녀의 것만큼 그렇게 종합적이다.
해설 as와 as사이에는 형용사나 부사의 원급이 와야 하므로 비교급인 (D)는 답이 아니다. 그리고 그 사이에 명사만 하나 오는 것은 안 되므로 (C)도 제외. be동사 뒤에 주격보어가 없으므로 빈칸이 주격보어가 되어야 한다. 형용사가 답이다. 정답은 comprehensive이다.

2.　　　5형식동사(keep, find, leave 등)
　　　S + V + O + OC + as <u>부사</u> as~
　　　　　　　　　　형용사
　　　　　　　　　　현재분사(~ing)
　　　　　　　　　　과거분사(p.p.)
　　　　　　　　　　명사

Management has decided to rotate laborers to keep the assembly line running as _____ as possible.

(A) efficiency　　　　　　　(B) efficiently
(C) more efficient　　　　　(D) efficient

해석 경영진은 결정했다./ 순환시킬 것을/ 노동자들을/ 유지하기 위해/ 그 조립 라인이 작동되도록/ 가능한 한 효율적으로
해설 as + 원급 + as가 와야 하므로 비교급인 (C)는 답이 될 수 없고, 명사인 (A)도 제외된다. 그런데 keep이 여기서는 5형식으로 쓰였는데 뒤에 목적어로 assembly line이 왔고 목적보어로 running이 왔기 때문에 문장이 완전히 성립되었다. 빈 칸에는 없어도 그만인 부사가 답이다. 해석상으로도 가능한 한 효율적인 작동되도록 유지하는 것이 아니라 가능한 한 효율적으로 작동 되도록 유지하는 것이 맞으므로 부사인 efficiently가 답이다.

　　　5형식동사(keep, find, leave 등)
　　S + V + O + as <u>형용사</u> as~
　　　　　　　　　　OC

You need to keep the assembly line as _____ as the previous one.
(A) efficient (B) efficiently
(C) efficiency (D) more efficient

해석 당신은 유지해야 한다./ 그 조립 라인을 가능한 한 효율적으로/ 그 전의 것만큼
해설 5형식 동사 keep뒤에 목적어로 the assembly line이 왔고 뒤에 목적보어에 해당되는 말이 없기 때문에 빈칸은 목적보어가 될 수 있는 말이 와야 하는데, 목적보어가 될 수 있는 것은 부사는 될 수 없고 형용사인 efficient가 답이다. (D)는 비교급이라서 탈락이고, (C)는 명사만 올 수 없으므로 오답이다.

3. [S + V + O/C~] as _부사_ as~
          완전한 문장

Mrs. Kidman is unable to handle urgent matters on site as _____ as his coworkers.
(A) calmest (B) calmer
(C) calmly (D) calm

해석 Mrs. Kidman은 처리할 수 없다./ 긴급한 문제들을/ 현장에서/ 차분하게/ 그의 동료들만큼
해설 is unable to handle에서 handle은 '다루다, 처리하다' 라는 의미의 타동사이다. 그 뒤에 목적어로 urgent matters가 왔기 때문에 as ____ as 앞부분은 완전한 문장이 온 것이다. 따라서 정답은 부사인 calmly이다. 해석상으로도 '차분한 처리하다' 가 아니라 '차분하게 처리하다' 이므로 부사가 정답이다.

4. '~ 만큼 많은/ 적은'을 나타내는 원급 표현은 다음과 같다.

   as many + 명사 + as
      much   many, few + 가산복수명사
      few   much, little + 불가산명사
      little

원래 as와 as사이에 명사는 올 수 없다고 했지만, 앞에 형용사의 원급인 many, much, few, little등이 나오고 뒤에 명사가 나오는 경우는 맞는 표현이다.

Although some husbands are happy to help, most working women have more than twice _____ housework as men.

(A) as more (B) as many (C) so many (D) as much

해석 비록 일부 남편들은 기꺼이 도와주지만/ 대부분의 직업여성들은 가진다./ 두 배 이상의 가사 일을/ 남자들의

해설 뒤에 as가 왔으므로 앞에도 as가 와야 하고 as와 as사이에는 원급이 와야 하므로 as more은 답이 될 수 없다. housework가 불가산명사이므로 as many는 될 수 없고 as much가 답이다.

He made _____ contacts as possible throughout the company.

(A) as (B) as many (C) as much (D) many

해석 그는 접촉했다./ 가능한 한 많은 사람들과/ 회사 전역에서

해설 뒤에 as가 있으므로 앞에도 as가 필요하고 contacts가 복수명사이므로 as many가 답이 된다.

5. '~와 같은'을 나타내는 원급 표현은 'the same(+명사) + as'를 쓴다.

Amy has the same dress _____ I do.

(A) which
(B) as

해석 Amy는 가지고 있다./ 똑같은 드레스를/ 내가 가진 것과 같은

해설 dress를 사물 선행사로 보고 빈 칸 뒤의 I do에서 do의 목적어가 빠진 불완전한 문장이 왔다고 판단하여 목적격 관계대명사인 which가 답이라고 생각할 수 있지만, 이 문제에서처럼 명사 앞에 the same이라는 표현이 나오면, the same + 명사 + as라는 관용표현에서 as가 답이 된다. 이러한 as를 관계대명사 which와 유사한 역할을 한다고 하여 유사관계대명사라고 한다. 이 때, as는 앞의 명사와 동일한 종류를 나타낸다.

※ John was absent that day, _____ is often the case with him.
        (A) which   존은 늦었다 그날/ 그런데 그런 종류의 일은 늘 그에게 있는 일이다.
        (B) as

이 문제의 정답은 as이다. 일단, as is often the case with sb는 '~에게 늘 그래왔듯이, 늘 그렇듯이' 정도의 관용표현으로 기억해 둔다.
이 때 as도 일종의 유사관계대명사인데, 일단 숙어표현처럼 기억을 해 두고 문법적인 설명은 필자의 인터넷 카페의 '고난이도 어법문제'를 참조하기 바란다.

6. 형용사나 부사의 원급을 꾸며주는 표현으로는 nearly(거의), almost(거의), just(꼭) 등이 있다.

> ex. Their whole economy is developing but their capital markets are not nearly as developed as their manufacturing economy.
>
> **해석** 그들의 전반적인 경제는 발전하고 있지만/ 그들의 자본시장들은 거의 그들의 제조 경제만큼이나 그렇게 발전 되어 있지 않다.

《비교급 구문》

1. '~보다 ~한'이라는 의미로 두 대상 중 한 쪽이 우월함을 나타내는 비교급 표현은 '형용사/ 부사의 비교급 + than'을 쓴다.

   비교급   +   than
   ~ er
   more~
   더 ~한   ~보다

   ex. Last year's test was <u>harder than</u> this one.
      She acted <u>more cleverly than</u> usual.

   ※ '~보다 덜 ~한'을 의미하는 경우 'less + 형용사/ 부사 + than'을 쓴다.
   ex. This report is less important than the first one you showed me.
      이 보고서는 덜 중요하다./ 그 첫 번째 것보다/ 당신이 나에게 보여준

    This study indicates that average sales of company-owned stores are _____ than those of franchised stores.
   (A) greatly   (B) greatest
   (C) greater   (D) great

   해석 이 연구는 암시 한다./ 평균 판매가/ 회사 소유의 점포들의/ 더 크다는 것을/ 평균 판매보다/ 프렌차이즈 점포들의
   해설 빈 칸 뒤에 than이 보이므로 앞에는 비교급이 답이다. greater가 비교급이다.

2. 비교급에는 the를 쓰지 않지만, 예외적으로 다음의 비교급 표현에서는 반드시 the를 써야 한다.

the + 비교급~, the + 비교급~ (~할수록 점점 더 ~하다.)

ex. The more she thought about it, the more depressed she became.
그녀가 더 많이 생각하면 할수록/ 그것에 대해/ 그녀는 점점 더 우울해졌다.

the + 비교급 + of the two (둘 중 더 ~한)

ex. He is the more diligent of the two boys.
그가 더 근면하다./ 그 두 소년들 중에서

 _____ we put off finishing these reports, the more work there will be to do over the holidays. (put off = postpone 연기하다, 미루다.)
(A) Longer (B) Longest
(C) The long (D) The longer

해석 우리가 미루면 미룰수록/ 이 보고서들을/ 더욱 더 많은 일이 있을 것이다./ 해야 할/ 휴일 동안에 걸쳐
해설 the ~est 나 the most ~ 처럼 최상급 앞에는 정관사 the를 붙이고, 원래 비교급 앞에는 정관사 the를 붙이지 않지만 예외적으로 the + 비교급 ~ the + 비교급에서는 비교급 앞에 the가 올 수 있다.
정답은 The longer이다.

Eric is the _____ intelligent of the two.
(A) more (B) most
(C) much (D) many

해석 에릭는 더 똑똑하다./ 그 둘 중에서
해설 정관사 the는 최상급인 ~est나 most~ 앞에 온다. 그러나 of the two처럼 둘 사이의 비교에서는 비교급 앞에 the가 온다. 정답은 more이다.

3. 비교급 강조부사

형용사나 부사의 비교급을 강조하는 표현으로 much, even, still, far, a lot, by far 등이 있다.
해석은 '훨씬' 으로 한다.

훨씬
much
even   비교급
still   +   ~ er
far   more
a lot   더 ~한
by far

Mr. Ramberant asked to be transferred to the Highland office because it is _____ closer to his home on Gridon Street.

(A) more (B) most
(C) much (D) many

해석 Mr. Ramberant는 요청했다./ 전근 되어질 것을/ Highland 사무실로/ 왜냐하면/ 그 곳이 훨씬 더 가까웠기 때문에 그의 집에/ Gridon Street에 있는

해설 비교급 closer 앞에서 비교급을 수식할 수 있는 부사는 much이다. 이 외에도 even, still, far, a lot, by far도 답이 될 수 있다.

'~보다 많은/ 적은' 을 나타내는 비교급 표현은 'more/ fewer/ less + 명사 + than' 을 쓴다.

4. 라틴어 비교

보통 비교급 표현은 ~er + than을 쓴다. 그러나 예외적으로 라틴어에서 유래한 아래 단어들의 비교급 표현은 ~or + to의 형태로 나타나게 된다.

superior to   ~보다 더 우수한
inferior to   ~보다 더 열등한
junior to   ~보다 더 나이가 어린
senior to   ~보다 더 나이가 많은
prior to   ~보다 더 전에

Mr. Shin's performance is far _____ to that of his colleagues.

(A) better (B) superior (B) adapted (D) interior

해석 Mr. Shin의 업무수행능력은 훨씬 더 우수하다./ 업무수행능력보다도/ 그의 동료들의

해설 '~보다 더 우수한' 의 의미일 때는 라틴어 비교로 superior to를 쓸 수 있다. superior는 ~er로 끝난 것은 아니지만 비교급이므로 비교급 수식부사인 far(훨씬)의 수식을 받을 수 있다. better가 되려면 뒤에 than이 와야 한다.

287

〈최상급 구문〉

1. '~중에 가장 ~한'이라는 의미로 셋 이상의 대상들 중 하나가 가장 우월함을 나타내는 최상급 표현은 '최상급 + of~/ in~/ that절'을 쓴다.
   (비교의 범위나 대상): 최상급이 나온다는 신호

※ ① 최상급 다음에 올 명사가 무엇인지 명확할 경우에는, 그 명사를 생략할 수 있다.
  ② 최상급 관련 표현으로 one/ some of the 최상급 + 복수명사 등이 있다.

예제 Lee's Market sells the _____ fruits and vegetables in all of Mexico City.

(2013년 3월 정기토익 기출 응용문제)

(A) freshness (B) freshest
(C) fresh   (D) freshly

해석 Lee's Market은 판매 한다./ 가장 신선한 과일과 야채를/ 전 멕시코 시티를 통틀어

해설 문장의 끝 부분에 in all of Mexico City라는 비교의 범위나 대상이 나오고 있고, 빈 칸 앞에 정관사 the가 있으므로 답은 최상급인 (B) freshest이다.

예제 Robert Clark is the founder of Capital Group, which includes some of New York City's _____ restaurants such as The Capital Grill, and Del Posto.

(A) prominence   (B) prominently
(C) more prominently   (D) most prominent

해석 Rovert Clark는 창립자이다./ Capital Group의/ 그런데 그것은 포함한다./ 뉴욕시의 가장 유명한 레스토랑들 중 몇 개를/ The Capital Grill, and Del Posto와 같은

해설 빈 칸이 명사 restaurants 앞에 있기 때문에 빈 칸은 형용사가 들어가야 할 자리이다. 형용사는 (D)이다. 그런데, most가 있기 때문에 최상급이라고 생각하여 앞에 정관사 the가 있어야하는 것 아닐까라는 생각을 할 수 있는데, 최상급 앞에는 정관사 the뿐만 아니라 소유격이 올 수도 있다. 소유격에는 보통 대명사의 소유격인 his나 her 또는 its 등이 오지만, New York City's처럼 고유명사의 소유격('s)이 올 수도 있다. 이렇게 소유격이 있으면 최상급 앞에 the를 쓰지 않는다.

예제 The most _____ source of new revenue comes from the loyal customers who already know the company.

(A) predicts   (B) predict   (C) predicting   (D) predictable

해석 가장 예측 가능한 원천은/ 새로운 수입의/ 온다./ 충성스러운 고객들로부터/ 이미 그 회사를 알고 있는

해설 source라는 명사 앞에 빈 칸이 있기 때문에 빈 칸은 형용사가 올 자리이다. 그리고 앞에 the most가 있으므로 최상급이다. 정답은 predictable이 된다.

예제 Extensive media coverage of Mr. Bail's new paintings has helped make this his _____ art exhibition to date. (2014년 4월 정기토익 기출 응용문제)

(A) popularizes
(B) popularity
(C) must popularize
(D) most popular

해설 폭넓은 언론 보도는/ Mr. Bail의 새로운 그림들에 대한/ 도와주었다./ 이것이 그의 가장 인기 있는 미술 전시회가 되도록/ 지금까지 중에서

해설 his(소유격) + ___ + art exhibition(명사)의 빈 칸이므로 형용사가 들어가야 할 자리이다. 형용사는 most popular이다. 지금까지의 전시회 중에서라는 의미이므로 최상급이 왔다. 소유격 his가 있기 때문에 the는 쓰지 않았다.

예제 Mr. Kim appears to be the most _____ of all the candidates who applied for the supervisor position. (2014년 5월 정기토익 기출 응용문제)

(A) qualify
(B) qualifier
(C) qualified
(D) qualifies

해설 Mr. Kim은 가장 적격인 후보자이다./ 모든 후보자들 중에서/ 그 감독직에 지원한

해설 보통 the + _____ + of 사이에는 명사가 정답이다. 그러나 최상급이 답이 되는 경우도 있다. 그것은 최상급 다음에 나올 명사가 무엇인지 명확할 경우, 그 명사를 생략할 수 있기 때문이다.

따라서 the + _____ ~ est + (명사) of가 올 수 있는데,
  most 형용사 원급
    현재분사
    과거분사(p.p.)

지금 문제의 경우는 the most <u>qualified</u> (candidate) of all the candidates who applied for~. 에서 candidate가 생략되고 qualified가 답이 된 것이다.

예제 _____ all the candidates who applied for the supervisor position, Mr. Kim appears to be the most qualified.

(A) On
(B) For
(C) With
(D) Of

해설 콤마 뒤쪽이 명사가 생략된 최상급으로 주어지고 있다. 비교의 대상이 필요한데 Of all the candidates가 되면 '모든 후보자들 중에서'라는 뜻으로 비교의 대상을 나타내 줄 수 있다. 따라서 정답은 Of이다.

예제 Mr. Zorn gave the Southern Hotel his highest rating because of the _____ of the rooms and the superb hospitality.

(A) clean (B) cleanliness
(C) cleanly (D) cleanest

해석 Mr. Zorn은 주었다./ South Hotel에/ 그의 최고의 평점을/ 그 방들의 청결함과/ 그리고/ 높은 친절도 때문에

해설 the ____ of 사이에는 명사나 최상급이 올 수 있다. 선택지에 이 둘이 함께 나올 때는 해석상 적절한 것을 답으로 골라야 한다. '그 방들의 청결함 때문에'가 해석상 적절하다. 최상급이 오면 '그 방들 중 가장 깨끗한 방 때문에'로 해석되어 어색하다. 그리고 최상급이 답이 되기 위해서는 of 뒤에 비교의 대상이 와야 한다. 예를 들면 위의 예제에서처럼 of all the candidates(모든 후보자들 중에서)와 같은 비교의 대상이나 범위가 있어야 한다.

2. '최상급 + 명사' 앞에는 반드시 the가 와야 한다. 단, the 대신 소유격이 올 수도 있다.

예제 The ratings received by Theodol Denisa's television news program were the _____ of all local news shows. (2014년 5월 정기토익 기출 응용문제)

(A) highest (B) highly
(C) heighten (D) high

해석 그 평점은/ Theodol Denisa의 뉴스 프로그램이 받은/ 가장 높은 평점이었다./ 모든 지역 뉴스쇼들 가운데

해설 이 문제에서도 the ____ of 사이에 빈칸이 있으므로 명사나 최상급이 들어가야 하는데 of 뒤에 all local new shows라는 비교의 대상이 나오고 있으므로 '이들 중에서 가장 ~한' 이라는 의미로 최상급이 정답이다. the highest rating of에서 rating이 생략되고 highest만 최상급으로 남았다.

3. 최상급 구문

the + ~est
소유격   most~

〈비교급, 관련 다양한 표현들〉

more than + 명사	~이상
=over	
no longer	더 이상 ~하지 않다.
other than	~이외에
rather than	~라기 보다 오히려
no sooner~ than~	~하자마자 ~하다.
would rather 동사원형~ than 동사원형	~하느니 차라리 ~하다.
all the more	더욱 더 ~한, 한층 더 ~한

원급, 비교급의 형태이지만 의미적으로는 최상급인 표현들

비교급 + than + any + other + 단수명사	어떤 다른 ~보다 더 ~한
have never been + 비교급~ than	~보다 더 ~한 적은 없다.
hardly	
rarely	

no other/ nothing + as 원급 as	(어떤 다른/ 어떤) 것도 ~만큼 더 ~한 적은 없다.
no other/ nothing + 비교급 than	(어떤 다른/ 어떤) 것도 ~보다 더 ~한 적은 없다.

Camcore Solutions is renovating its processing facility in order to derive chemicals from plants _____ petroleum.   (2014년 4월 정기토익 기출 응용문제)

(A) in case of
(B) only if
(C) rather than
(D) as though

해석 Camcore Solutions사는 개조하고 있다./ 그것의 처리 시설을/ 얻어내기 위한/ 화학물질들을/ 식물들로부터/ 석유에서라기보다는

해설 '~라기 보다 오히려'의 표현은 rather than이다. only if나 as though는 부사절 접속사이므로 뒤에 s + v 의 절이 와야 한다. 그래서 정답이 될 수 없다. in case of는 전치사로 '만일(만약) ~일(할) 경우에 대비하여'라고 해석하는데 이 문장에는 어울리지 않는다. 정답은 rather than이다.

Superhero films have _____ been more popular than they are now.

(A) never
(B) ever
(C) already
(D) still

해석 슈퍼히어로 영화들은 결코 더 인기가 있었던 적이 없다./ 그런 영화들이 지금 그런 것 보다

해설 have never been + 비교급~ than '~보다 더 ~한 적은 없다.'의 표현으로 비교급의 표현으로 최상급의 의미를 나타낸다. never가 정답이다. never대신 hardly나 rarely가 답이 될 수도 있다.

예제 She painted in great detail, making her work _____ extraordinary.
(A) at least   (B) as much   (C) most of   (D) all the more

해석 그녀는 그림을 그렸다./ 매우 세밀하게/ 그런데 그것은 그녀의 작품을 한층 더 범상치 않게 만들었다.
해설 all the more + 형용사/ 분사 등이 오게 되면 '한층 더, 더욱 더 ~한' 이라는 표현이 된다. 그런데 여기서 조심할 것은 more가 왔는데 앞에 정관사 the가 나왔다는 사실이다. 비교급 앞에 정관사 the가 나오는 또 하나의 예외적인 경우로 기억하고 있으면 되겠다.

예제 This indicates well educated, ambitious women here would rather develop careers of their own _____ become the mothers of successful children.
(A) which   (B) then   (C) than   (D) otherwise

해석 이것은 보여 준다./ 고등교육을 받고 야망 있는 여성들은/ 이곳의/ 오히려 경력을 개발하려한다는 것을/ 그들 자신이 가진/ 어머니가 되려하기 보다는 오히려/ 성공한 자녀들의
해설 would rather 동·원 ~than 동·원의 표현에서 than을 답으로 찾으라는 문제이다.

21 병치

등위(상관)접속사로 연결된 앞뒤의 항목들이 서로 같은 품사나 구조를 취해 균형을 이루고 있는 것을 병치라고 한다.

병치구문에서는 같은 품사끼리 연결되어야 한다. 즉, 명사는 명사끼리, 동사는 동사끼리, 형용사는 형용사끼리, 부사는 부사끼리 나열되어야 한다.

병치구문에서는 같은 문법적 구조끼리 연결되어야 한다. 즉, 동명사구는 동명사구끼리, 부정사구는 부정사구끼리, 전치사구는 전치사구끼리, 명사절은 명사절끼리 나열되어야 한다.

Mr. Fredrick was trained at National Conservatorium and _____ and teaching for over twenty years. (2014년 5월 정기토익 기출 응용문제)
(A) has played
(B) will be playing
(C) has been playing
(D) been played

해석 Mr. Fredrick은 교육을 받았다./ National Conservatorium에서/ 그리고 그는 연주하고 가르쳐왔다./ 20년 이상 동안

해설 등위접속사 and가 두 개 나오고 있다. 문장 구조를 보면 S1 + V1~ and (S2) + V2 and teaching의 모양으로 되어있다. 여기서 S2는 S1인 Mr. Fredrick과 같아서 생략이 되었고, 빈 칸은 V2가 와야 할 자리이다. 동사가 아닌 (D)는 답에서 제외된다. 해석을 해보면 '~에서 교육을 받았고 20년 이상 연주하고 가르쳐왔다' 가 된다. (C) has been playing을 넣어보면 ~has been (playing) and teaching) for over~ 의 형태가 되어 and 앞뒤로 현재분사가 와서 병치구조에 맞다. 밑줄 친 has been playing 부분이 정답이다.

Offering assistance and _____ to product complaints are the duties of the store's customer service employees.
(A) responding
(B) responded
(C) response
(D) respond

해석 도움을 제공하는 것과/ 반응하는 것은/ 제품 불만 사항에 대해/ 임무이다./ 그 상점의 고객 서비스 직원들의

해설 and를 중심으로 앞에 동명사 offering이 왔으므로 빈 칸 뒤에도 동명사인 responding이 와야 병치 구조에 맞다.

그런데, 만약 assistance and response로 보아 명사 and 명사라고 생각한다면 동명사 offering이 assistance and response를 목적어로 가지는 주어가 되는데, 동명사 주어는 단수 취급되므로 동사는 are가 아니라 단수동사인 is가 되어야 한다. 그러나 Offering assistance and responding to product complaints로 생각하면 동명사 and 동명사가 주어가 되어 복수 취급되므로 뒤에 나오는 복수동사인 are와 수 일치한다. 따라서 responding이 답이 된다.

 Every business owner knows how important it is to attract and _____ competent staff.
(A) retained (B) retaining
(C) retains (D) retain

해설 모든 사업 소유주들은 안다./ 얼마나 중요한지 하는 것을/ 끌어들이고 유지하는 것이/ 유능한 직원들을
해설 to + 동사원형 and to + 동사원형에서 뒤의 to는 생략 가능하다. to attract and to retain에서 뒤에 to가 생략되고 동사원형인 retain만 남았다. 정답은 retain이다.

 It is efficient and _____ for you to install the new software program in your computer.
(A) conveniently (B) convenience
(C) convenient (D) conveniences

해설 효율적이며 편리하다./ 당신이 설치하는 것이/ 그 새로운 소프트웨어 프로그램을/ 당신의 컴퓨터에
해설 and 앞에 형용사 efficient가 있으므로 and 뒤에도 형용사가 와야 한다. 정답은 convenient이다.

22 도치

주어와 동사의 위치가 바뀌는 현상을 도치라고 하며 주로 특정한 말을 강조하고자 문장 맨 앞으로 이동시켰을 때 도치가 일어난다.

도치문을 만드는 방법은 기본적으로 의문문을 만드는 방법과 같다.
    Paulo was never angrier than when he lost his computer.
    → Never was Paulo angrier than when he lost his computer.

도치가 일어나는 경우

① 부정어(never, neither, nor, hardly, seldom, rarely, little)가 절의 앞으로 나오면 도치가 일어난다.

② 가정법 문장에서 if가 생략되면 도치가 일어난다. ※ 가정법 참조

③ only + 부사, 부사구, 부사절이 강조를 위하여 문장의 맨 앞으로 나가면 도치가 일어난다.

    only +   **부사**   **+**   **v**   **+**   **s**   **+**   **동사원형**
                  부사구   do
                  부사절   does
                               did
                                 조동사

    only +   **부사**   **+**   **v**   **+**   **s**   **+**   **과거분사(p.p.)**
                  부사구   have
                  부사절   has
                               had

    only +   **부사**   **+**   **v**   **+**   **s**   **+**   **~**
                  부사구   be동사
                  부사절

Only recently have physicians _____ the disease as a legitimate disability.
(A) recognize (B) to recognize
(C) recognized (D) recognizing

해석 단지 최근에서야/ 내과 의사들은/ 인정하게 되었다./ 그 질병을/ 합법적인 장애로서
해설 only recently는 only + 부사가 강조를 위하여 문장의 앞으로 나간 것이므로 그 뒤에는 주어 + 동사가 동사 + 주어로 도치가 되어야한다. 원래 문장은 physicians have recognized~ 였는데 이것이 have physicians recognized로 도치된 것이므로 recognized가 답이 된다. 만약 do/ does/ did/ 조동사 + s + v 였다면 빈 칸은 동사원형이 답이다.

 _____ recently has Mr. Marshall begun studying Chinese, even though he moves to Qingdao next month.
(A) Already (B) Ever (C) Only (D) Yet

해석 단지 최근에서야/ Mr. Marshall은 시작했다./ 중국어를 공부하는 것을/ 그가 이사를 감에도 불구하고/ 칭따오로/ 다음 달에
해설 문제에서 has Mr. Marshall은 동사 + 주어의 형태로 도치가 되어있는 것을 확인할 수 있다. Only recently에서 only + 부사가 문두로 나갔기 때문에 도치가 일어난 것이다. 따라서 답은 Only가 된다. 선택지가 모두 다른 부사로 주어져 있기 때문에 해석 문제라고 생각할 수 있지만 실제로 도치문에 대해 제대로 이해하고 있는 지를 묻는 문제이다.

※ only만 문두에 있을 때는 도치가 일어나지 않는다.
ex. Only you can do it.

④ 주격보어로 쓰이던 과거분사가 문두로 나가게 되면 S + V가 V + S로 도치가 된다.
주로 아래와 같은 과거분사가 문장 앞으로 나가게 되면 도치가 일어난다.

    Enclosed
    Included + is/ are + 단수명사/ 복수명사
    Attached

예제 **_____ is a copy of my purchase receipt.**
(A) Enclosed (B) Enclosing
(C) Enclosure (D) Enclose

해석 동봉되어 있다./ 사본이/ 나의 구매 영수증의

해설 빈 칸이 주어 자리이므로 명사인 (C)나 동명사인 (B)가 답이라고 생각할 수 있지만, 동명사인 (B) enclosing은 타동사이므로 뒤에 목적어가 필요한데 없으므로 답이 될 수 없다. 명사인 (C) enclosure가 들어가면 enclosure = a copy의 관계가 되어 동봉 = 사본의 의미가 되므로 답이 될 수 없다.

이 문장은 원래 A copy of my purchase receipt is enclosed였다. 그런데 주어 부분이 지나치게 길기 때문에 주격보어로 사용된 과거분사인 enclosed가 문장의 앞으로 나가게 되어 관용적으로 Enclosed is sth과 같은 표현으로 사용된다.

예제 _____ to this memo is a copy of Marketing Monthly, a newsletter that is published by the Marketing Division.
(A) Attaching (B) Attachment
(C) Attached (D) Attach

해석 첨부되어 있다./ 이 메모에/ Marketing Monthly의 사본이/ 사보인/ 발행되는/ 마케팅 부서에 의해
해설 sth is attached의 과거분사 attached가 문두로 나가서 만들어진 도치문이다.

⑤ as + 동사 + 주어(마치 ~처럼)
  ※ as + v + s~ 의 표현은 as + s + v~ 로 쓰이는 경우도 있다.
  ex. I like to see movies, as do most of my friends.
                               which (X)
    나는 영화 보는 것을 좋아한다./ 나의 친구들이 그런 것처럼

⑥ so + 동사 + 주어   ~도 또한(역시) 그러하다.
  neither + 동사 + 주어   ~도 또한(역시) 그러하지 않다.

  She likes it, and so do I.
  She doesn't like it, and neither do I.
  그녀는 좋아 한다./ 그것을/ 그리고 나도 역시 그렇다.

  ※ 접속사 편에서 다시 이야기 하겠지만 and neither는 nor로 바꾸어 쓸 수 있고 그렇게 되면 문장은 다음과 같은 표현으로 쓸 수도 있다.
    She doesn't like it, nor do I. 그녀는 그것을 좋아하지 않는다. 그리고 나도 또한 좋아하지 않는다.

예제 As the number of tourists visiting Jeju Island increases, _____ the need for more hotels and restaurants.
(A) even though (B) as to (C) apart from (D) so does

297

해석 숫자가/ 여행객들의/ 방문하는/ 제주도를/ 증가함에 따라/ 또한 그러하다(증가한다)./ 그 필요도/ 더 많은 호텔과 레스토랑에 대한

해설 먼저 문장 구조적인 면으로 문제를 보면, As(부사절 접속사) + S1 + V1~ , S2 + V2에서 부사절이 앞에 왔으므로 뒤에 주절이 와야 한다. 주절에는 특별한 경우를 제외하면 동사가 하나 있어야 한다. 콤마 뒤쪽 주절 부분에서 빈 칸을 제외하면 동사가 없다. 따라서 빈 칸에 동사가 한 개 와야 한다. 선택지 중에 동사를 포함하고 있는 것은 (D) so does 밖에 없다. 원래는 S2 + V2가 와야 하는데 so + v + s로 도치가 된 형태이다.

cf. The number of tourists visiting Jeju Island increases, and _____ the need for more hotels and restaurants.

(A) even though (B) as to
(C) apart from (D) so does

해석 숫자가/ 여행객들의/ 방문하는/ 제주도를/ 증가하고 있다./ 그리고/ 또한 그러하다./ 그 필요도/ 더 많은 호텔과 레스토랑에 대한

해설 위의 문제와 비슷해 보이지만 이 문제는 부사절 접속사 As로 시작된 문장이 아니다. 대신 등위접속사인 and로 문장이 연결되어 있다. and + so + v + s의 순으로 문장이 배열되고 있다. 여기서 so는 등위접속사가 아니라 부사이다.

⑦ 비교급~ + than에서 than 뒤에는 주어 + 동사가 와도 좋고, 동사 + 주어가 와도 좋다.

than + 주어 + 동사 (O)
than + 동사 + 주어 (O)
비교급 than + 과거분사(p.p.)의 형태도 가능하다.

The expense of the journey was more than _____.

(A) expected (B) expectation
(C) expects (D) is expecting

해석 비용은/ 그 여행의/ 더 많이 들었다./ 예상되었던 것보다도

해설 '비교급 + than expected' 는 '예상(기대)되었던 것 보다' 라는 관용적인 표현이다.
(=predicted)
정답은 expected이다.

⑧ S1 + V1~, nor + V2 + S2~   S1은 V1 하지 않고, S2도 또한 V2 하지 않다.
　　부정문

= S1 + V1~, and neither + V2 + S2~   S1은 V1 하지 않고, S2도 또한 V2 하지 않다.
　　부정문
                                                    (등위접속사와 상관접속사 참조)

23 가정법

가정법 문장은 현재나 과거의 반대 상황을 가정할 경우를 표현한다.
가정법 문장은 보통 if로 시작되며, 특별한 시제를 사용한다.
토익에서 가정법은 아래와 같은 가정법의 공식을 묻거나 가정법에서 일어나는 도치, 혹은 드물게 가정법을 대신할 수 있는 표현을 출제한다.

① 가정법의 공식

가정법 미래/ 과거/ 과거 완료 문장에서, if절과 주절의 시제는 짝을 이룬다.

, please로 시작하는 명령문이 올 수도 있음.
<u>가정법 미래</u>: If + 주어 + should + 동사원형, 주어 + will(can, may, should) + 동사원형
가능성이 희박한 미래의 일을 가정함.

was (x)
<u>가정법 과거</u>: If + 주어 + 과거동사(be 동사의 경우 were), 주어 + would(could, might, should) + 동사원형
현재 사실의 반대를 가정

<u>가정법 과거완료</u>: If + 주어 + had + p.p., 주어 + would(could, might, should) have + p.p.
과거 사실의 반대를 가정

위의 가정법 표현에서 if절이 뒤로 가고 콤마(,) 뒤쪽의 주절이 앞으로 나올 수도 있다.

② 가정법에서의 도치

가정법 문장에서는 if가 생략될 수 있으며, 이때 주어와 조동사의 자리가 바뀌는 도치가 일어나게 된다.

, please로 시작하는 명령문이 올 수도 있음.
<u>가정법 미래</u>: If + 주어 + should + 동사원형, 주어 + will(can, may, should) + 동사원형
, please로 시작하는 명령문
→ <u>Should</u> + 주어 + 동사원형~, 주어 + will(can, may, should) + 동사원형

was (x)

가정법 과거: If + 주어 + 과거동사(be 동사의 경우 were), 주어 + would(could, might, should) + 동사원형
→ <u>Were</u> + 주어~   , 주어 + would(could, might, should) + 동사원형

가정법 과거완료: If + 주어 + had + p.p., 주어 + would(could, might, should) have + p.p.
→ <u>Had</u> + 주어 + p.p.~, 주어 + would(could, might, should) have + p.p.

가정법 표현에서 if절이 뒤로 가고 콤마(,) 뒤쪽의 주절이 앞으로 나올 수도 있기 때문에 if절이 뒤로 갔을 경우 그 문장에서 if를 생략하게 되면 도치된 부분이 주절의 뒤쪽에 나타날 수도 있다.

예제 If hotel reservations had been made earlier, it _____ possible to accommodate all the clients at one hotel.
(A) have been   (B) will be
(C) is going to be   (D) would have been

해석 만약 호텔 예약이 되었더라면/ 더 일찍/ 가능했을 텐데/ 숙박시키는 것이/ 모든 의뢰인들을/ 한 호텔에
해설 If 주어 had + p.p.가 오고 있는 것은 가정법 과거완료라는 것인데, 주절은 would/ could/ might/ should have p.p.가 와야 하므로 정답은 would have been이 된다.

예제 Had Harris Studios not given the young film maker a contract, another production company _____ so. (2014년 4월 정기토익 기출 응용문제)
(A) should do   (B) will be doing
(C) has done   (D) would have done

해석 Harris Studios가 주지 않았더라면/ 그 젊은 영화감독에게/ 계약을/ 또 다른 제작사가 그렇게 했을 것이다.
해설 If 주어 had + p.p.~ 의 가정법 과거완료 문장에서 If가 생략되면서 주어와 동사가 자리가 바뀌어 Had + 주어 + p.p.가 되었다. 뒤의 주절은 그대로 가정법 과거완료의 형태가 와야 하므로 답은 would have done이 된다.

예제 _____ flights be cancelled for technical problems, the airline will provide accommodations and alternative flights.
(A) Had   (B) Were   (C) Should   (D) Have

해석 비행기가 취소된다면/ 기계적인 문제 때문에/ 항공사는 제공할 것이다./ 숙박과 대체 비행 편을
해설 빈 칸 뒤에 조동사가 없는데도 동사원형(be)이 왔다는 것은 앞에 조동사가 있다는 것이다. 그리고 콤마(,)

뒤의 주절이 '주어 + will 동·원'으로 나오고 있는 것은 가정법 미래에서 If가 생략되면서 도치가 일어났다는 것을 말해준다. 원래 문장은 If + s + should + 동·원~, s + will + 동·원이었는데 이 때, If가 생략되면서 s와 should가 도치되어 should + s + 동·원이 된 것이다. 정답은 should이다.

③ 가정법을 대신할 수 있는 표현

(가정법 과거): 현재 사실에 대한 반대 가정
I would be in a real trouble if it were not for your help.
　　　　　　　　　　　　= without　　　　　이 때, it은 상황의 it이다.
　　　　　　　　　　　　 but for
　　　　　　　　　　　　 barring
　　　　　　　　　　　　 if not for
나는 곤란한 상황에 처해 있을 텐데/ (상황이) 너의 도움이 없다면

(가정법 과거 완료): 과거 사실에 대한 반대 가정
I would have been in a real trouble if it had not been for your help.
　　　　　　　　　　　　　　= without　　　　　이 때, it은 상황의 it이다.
　　　　　　　　　　　　　　 but for
　　　　　　　　　　　　　　 barring
　　　　　　　　　　　　　　 if not for
나는 곤란한 상황에 처해 있었을 텐데/ (상황이) 너의 도움이 없었다면

without, but for, barring, if not for는 모두 가정법을 대신할 수 있는 표현들이다.
여기서는 가정법을 대신할 수 있는 표현들이 뒤에 나왔지만, 이러한 표현이 주절의 앞에 나타날 수도 있다.

 The development of the new automobile would not have been completed _____ the research team's contribution.

(A) in　　　　　　　　　　　　(B) unlike
(C) at　　　　　　　　　　　　(D) without

해석 개발은/ 그 새로운 자동차에 대한/ 완성되지 못했을 텐데/ 그 연구팀의 공헌이 없었더라면
해설 앞부분이 would not have been completed로 가정법 과거완료문장의 주절의 모양을 하고 있기 때문에 원래 뒷부분에는 if + s + had + p.p.~ 의 형태가 와야 한다. 그런데 이 가정법의 if 절을 대신하는 표현이 바로 without이다. 따라서 without과 같은 표현인 but for, barring, if not for도 답이 될 수 있다.